I0887444

PHILOSOPHIE ANIMALE

COMITÉ ÉDITORIAL

Emmanuel CATTIN

Sandra LAUGIER

Michel MALHERBE

assisté de
Gaël KERVOAS

TEXTES CLÉS

PHILOSOPHIE ANIMALE

Différence, responsabilité et communauté

Textes réunis, présentés et traduits
par
Hicham-Stéphane AFEISSA
et
Jean-Baptiste JEANGÈNE VILMER

LIBRAIRIE PHILOSOPHIQUE J. VRIN
6, place de la Sorbonne
PARIS V[e]

J. BERGER, « Pourquoi regarder les animaux ? », dans J. Berger, *Au regard du regard*, p. 7-35 © Éditions de L'Arche, 1995

M. CALARCO, « Nul ne sait où commence ni où finit le visage. L'humanisme et la question de l'animal », Article inédit © Matthew Calarco, 2009

J.B. CALLICOTT, « Animal Liberation and Environmental Ethics : Back Together Again », dans J. Baird Callicott, *In Defense of the Land Ethic : Essays in Environmental Philosophy*, p. 49-59 © SUNY Press, 1989. All rights reserved

G.L. FRANCIONE, « Taking Sentience Seriously », *Journal for Animal Law and Ethics*, 2006, n° 1, p. 1-20 © The University of Pennsylviana Press, 2006, with kind permission

P. GUÉNANCIA, « Quelques doutes sur la différence entre l'homme et l'animal », *Milieux*, 1986, n° 26, p. 31-41 © Pierre Guénancia, avec l'aimable autorisation de la revue *Milieux*

M. MIDGLEY, « The Mixed Community », dans M. Midgley, *Animals and Why They Matter*, p. 112-124 © The University of Georigia Press, 1983

M.C. NUSSBAUM, « Beyond "Compassion and Humanity" : Justice for Nonhumans Animals », dans C.R. Sunstein et M.C. Nussbaum (eds.), *Animal Rights : Current Debates and New Directions*, p. 299-320 © By kind permission of Oxford University Press Inc., 2004

C. PALMER, « The Domesticated Animal Contract », Article inédit © Clare Palmer, 2009

T. REGAN, « The Case for Animal Rights », dans P. Singer (ed.), *In Defence of Animals*, p. 13-26 © Blackwell Publishing Ltd., 1985

P. SINGER, « Animal Liberation or Animal Rights ? », *The Monist*, 1987, n° 70/3, p. 3-14 © *The Monist*, 1987

L'éditeur s'est employé à identifier tous les détenteurs de droits. Il s'efforcera de rectifier, dès que possible, toute omission qu'il aurait involontairement commise.

En application du Code de la Propriété Intellectuelle et notamment de ses articles L. 122-4, L. 122-5 et L. 335-2, toute représentation ou reproduction intégrale ou partielle faite sans le consentement de l'auteur ou de ses ayants droit ou ayants cause est illicite. Une telle représentation ou reproduction constituerait un délit de contrefaçon, puni de deux ans d'emprisonnement et de 150 000 euros d'amende.

Ne sont autorisées que les copies ou reproductions strictement réservées à l'usage privé du copiste et non destinées à une utilisation collective, ainsi que les analyses et courtes citations, sous réserve que soient indiqués clairement le nom de l'auteur et la source.

© *Librairie Philosophique J. VRIN*, 2010

Imprimé en France

ISSN 1639-4216
ISBN 978-2-7116-2253-5

www.vrin.fr

PRÉFACE

Selon un proverbe ancien que cite Aristote dans la *Rhétorique*, la honte est dans les yeux[1] – elle est lisible dans le regard réprobateur du spectateur aussi bien que dans les yeux du coupable. C'est la raison pour laquelle, poursuit Aristote, on éprouve plus de honte devant ceux qui doivent rester à nos côtés ou qui nous prêtent attention : « les deux cas se ramènent à être sous les yeux ». Il arrive toutefois que, parmi ceux qui sont toujours présents et proches, qui sont, par rapport à nous, « à vue d'œil »[2], certains ne puissent pas nous retourner notre regard et nous faire rougir de honte : « personne n'a honte », déclare ainsi Aristote, « devant des enfants ou des bêtes »[3].

Avec les animaux, commente Averroès, l'on peut se mettre tout à fait à son aise : nulle crainte qu'ils aillent raconter ce dont ils ont été les témoins[4]. Nulle crainte que nous en gardions nous-mêmes le souvenir. Avec les animaux nous sommes d'ores et déjà quittes. Dans le même sens, à l'autre bout de l'histoire, Maurice

1. Aristote, *Rhétorique*, Livre II, chap. 6, 1384a35.

2. Selon la belle formule d'Averroès dans son *Commentaire moyen à la* Rhétorique *d'Aristote*, trad. fr. M. Aouad, Paris, Vrin, 2002, t. 2, p. 179.

3. Aristote, *Rhétorique*, *op. cit.*, 1834b24.

4. Averroès, *Commentaire moyen à la* Rhétorique *d'Aristote*, *op. cit.*, p. 181.

Merleau-Ponty écrivait que « le regard d'un chien sur moi ne me gêne guère »[1]. Ce n'est pas que les animaux n'aient pas d'yeux pour voir, mais ce qu'ils voient ne nous regarde pas.

Il ne s'ensuit évidemment pas que les animaux n'aient droit à aucun *égard* de notre part – et nombreux ont été les philosophes, de Plutarque à Schopenhauer, en passant par Montaigne, Locke, Rousseau et Kant, à faire valoir la nécessité de respecter des devoirs de « compassion », de « bénignité », de « douceur » et de « bienveillance » envers eux. Il ne s'ensuit pas non plus que les animaux ne puissent pas retenir toute notre *attention* – il est peu de « sujets » qui n'aient été aussi inlassablement abordés dans l'histoire de la littérature, de la peinture et de la philosophie. Mais, comme le notait justement Jacques Derrida, tout se passe comme si ceux qui, par le passé, ont « vu, observé, analysé, réfléchi l'animal » ne « s'[étaient] jamais *vu vus* par l'animal », comme s'ils « n'[avaient] jamais croisé le regard d'un animal posé sur eux », comme s'ils « n'[avaient] pu ou voulu tirer aucune conséquence systématique du fait qu'un animal pouvait, leur faisant face, les regarder, vêtus ou nus, et, un mot, sans un mot *s'adresser à eux* », au point de pouvoir, en silence, leur inspirer un sentiment de « pudeur », de « malséance », de « honte »[2].

À quelles conditions un animal peut-il alors nous *regarder*, au double sens de cette expression? Si personne ne s'observe en présence des animaux, comme le dit Aristote, n'est-ce pas parce que leur regard est piégé, rendu à l'avance incapable de se réfléchir dans le miroir qu'on leur tend? Si nous voulons comprendre pourquoi les animaux peinent tant à nous répondre et à nous rendre notre regard, ne convient-il pas avant toute chose d'inter-

1. M. Merleau-Ponty, *Phénoménologie de la perception* (1945), Paris, Gallimard, 1990, p. 414.

2. J. Derrida, *L'animal que donc je suis*, Paris, Galilée, 2006, p. 31 et 18.

roger la manière dont nous nous adressons à eux, la manière dont nos pratiques et nos manières de penser et de vivre les constituent comme des êtres muets et aveugles, tout juste capables d'opposer à la célèbre interpellation du Cardinal de Polignac « Parle et je te baptise ! » le silence du vaincu ?

Les nouvelles voies de l'éthologie et de la primatologie, frayées par Thelma Rowell, Shirley Strum, Irène Pepperbeg, Frans de Waal et quelques autres encore, ont conduit à promouvoir des manières d'interroger depuis la perspective des animaux, qui laissent à ces derniers l'opportunité de témoigner des compétences qui leur sont propres, de manifester d'autres habitudes, d'autres talents d'organisation et de relations que ceux qui leur étaient jusque-là octroyés. Comme le dit Vinciane Despret, il semble que les animaux, au cours de ces dernières années aient bien changé parce que nous leur avons fait d'autres « propositions d'existence », et parce que les pratiques qui les enrôlent dans nos histoires ne s'adressent plus à un monde docile et muet, « simple support de nos représentations »[1].

À mesure qu'une chance était ainsi accordée aux animaux d'apparaître pour ce qu'ils sont, c'est-à-dire dans cette diversité essentielle qui laisse la place aux différences intra- et interspécifiques, il devenait de plus en plus urgent de soumettre à examen l'hypothèse d'une coupure une et indivisible, d'une distinction nette et franche entre « l'Homme avec un grand H et l'Animal avec un grand A »[2]. Comment en effet déterminer le concept d'animalité si ce dernier ne doit pas être – ce que sans doute il n'a jamais été – le simple substrat sans qualités à partir duquel peut se

1. V. Despret, *Quand le loup habitera avec l'agneau*, Paris, Les empêcheurs de tourner en rond, 2002, p. 26. Voir aussi, tout récemment, du même auteur, *Penser comme un rat*, Paris, Éditions Quae, 2009.

2. J. Derrida, *L'animal que donc je suis*, *op. cit.*, p. 51.

dire la spécificité de l'humain? « Il semble qu'il y ait dans ce mot d'"animalité" », écrivent avec raison Jean-François Chevrier et Christine Maurice, « une intention grossière: l'uniformisation négative d'un pluriel de différences ». Plus qu'un simple mot dont il conviendrait de chercher la référence extra-linguistique, c'est un concept qui organise l'ordre interne du discours philosophique, un opérateur discursif dont la fonction est de servir à « *définir* l'homme, définir les limites internes de l'humain, le point, le moment où l'homme en amont de son apparition se perd »; l'animalité est « une *marque*, la façon de nommer le hors-champ de l'humain, une marque d'infamie à la surface de l'espèce humaine, une *ascendance honteuse* » [1].

Entendu de cette manière, le concept d'animalité a longtemps présenté toutes les caractéristiques de ce que Carol Adams a appelé un « référent absent », en comprenant par là un mode de dénomination qui consiste à parler d'une chose tout en en désignant une autre [2]. C'est ainsi que les animaux sont rendus littéralement absents de leur propre chair par le tour de passe-passe du langage gastronomique qui nous confronte, non pas aux parties disloquées d'un corps mort, mais à des morceaux de « viande » pouvant être cuisinés; c'est ainsi encore qu'il nous est loisible de parler d'un même animal en employant des mots différents selon que notre intention est de le regarder vivre ou de le manger [3]; c'est ainsi que le monde propre à chaque espèce animale n'est bien

1. J.-F. Chevrier et Ch. Maurice, « Une étrange parenté », *Critique*, 1978, n° 375-376, p. 838. Nous soulignons les derniers mots.

2. C.J. Adams, *The Sexual Politics of Meat : A Feminist-Vegetarian Critical Theory*, New York, Continuum, 1990, p. 40-42.

3. Le fait par exemple que la langue anglaise dispose de deux mots pour désigner le mouton, selon qu'il paît dans un pré (« *sheep* ») ou qu'il est suspendu à un croc de boucher (« *mutton* »), lui permet subrepticement de nier l'identité réelle entre les deux.

souvent évoqué que pour alimenter en métaphores la description du mode d'existence des êtres humains. Ici encore, l'éthologie moderne aura contribué à libérer notre regard et à délier notre langue, en nous apprenant à traiter les animaux, non plus comme l'objet d'un discours qui ne les concerne pas et où ils n'apparaissent que par prétérition, mais comme les sujets d'un monde singulier où ils vivent, où ils se meuvent et où ils meurent de manière à chaque fois spécifique [1].

Mais s'il semble que les animaux aient bien changé, corrélativement il semble que nous ayons nous aussi changé – les animaux ont changé *parce qu*'ils nous ont changé [2] –, et que nous soyons entrés de plain-pied dans ce que Richard W. Bulliett a appelé l'ère de la post-domesticité [3]. La « post-domesticité » se laisse définir, selon lui, par deux traits. Le propre des sociétés post-domestiques tient tout d'abord à ce qu'elles accusent la différence entre, d'une part, les animaux d'élevage et de consommation qui leur fournissent la nourriture, les fibres et autres produits dont elles dépendent, et, d'autre part, les animaux de compagnie : alors que les membres de ce type de société vivent à l'écart des premiers en

1. Voir notamment J. von Uexküll, *Mondes animaux et monde humain*, suivi de *La théorie de la signification*, trad. fr. Ph. Muller, Paris, Denoël, 1934. L'on n'a peut-être pas assez noté ni salué comme ils le méritaient les efforts par lesquels des penseurs comme Jacob von Uexküll et Martin Heidegger ont, dans la première moitié du siècle dernier, cherché à élaborer une terminologie inédite afin de saisir dans son originalité le mode d'existence des animaux. De là l'étrangeté des concepts – qui ne sont pas des métaphores – de « *Umwelt* » (monde ambiant), de « *Wirkmale* » (signal d'action), de « *Umgebung* » (univers environnant), de « *Armut* » (pauvreté), de « *Benomenheit* » (accaparement), etc., appliqués aux animaux. Voir M. Heidegger, *Les concepts fondamentaux de la métaphysique. Monde-finitude-solitude* (1929-1930), trad. fr. D. Panis, Paris, Gallimard, 1992.

2. V. Despret, *Quand le loup habitera avec l'agneau*, *op. cit.*, p. 31.

3. R.W. Bulliett, *Hunters, Herders, and Hamburgers : The Past and Future of Human-Animal Relationships*, New York, Columbia UP, 2005.

n'assistant jamais à leur naissance, à leur reproduction ni à leur mise à mort, les mêmes individus entretiennent des relations très étroites avec les animaux de compagnie de tous poils et plumes, auxquels ils accordent le plus souvent une place de choix au sein de la famille. La seconde caractéristique remarquable tient à ce que la consommation abondante de produits animaliers dans les sociétés post-domestiques s'accompagne désormais, pour un nombre croissant de leurs membres, d'un sentiment de culpabilité et de dégoût – de *honte* – à la considération des processus industriels qui transforment les animaux domestiques en produits, et qui acheminent ensuite ces produits sur le marché [1].

Une relation a été irréparablement détruite lorsque des « organismes doués de sens, capables de mouvements, sensibles et plein d'énergie vitale » ont été « réduits à l'état de machines à pondre et de machines à viande », lorsqu'ils ont été « privés d'environnement, enfermés à vie, artificiellement éclairés, alimentés automatiquement » [2]. Restaurer le sens d'une relation perdue implique non seulement que l'animal ne soit plus ramené à son système digestif et reproducteur, mais encore que la richesse de son expérience subjective, avec ses congénères aussi bien qu'avec les êtres humains, lui soit restituée – que sa singularité lui soit reconnue, que son droit à ne pas être soumis à toutes les formes d'extorsion et de brutalité soit protégé, que l'opportunité

1. Les livres et documentaires cinématographiques décrivant l'ensemble de ces processus se sont multipliés ces dernières années : voir notamment Ch. Patterson, *Un éternel Treblinka* (2002), trad. fr. D. Letellier, Paris, Calmann-Lévy, 2008 ; N. Geyrhalter, *Our Daily Bread*, 2005 (documentaire) ; J.-L. Daub, *Ces bêtes qu'on abat. Journal d'un enquêteur dans les abattoirs français (1993-2008)*, Paris, L'Harmattan, 2009.

2. H. Jonas, *Le principe responsabilité. Une éthique pour la civilisation technologique* (1979), trad. fr. J. Greisch, Paris, Le Cerf, 1990, p. 400.

lui soit donnée de s'épanouir dans la forme de vie qui lui correspond[1].

En ce sens, l'injonction commandant de « libérer les animaux » ne demande pas nécessairement à être comprise comme l'expression d'un désir de mettre un terme aux processus domesticatoires dont l'on peut raisonnablement penser que, d'un point de vue strictement biologique, ils sont sans doute irréversibles. Il ne s'agit pas non plus par là de nier ou de déprécier la valeur des liens historiques noués avec les animaux – innombrables – qui, depuis la nuit des temps, vivent, travaillent et meurent avec nous. « Ils ont construit avec nous les sociétés humaines », rappelle à juste titre Jocelyne Porcher, « ils sont constitutifs de notre identité collective et de notre identité subjective », et c'est pourquoi « nous avons besoin d'eux pour être ce que nous sommes, c'est-à-dire des êtres humains »[2]. Ils représentent une « altérité constituante »[3]. Tout le problème est de faire en sorte qu'ils puissent le demeurer et que les communautés mixtes

1. C'est ce qu'ont entrepris de faire les nombreuses organisations de défense des animaux qui ont vu le jour depuis le XIXe siècle, notamment en Angleterre, donnant ainsi une dimension institutionnelle et publique au souci du bien-être animal, lequel avait surtout été jusque-là l'affaire de quelques auteurs isolés. Sur cette évolution, voir le livre classique de K. Thomas, *Dans le jardin de la nature. La mutation des sensibilités en Angleterre à l'époque moderne (1500-1800)*, trad. fr. C. Malamoud, Paris, Gallimard, 1985 (1re éd. 1983), le livre plus ancien de D. Harwood, *Love for Animals and How it Developed in Great Britain*, New York, Privately Printed, 1928, ainsi que les études réunies par A. Manning et J. Serpell dans *Animals and Human Society: Changing Perspectives*, London, Routledge, 1994.

2. J. Porcher, « Ne libérez pas les animaux ! Plaidoyer contre un conformisme "analphabête" », *Revue du MAUSS*, 2007, n° 1, p. 580.

3. Sur ce sujet, voir P. Shepard, *Thinking Animals. Animals and the Development of Human Intelligence*, Athens, Georgia Press, 1978, et *The Others. How Animals Made Us Human*, Washington, Island Press, 1997.

que nous formons avec eux nous permettent de jouir de leur présence et de leur offrir en retour la nôtre – de faire en sorte que les « communautés hybrides » ne cessent pas d'être des agencements au sein desquels les humains et les non humains partagent une existence riche de sens [1].

Le volume de textes clés de philosophie animale que nous présentons vise à déployer pour eux-mêmes les différents moments de la réflexion qui vient d'être esquissée. Nous avons isolé trois thématiques principales : l'interrogation sur la *différence* entre les êtres humains et les animaux, où celle-ci est conduite de telle sorte à déterminer les ressemblances et les différences en procédant par variation réciproque des termes à définir ; la constitution d'une *éthique* animale, que l'interrogation précédente rend possible en tant qu'elle contraint à penser à nouveaux frais les fondements des relations que nous soutenons avec les animaux ; la formation d'une *communauté* entre les humains et les non humains où la possibilité est offerte à certains d'entre ces derniers de partager notre vie autour d'un projet ou d'un style de vie commun, ou de vivre leur propre vie à l'état de liberté naturelle.

Les textes retenus sont pour la plupart d'entre eux inédits : certains ont été modifiés par les auteurs à l'occasion de cette publication, d'autres sont traduits ici pour la première fois. Le

1. Sur la nécessité de réinscrire les animaux dans une chaîne symbolique, contre la rationalité des systèmes industriels de production animale, voir les pages profondes d'E. de Fontenay sur le sacrifice animal, *Le silence des bêtes. La philosophie à l'épreuve de l'animalité*, Paris, Fayard, 1998, p. 201-225, 241-250, 713-716, et *Sans offenser le genre humain. Réflexions sur la cause animale*, Paris, Albin Michel, 2008, p. 33-40. On trouvera aussi dans le roman d'É. Chevillard *Sans l'orang-outan*, Paris, Minuit, 2007, une description saisissante d'un monde que toute présence symbolique des animaux aurait fini par fuir.

corpus privilégié est celui de la philosophie et de l'éthique animales anglo-saxonne, conformément aux principes de cette collection qui vise à rendre accessibles en français des textes et des problématiques encore peu connus.

Indications bibliographiques

ARMSTRONG S.J. et BOTZLER R.G. (eds.), *The Animal Ethics Reader*, 2e éd. London, Routledge, 2008.

BURGAT F. (éd.), *L'animal dans nos sociétés*, Paris, La documentation française, 2004.

CASSIN B. et LABARRIÈRE J.-L. (éds.), *L'animal dans l'antiquité*, Paris, Vrin, 1997.

CALARCO M. et ATTERTON P. (eds.), *Animal Philosophy: Essential Readings in Continental Thought*, London, Continuum, 2004.

CYRULNIK B. (éd.), *Si les lions pouvaient parler. Essais sur la condition animale*, Paris, Gallimard, 1998.

FERRY L. et GERMÉ C. (éds.), *Des animaux et des hommes. Anthologie des textes remarquables écrits sur le sujet, du XVe siècle à nos jours*, Paris, Le Livre de poche, 1994.

FRANKLIN A., *Animals and Modern Cultures: A Sociology of Human-Relations in Modernity*, London, Sage Publications, 1999.

FUDGE E., *Perceiving Animals: Humans and Beasts in Early Modern English Culture*, Urbana, University of Illinois Press, 2002.

GONTIER T., *De l'homme à l'animal. Montaigne et Descartes ou les paradoxes de la philosophie moderne sur la nature des animaux*, Paris, Vrin, 1998.

– *L'homme et l'animal. La philosophie antique*, Paris, PUF, 1999.

HENNINGER-VOSS J. (ed.), *Animals in Human Histories: The Mirror of Nature and Culture*, Rochester, University of Rochester Press, 2002.

HURSTHOUSE R., *Ethics, Humans and Other Animals: An Introduction with Readings*, London, Routledge, 2000.

KLINGENDER F., *Animals in Art and Thought to the End of the Middle Ages*, Cambridge, MIT Press, 1971.

JASPER J.M. et NELKIN D., *The Animal Rights Crusade : The Growth of a Moral Protest*, New York, The Free Press, 1992.

KALOF L. et FITZGERALD A. (eds.), *The Animals Reader : The Essential Classic and Contemporary Writings*, Oxford-New York, Berg, 2007.

KEAN H., *Animal Rights : Political and Social Change in Britain since 1800*, London, Reaktion, 1998.

LESTEL D., *L'animalité. Essai sur le statut de l'humain*, Paris, Hatier, 1996.

OSBORNE C., *Dumb Beasts and Dead Philosophers : Humanity and the Humane in Ancient Philosophy and Literature*, Oxford, Oxford UP, 2009.

PREECE R., *Awe for the Tiger, Love for the Lamb : A Chronicle of Sensibility to Animals*, Vancouver, UBC Press, 2002.

RENCK J.-L. et SERVAIS V., *L'éthologie. Histoire naturelle du comportement*, Paris, Seuil, 2002

RITVO H., *The Animal Estate : The English and Other Creatures in the Victorian Age*, Cambridge, Harvard UP, 1987.

ROTHELS N. (ed.), *Representing Animals*, Bloomington-Indianapolis, Indiana UP, 2002.

SHEEHAN J.S. et SOSNA M. (eds.), *The Boundaries of Humanity : Humans, Animals, Machines*, Berkeley, University of California Press, 1991.

SORABJI R., *Animal Minds and Human Morals : The Origins of the Western Debate*, New York, Cornell UP, 1993.

STEINER G., *Anthropocentrism and Its Discontents : The Moral Status of Animals in the History of Western Philosophy*, Pittsburgh, University of Pittsburgh Press, 2005.

WOLLOCH N., *Subjugated Animals : Animals and Anthropocentrism in Early Modern European Culture*, New York, Humanity Books, 2006.

HUMANITÉ ET ANIMALITÉ

INTRODUCTION

« Il serait peu curieux de savoir ce que sont les bêtes », écrit Condillac au seuil de son *Traité des animaux*, « si ce n'était un moyen de connaître mieux ce que nous sommes »[1]. Aussi l'homme est-il à la fois la *clef* de l'interprétation de l'animal et l'*objet réel* du discours sur l'animal. Il en est la *clef* en ceci que la nature animale dans sa généralité ne peut être définie que par sa proximité et son altérité par rapport à la nature humaine qui nous est mieux connue. Et il est l'*objet réel* du discours que l'on tient sur l'animal parce que ce dernier n'est pris en vue qu'en tant que sa nature est susceptible d'éclairer celle de l'homme, en distinguant en l'homme ce qui est proprement humain de ce qui lui est commun avec l'animal.

Cela ne signifie pas pour autant que l'animal ne puisse jamais être défini autrement que comme l'envers de l'homme – son faux double ou son mauvais double –, car l'indétermination de la nature des « bêtes » affecte *aussi* celle des êtres humains, même si ce n'est évidemment pas de la même manière, sans quoi toute entreprise de connaissance serait rendue impossible. La double définition qui est recherchée ne pourra pas par conséquent être

1. Condillac, *Traité des animaux*, M. Malherbe (éd.), Paris, Vrin, 2004.

obtenue par un procédé visant à déduire l'essence de l'animal d'une simple privation de tous les attributs qui sont censés caractériser l'humain – lesquels, pour l'heure, ne sont pas encore distinctement connus –, mais plutôt par une sorte de variation réciproque des termes à définir.

Cette méthode, qui est mise en œuvre de façon exemplaire dans le traité de Condillac, nous paraît constituer l'une des caractéristiques du discours philosophique sur l'animal, depuis la définition antique de l'homme comme *animal rationale* où la détermination d'une différence spécifique s'effectue à la faveur d'un va-et-vient constant entre l'observation des hommes et celle des animaux, à la détermination de la place échue aux diverses créatures au sein de la chaîne des êtres où l'essence de l'humain n'est pas découverte au terme d'une simple soustraction et addition des attributs des formes d'existence supérieures et inférieures, mais par rectification permanente de ce que l'on *croyait* savoir – pour ne rien dire de l'extraordinaire richesse descriptive des histoires naturelles et des apports de l'éthologie moderne qui, en grossissant le faisceau des similitudes et des différences entre les hommes et les animaux, ont contraint à réviser sans cesse le tracé des lignes de démarcation anthropozoologique.

S'il est donc peu contestable que la fonction du discours sur l'animal soit, dans une large mesure, de définir l'homme, le rapport entre les deux termes est toutefois plus complexe qu'il ne pourrait sembler, dans la mesure où chacun a pour tâche d'éclairer l'autre. Ainsi, il est remarquable que l'« *oikéiôsis* » selon les Stoïciens, la « *phronésis* » selon Aristote, la sensibilité aux « petites perceptions » selon Leibniz, l'« inquiétude » selon Hegel, l'« accaparement » selon Heidegger, etc., puissent être entendus aussi bien comme des propositions originales visant à saisir le mode d'être propre de l'animal que comme des déterminations permettant en retour de préciser la nature de l'homme.

Les textes qui ont été retenus dans cette première section illustrent, chacun à leur manière, cette méthode de définition par co-variation, en s'efforçant d'en élucider les implications dans différentes directions : historiques, métaphysiques et éthiques.

Le premier essai, écrit par John Berger, adopte le point de vue de l'historien et celui de l'ethnologue pour examiner l'évolution des relations entre les êtres humains et les animaux, en montrant que la progressive « marginalisation » culturelle de ces derniers depuis le XIXe siècle est solidaire d'une dégradation des relations interhumaines. Au temps pendant lequel les animaux nous offraient leur « compagnie muette » a fait suite, affirme John Berger, le temps de l'aliénation mutuelle. Avant cette « cassure », les animaux étaient doués d'une existence symbolique en tant que « messagers porteurs de promesses » ; le bétail possédait des « fonctions magiques, tantôt divinatoires, tantôt sacrificielles » ; les animaux apportaient à la langue ses métaphores de prédilection et aux cultures traditionnelles ses symboles ; partout les animaux fournissaient des « explications », partout ils prêtaient leur nom ou leur caractère à une qualité ; l'animal semblait détenir des secrets qui s'adressaient spécifiquement à l'homme. La vie des animaux se déroulait parallèlement à celle des êtres humains : les animaux « venaient de l'autre côté de l'horizon », « ils se trouvaient chez eux *là-bas* et *ici* », et ce dualisme – « peut-être le premier dualisme existentiel » – se reflétait dans l'attitude humaine à l'égard des animaux : « ceux-ci étaient assujettis *et* vénérés, on en faisait l'élevage *et* le sacrifice ». C'est au sein de cette relation étroite et complexe que « ce que les deux termes – homme et animal – avaient en commun révélait aussi ce qui les différenciait. Et vice versa ».

À ce rapport fait de familiarité et de reconnaissance a donc succédé un rapport domestique, marqué par le « retrait à la fois universel et personnel au sein de la petite cellule familiale privée », où l'animal de compagnie est « stérilisé ou sexuellement isolé, extrêmement limité dans ses exercices physiques, privé presque entièrement de contact animal, et nourri d'aliments artificiels », et où l'« on traite les animaux destinés à notre alimentation exactement de la même façon que n'importe quel produit manufacturé ». Au temps de l'animal linguistique a succédé celui de l'animal visuel : les animaux sont devenus des images, des jouets, des illustrations, des animaux de spectacle, de jardins zoologiques et de bandes dessinées. Corrélativement, c'est la définition de l'humain qui s'est considérablement appauvrie : la « réduction de l'animal [...] participe du processus par lequel on a également réduit les hommes à devenir des unités isolées de production et de consommation »[1].

Le second essai, écrit par Pierre Guénancia, partage avec le précédent l'idée selon laquelle la différence entre les hommes et les animaux, loin d'être assurée de toute éternité et accessible à chacun dans l'acte réflexif par lequel l'*ego* se saisit de lui-même, naît du rapport même que les hommes entretiennent entre eux et tous ensemble avec les animaux. Mais en lieu et place des références ethnologiques de John Berger, Pierre Guénancia mobilise

1. Voir l'intéressant commentaire de l'article de John Berger par J. Burt, « John Berger "Why Look at Animals?". A Close Reading », *Worldviews*, 2005, n° 9, p. 203-218, qui examine fort bien toutes les objections que l'on serait tenté de faire à John Berger au sujet de la périodisation historique qu'il propose, du caractère hypothétique de ses spéculations sur la nature des relations entretenues par le passé avec les animaux, au sujet aussi de l'absence de toute référence aux débuts de l'expérimentation animale au XVIIe siècle, etc. Les suggestions de John Berger ont été reprises et développées notamment par R. Malamud, *Reading Zoos : Representations of Animals in Captivity*, London, Macmillan, 1998, par S. Baker, *Picturing the Beast : Animals, Identity and Representation*, Urbana-Chicago, University of Illinois Press, 1993 et par R. Acampora, *Corporal Compassion : Animal Ethics and Philosophy of Body*, Pittsburgh, University of Pittsburgh Press, 2006.

une riche culture éthologique, à la lumière de laquelle il propose une relecture originale de la métaphysique cartésienne.

C'est parce que l'homme n'est jamais sûr d'être un homme, écrit-il, qu'« il presse l'animal de le lui “dire”, et cherche dans cette altérité de quoi déduire sa propre identité ». Quête proprement infinie, car les différences, toutes plus spécifiques les unes que les autres (le volume de son cerveau, la station droite de son corps, la possession d'un langage symbolique, etc.), ne parviennent pas à « l'assurer de son identité et à lui faire savoir ce que c'est qu'être un homme ». De là la nécessité qui se fait sans cesse jour d'observer de plus près le monde animal dans l'espoir de découvrir à cette occasion, par un jeu de contrastes, le mystère de notre propre existence incarnée – le mystère du corps humain qui, en tant qu'il est « immédiatement traversé par la signification » est « visible et transparent à l'autre », tandis que le corps de l'animal est étrangement opaque au point de réfléchir le regard qui se pose sur lui; le mystère aussi des sociétés humaines dont Konrad Lorenz a su montrer l'étrange parenté avec les sociétés animales jusque dans les conduites symboliques par lesquels les êtres humains « se jaugent et évaluent par signes leurs biens, leur puissance ou leur place »; le mystère enfin de ce composé d'âme et de corps dont l'identité se trouble « au bord de ces trous noirs d'animalité que sont les automatismes corporels et sociaux »[1].

La mise au jour d'un trait spécifique et distinct est ainsi sans cesse déjouée, sans cesse relancée, sans cesse animée par le même

1. L'auteur a développé quelques-unes de ces idées dans un bel article portant sur la notion d'identité: voir P. Guénancia, « L'identité », dans D. Kambouchner (éd.), *Notions de philosophie*, Paris, Folio, 1995, t. 2, p. 563-635. Voir aussi les pages qu'il consacre au thème de l'animal-machine chez Descartes dans le volume collectif qu'il dirige en collaboration avec V. Camos, F. Cézilly et J.-P. Sylvestre, *Homme et animal, la question des frontières*, Paris, Éditions Quae, 2009, p. 65-69.

« doute sur l'humain » qui rend si peu satisfaisante la définition traditionnelle de l'homme comme animal raisonnable. « Mais qu'est-ce qu'un homme ? » demandait en ce sens Descartes, « dirai-je que c'est un animal raisonnable ? Non certes ; car il faudrait par après rechercher ce que c'est qu'animal et ce que c'est que raisonnable, et ainsi d'une seule question nous tomberions en une infinité d'autres plus difficiles et plus embarrassées ... »[1].

L'essai suivant, de Matthew Calarco, poursuit la critique des distinctions traditionnelles entre l'homme et l'animal en la situant cette fois-ci dans le contexte de la philosophie contemporaine, et en s'efforçant de tirer les conséquences sur le plan éthique de la difficulté qu'il y a à tracer une frontière précise entre les êtres qui peuvent élever une revendication morale à notre endroit et ceux qui ne le peuvent pas – ou, comme il le dit avec élégance, la difficulté qu'il y a à déterminer où commence et où finit le visage. L'auteur tente de montrer que, en dépit des efforts accomplis par Martin Heidegger et Emmanuel Levinas en vue de rompre avec l'« humanisme métaphysique » – qu'il définit comme « la tendance à déterminer la vie des êtres non humains par référence à celle des êtres humains, au moyen d'un système d'oppositions et de relations hiérarchiques » –, ces deux penseurs sont restés prisonniers, comme l'a bien vu Jacques Derrida, d'un humanisme « profond », c'est-à-dire d'un humanisme dogmatique, qui repose sur certaines hypothèses métaphysiques laissées ininterrogées[2].

1. R. Descartes, *Méditations métaphysiques*, II, éd. Adam-Tannery, Paris, Vrin-CNRS, 1964-1974, t. IX, p. 20. Voir aussi *La Recherche de la vérité*, éd. Adam-Tannery, t. X, p. 515-516.

2. La catégorie interprétative d'« humanisme métaphysique » élaborée par Heidegger a été régulièrement mobilisée en France dans un grand nombre d'études relevant de la philosophie animale, sans toute la prudence nécessaire, nous semble-

L'une des originalités de l'essai de Matthew Calarco est de mettre au centre de ses analyses les rares textes que Levinas a consacrés à la question de l'animalité, et notamment le texte d'un entretien inédit en français dans lequel, pour la première fois, Levinas prend à bras-le-corps le problème de savoir si l'animal a ou non un visage. Au terme d'une lecture sans concessions, l'auteur travaille à démontrer que l'éthique lévinassienne de l'autre homme est de part en part anthropocentrique, alors même que la logique de sa pensée aurait dû le conduire à reconnaître que l'expérience morale ne se réduit pas à la rencontre du visage d'un Autre homme. C'est cette ouverture de l'éthique au-delà de la sphère des relations interhumaines qu'il travaille enfin à rendre pensable en prenant appui sur certains écrits de Derrida.

Indications bibliographiques

AGAMBEN G., *De l'ouvert. De l'homme et de l'animal*, trad. fr. J. Gayraud, Paris, Payot-Rivages, 2002.

BERGER J., « Animal World », *New Society*, 25 novembre 1971, p. 1042-1043.

BURGAT F., *Animal, mon prochain*, Paris, Odile Jacob, 1997.

– *Liberté et inquiétude de la vie animale*, Paris, Kimé, 2005.

CALARCO M., « On the Borders of Language and Death. Derrida and the Question of the Animal », *Angelaki*, 2002, n° 7, p. 17-25.

– « "Another Insistence of Man" : Prolegomena to the Question of the Animal in Derrida's Reading of Heidegger », *Human Studies*, 2005, n° 28, p. 317-334.

t-il, car une telle notion fait bon marché de la diversité des humanismes historiques (antique, renaissant, classique, etc.). Voir sur ce point les lectures largement critiques réunies par B. Pinchard dans *Heidegger et la question de l'humanisme. Faits, concepts, débats*, Paris, PUF, 2005.

– « Heidegger's Zoontology », dans M. Calarco et P. Atterton (eds.), *Animal Philosophy: Essential Readings in Continental Thought*, London, Continuum, 2004, p. 18-30.

– « Thinking Through Animals : Reflections on the Ethical and Political Stakes of the Question of the Animal in Derrida », *Oxford Literary Review*, 2007, n° 29, p. 1-15.

– *Zoographies : The Question of the Animal from Heidegger to Derrida*, New York, Columbia UP, 2008.

– « Toward an Agnostic Animal Ethics », dans P. Cavalieri, *The Death of the Animal : A Dialogue*, New York, Columbia UP, 2009, p. 73-84.

CAMOS V., CÉZILLY F., GUÉNANCIA P. et SYLVESTRE J.-P. (éds.), *Homme et animal, la question des frontières*, Paris, Éditions Quae, 2009.

CLARK D., « On Being the Last Kantian in Nazi Germany », dans J. Ham et M. Senior (eds.), *Animal Acts : Configuring the Human in Western History*, London, Routledge, 1997, p. 165-198.

DATSON L., « Intelligences. Angelic, Animal, Human », dans L. Datson et G. Mitman (eds.), *Thinking Animals: New Perspectives on Anthropomorphism*, New York, Columbia UP, 2005, p. 37-58.

DAVY B.J., « An Another Face of Ethics in Levinas », *Ethics and the Environment*, 2007, n° 12, p. 39-65.

DERRIDA J., *L'animal que donc je suis*, Paris, Galilée, 2006.

– « "Il faut bien manger" ou le calcul du sujet » (entretien avec J.-L. Nancy), *Confrontation* (1989), repris dans J. Derrida, *Points de suspension. Entretiens*, Paris, Galilée, 1992, p. 269-301.

– *De quoi demain…* (entretien avec E. Roudinesco), Paris, Galilée-Fayard, 2001.

FUDGE E., « The Dog, the Home and the Human, and the Ancestry of Derrida's Cat », *Oxford Literary Review*, 2007, n° 29, p. 37-51.

HEIDEGGER M., *Lettre sur l'humanisme*, trad. fr. R. Munier, Paris, Aubier, 1964 (1re éd. 1946).

– *Concepts fondamentaux de la métaphysique. Monde-finitude-solitude* (1929-1930), trad. fr. D. Panis, Paris, Gallimard, 1992 (1re éd. 1983).

LABARRIÈRE J.-L., « De la *phronesis* animale », dans D. Devereux et P. Pellegrin (éds.), *Biologie, logique et métaphysique chez Aristote*, Paris, Éditions du CNRS, 1990, p. 405-428.

LAWLOR L., *This is not Sufficient : An Essay on Animality and Human Nature in Derrida*, New York, Columbia UP, 2007.

LEIBNIZ G.W., *Discours de métaphysique et correspondance avec Arnauld*, Paris, Vrin, 1988.

LEVINAS E., « Nom d'un chien ou le droit naturel », dans E. Levinas, *Difficile liberté*, Paris, Albin Michel, 1983, p. 199-202 (1re éd. 1975).

– « The Paradox of Morality », trad. angl. A. Benjamin et T. Wright, dans R. Bernasconi et D. Wood (eds.), *The Provocation of Levinas : Rethinking the Other*, London, Routledge, 1988, p. 168-180.

LLEWELYN J., « Am I obsessed by Bobby ? Humanism of the Other Animal », dans R. Bernasconi et S. Critchley (eds.), *Re-reading Levinas*, Indiana, Indiana UP, 1991, p. 234-245.

LOVEJOY A.O., *The Great Chain of Being : A Study of the History of an Idea*, Cambridge, Harvard UP, 2001 (1re éd. 1936).

STEEL K., « How to Make a Human », *Exemplaria*, 2008, n° 20, p. 3-27.

STEEVES H.P. (ed.), *Animal Others : On Ethics, Ontology and Animal Life*, Albany, SUNY Press, 1999.

WOLFE C., *Animal Rites : American Culture, the Discourse of Species, and Posthumanist Theory*, Chicago-London, The Chicago UP, 2003.

WOOD D., « Thinking with Cats », dans M. Calarco et P. Atterton (eds.), *Animal Philosophy : Essential Readings in Continental Thought*, London, Continuum, 2004, p. 129-144.

JOHN BERGER

POURQUOI REGARDER LES ANIMAUX ?*

Pour Gilles Aillaud

Le XIXe siècle, en Europe occidentale et aux États-Unis, a vu s'amorcer un processus – qui a atteint son apogée en ce XXe siècle régi exclusivement par l'économie de marché – par lequel toute tradition ayant jusque-là servi de médiation entre l'homme et la nature a été brisée. Avant cette cassure, les animaux et les hommes formaient le premier cercle de l'entourage humain. Et encore ! ceci suggère peut-être une trop grande distance. Ils occupaient avec l'homme le centre de son univers. Cette centralité était bien sûr d'ordre économique et productif. En dépit de l'évolution des moyens de production et de l'organisation sociale, les hommes restaient dépendants des animaux pour se nourrir, pour se déplacer, pour travailler, pour se vêtir.

De là à supposer que les animaux aient d'abord pénétré l'imagination humaine sous forme de viande, de cuir ou de corne, ce serait projeter sur les millénaires antérieurs une attitude typique

* John Berger, « Why Look at Animals? » (1980), trad. fr. Katia Berger Andreadakis, « Pourquoi regarder les animaux ? », dans John Berger, *Au regard du regard*, Paris, L'Arche, 1995, p. 7-35.

du XIXe siècle. Les animaux ont d'abord pénétré l'imagination humaine en tant que messagers porteurs de promesses. La domestication du bétail, par exemple, n'a pas été motivée par le simple besoin de lait et de viande. Le bétail possédait des fonctions magiques, tantôt divinatoires, tantôt sacrificielles. À l'origine, on décidait qu'une espèce donnée serait à la fois magique, apprivoisable et alimentaire, en fonction de ses habitudes, de sa proximité et de l'intensité avec laquelle elle y « invitait ».

> Bœuf blanc, bonne est ma mère
> Et nous, les gens de ma sœur,
> Les gens de Nyariau Bul [...]
> Ami, grand bœuf des cornes éployées,
> Qui sans cesse mugit au milieu du troupeau
> Bœuf du fils de Bul
> Maloa [1].

Les animaux sont mis au monde ; ils sont doués de sensations ; ils sont mortels. En cela ils ressemblent à l'homme. Dans leur anatomie externe – moins par contre dans leur anatomie profonde –, dans leurs habitudes, dans leur perception du temps, dans leurs capacités physiques, ils en diffèrent. Ils sont à la fois semblables et différents.

> Nous savons ce que les animaux font, quels sont les besoins du castor, de l'ours, du saumon et des autres créatures, parce que, jadis, les hommes se mariaient avec eux et qu'ils ont acquis ce savoir de leurs épouses animales [2].

1. E. Pritchard, *Les Nuer. Description des modes de vie et des institutions politiques d'un peuple nilote* (1937), trad. fr. L. Evrard, Paris, Gallimard, 1994, p. 67.

2. Indiens hawaïens cités par Claude Lévi-Strauss dans *La pensée sauvage*, Paris, Plon, 1962, p. 51.

Les yeux d'un animal en train d'observer un homme sont attentifs et méfiants. On peut imaginer que le même animal regarde d'autres espèces de la même façon. Il ne réserve pas à l'homme un regard spécial. Mais aucune autre espèce que l'homme ne reconnaîtra comme familier le regard de l'animal. Les autres animaux seront seulement tenus en respect, quand l'homme, lui, sera conscient de lui renvoyer exactement le même regard.

L'animal le scrute à travers un gouffre d'incompréhension. C'est pourquoi l'homme réussit à surprendre l'animal. Or l'animal – même domestique – peut également surprendre l'homme. Car l'homme aussi le scrute à travers un gouffre d'incompréhension, similaire mais pas identique, et ce, où qu'il tourne les yeux. Toujours il regarde à travers son ignorance, et parfois sa peur. Du coup, lorsque l'homme *est regardé* par l'animal, il est vu comme son propre environnement est vu par lui-même. Le fait que l'homme admette cela lui rend familier le regard de l'animal. Cependant l'animal reste distinct, et ne se laisse jamais confondre avec l'homme. D'où l'attribution d'un pouvoir à l'animal : un pouvoir comparable au pouvoir humain, mais ne coïncidant jamais avec lui. L'animal détient des secrets qui, contrairement aux secrets des grottes, des montagnes, des mers, s'adressent spécifiquement à l'homme.

La relation entre eux gagne en clarté si l'on compare le regard d'un animal avec celui d'un deuxième homme. Entre deux individus, le pont du langage franchit en principe le gouffre. Même lors d'une confrontation hostile, même lorsque pas un mot n'est prononcé, même si chacun parle une langue différente, l'existence du langage permet à l'un au moins, sinon aux deux, d'être « confirmé » par l'autre. Le langage permet aux hommes de compter les uns avec les autres comme avec eux-mêmes. (La « confirmation » rendue possible par le langage contient jusque celle de la peur et de l'ignorance humaines. Car tandis que chez l'animal, la peur répond à un signal, chez l'homme elle est endémique.)

Aucun animal ne « confirme » l'homme, que ce soit positivement ou négativement. L'animal peut se faire tuer puis manger, de telle sorte que son énergie s'assimile à celle que le chasseur possède déjà. L'animal peut se faire apprivoiser, de telle sorte qu'il fournit au paysan nourriture et aide dans le travail. Mais toujours, l'absence de langage commun, le silence de l'animal garantissent sa distance, sa différence, son exclusion par l'homme.

On peut cependant considérer, précisément en vertu de cette différence, que la vie d'un animal, à ne jamais confondre avec celle d'un homme, se déroule parallèlement à cette dernière. C'est au moment de la mort seulement que les deux lignes convergent, pour se croiser, peut-être, et redevenir parallèles par la suite ; d'où la croyance répandue en la transmigration des âmes.

Avec leur vie parallèle, les animaux offrent à l'homme une compagnie qui n'a rien à voir avec celle que peut lui offrir un autre homme. Rien à voir, parce que cette compagnie répond à la solitude de l'homme en tant qu'espèce.

Cette forme de compagnie muette donnait jadis l'impression d'une présence à tel point *égale* que l'on a souvent eu la conviction qu'il manquait à l'homme la capacité de parler aux animaux – d'où les histoires et les légendes d'être exceptionnels, comme Orphée, qui savaient parler aux bêtes.

Quels étaient les secrets de cette ressemblance et de cette différence entre l'animal et l'homme – ces secrets dont l'homme reconnaissait l'existence dès qu'il croisait le regard de l'animal ?

En un sens, l'anthropologie tout entière, préoccupée qu'elle est du passage de la nature à la culture, tente de répondre à cette question. Mais il existe également une réponse débordant ce cadre. Tous les secrets posaient les animaux comme *médiateurs* entre l'homme et ses origines. La théorie de Darwin, quoique portant la marque indélébile du XIXe siècle européen, s'inscrit dans une tradition presque aussi vieille que l'humanité elle-même. Les animaux servaient de médiateurs entre l'homme et ses origines parce qu'ils étaient à la fois semblables à lui et différents.

Ils venaient de l'autre côté de l'horizon. Ils se trouvaient chez eux *là-bas* et *ici*. De même, ils étaient tout à la fois mortels et immortels. Le sang d'un animal pouvait couler comme le sang humain, mais son espèce ne mourait jamais et chaque lion était Lion, chaque bœuf était Bœuf. Ceci – peut-être le premier dualisme existentiel – se reflétait dans l'attitude humaine à l'égard des animaux. Ceux-ci étaient assujettis et vénérés, on en faisait l'élevage et le sacrifice.

Des vestiges de ce dualisme subsistent aujourd'hui chez ceux qui vivent dans l'intimité avec les animaux et dans leur dépendance. Le paysan s'attache à son cochon et éprouve de la joie à saler son porc. Ce qui est significatif, et si difficile à saisir pour l'étranger citadin, c'est que les deux propositions de cette phrase soient coordonnées par un « et », et non par un « mais ».

Avec le déroulement parallèle de leur vie semblable/différente, les animaux ont pu susciter quelques-unes de premières questions, et apporter des réponses. Le premier sujet de peinture fut animal. Il est probable que le premier matériau de peinture ait été du sang animal. Avant cela, il n'est pas déraisonnable de penser que la première métaphore fût d'ordre animal. Dans son *Essai sur l'origine des langues*, Rousseau soutient que la métaphore se trouve à la source même du langage :

> Comme les premiers motifs qui firent parler l'homme furent des passions, ses premières expressions furent des tropes. Le langage figuré fut le premier à naître, le sens propre fut trouvé le dernier [1].

Si la première métaphore fut animale, c'est parce que la relation essentielle entre l'homme et l'animal relevait elle-même de la métaphore. Au sein de cette relation, ce que les deux termes – homme et animal – avaient en commun révélait aussi ce qui les différenciait. Et vice-versa.

Dans son livre sur le totémisme, Lévi-Strauss commente le raisonnement de Rousseau :

> C'est parce que l'homme s'éprouve primitivement identique à tous ses semblables (au nombre desquels il faut ranger les animaux, Rousseau l'affirme expressément), qu'il acquerra, par la suite, la capacité de *se* distinguer comme il *les* distingue, c'est-à-dire de prendre la diversité des espèces pour support conceptuel de la différenciation sociale [2].

Accepter l'explication de Rousseau sur les origines du langage implique bien sûr que l'on élude certaines questions – par exemple : quelle était l'organisation sociale minimale nécessaire à l'émergence du langage ? De toute façon, une quête des origines reste par nature insatisfaite. La réponse ambiguë des animaux est précisément ce dont on a besoin dans cette quête. Toute théorie des origines premières n'est qu'une façon de mieux définir leurs suites. Ceux qui ne partagent pas l'avis de Rousseau contestent le point de vue d'un homme, non pas un fait historique. Ce que nous essayons de définir quant à nous, c'est une pratique quasiment

1. J.-J. Rousseau, *Essai sur l'origine des langues*, chap. 3.
2. Cl. Lévi-Strauss, *Le totémisme aujourd'hui* (1962), Paris, PUF, 2002, p. 149.

perdue : l'usage jadis universel des signes animaux pour traduire l'expérience du monde.

Les anciens ont vu des animaux dans huit des douze signes du zodiaque. Chez les Grecs, on représentait chacune des douze heures de la journée par un animal. (La première par un chat, la dernière par un crocodile.) Les Hindous pensaient qu'un éléphant portait la terre sur son dos, et qu'une tortue portait, elle, l'éléphant. Pour les Nuers du Sud du Soudan,

> Toutes les créatures, y compris l'homme, vivaient à l'origine ensemble en camaraderie dans un seul et même camp. La discorde est née du fait que Renard ait persuadé Mangouste de jeter un gourdin au visage d'Éléphant. Une dispute s'est ensuivie et les animaux se sont séparés. Chacun a pris son chemin, ils ont commencé à vivre comme ils vivent aujourd'hui, et à s'entretuer. Ventre, qui avait eu d'abord une vie autonome dans la brousse, est entré dans l'homme, et a incité celui-ci à avoir faim en permanence. Les organes sexuels, qui eux aussi avaient autrefois connu une vie à part, se sont attachés aux hommes et aux femmes, et ont incité ceux-ci à se désirer l'un l'autre constamment. Éléphant a appris à l'homme à piler le mil, et a incité celui-ci à n'apaiser plus désormais sa faim que par un labeur incessant. Souris a appris à l'homme à engendrer et aux femmes à enfanter. Et Chien a apporté à l'homme le feu [1].

Les exemples abondent. Partout les animaux ont fourni des explications, ou, plus exactement, ont prêté leur nom ou leur caractère à une qualité qui, comme toutes les qualités, était par essence mystérieuse.

Ce qui distinguait l'homme de l'animal, c'était l'aptitude humaine à la pensée symbolique, aptitude elle-même inséparable

1. R. Willis, *Man and Beast*, New York, Basic Books, 1974, p. 52-53.

du développement d'un langage où les mots, au lieu de simples signaux, étaient les signifiants de quelque chose d'autre qu'eux-mêmes. Or les premiers symboles furent des animaux. Ce qui distinguait les hommes des animaux est donc né du rapport même qu'ils entretenaient.

L'*Illiade* est l'un des plus vieux textes auxquels l'on ait accès, et l'emploi qui y est fait de la métaphore atteste encore une fois la proximité entre l'homme et l'animal: proximité d'où la métaphore elle-même a jailli. Homère décrit d'abord la mort d'un soldat sur le champ de bataille, puis, un peu plus loin, celle d'un cheval. Les deux morts sont également transparentes aux yeux d'Homère, sans plus de réfraction dans un cas que dans l'autre :

> Idoménée, c'est Erymante qu'à la bouche, avec le bronze impitoyable, il perça. De part en part la lance de bronze traversa, sous le cerveau, et brisa les os blancs. Les dents furent arrachées, les deux yeux remplis de sang; ce sang, montant par la bouche, dégouttant des narines, il le souffla par leurs ouvertures; et le nuage noir de la mort l'enveloppa [1].

Voilà pour l'homme. Trois pages plus loin, c'est le cheval qui s'écroule :

> Sarpédon manqua Patrocle de sa lance brillante, en s'élançant après lui; mais il blessa le cheval Pédalos, de sa pique, à l'épaule droite. Celui-ci cria en exhalant la vie, tomba dans la poussière en mugissant, et sa vie s'envola [2].

Et voilà pour l'animal.

Le livre XVII de l'*Illiade* s'ouvre avec Ménélas en train de protéger le cadavre de Patrocle contre les Troyens qui cherchent à

1. Homère, *Illiade*, chant XVI, v. 338-350.
2. *Ibid.*, v. 463-471.

le dépouiller. Ici, Homère utilise les animaux comme références métaphoriques pour rendre, tantôt avec ironie, tantôt avec admiration, le caractère excessif, ou superlatif, de différents moments de l'action. Sans l'exemple des animaux, ces moments seraient restés indescriptibles.

> Ménélas tourna autour du corps, comme, autour d'un veau premier-né, sa mère plaintive, qui ne connaissait pas encore l'enfantement[1].

Un Troyen le menace, et Ménélas crie ironiquement à l'adresse de Zeus :

> Zeus, père, il n'est pas beau de se vanter à l'excès. La panthère n'a pas autant d'ardeur, – ni le lion, ni le sanglier féroce dont le grand cœur, dans la poitrine, éclate de force, – que les fils de Panthoos, aux bonnes lances de frêne, n'en montrent partout[2].

Ménélas tue alors le Troyen qui le menaçait, et personne n'ose plus l'approcher.

> Comme un lion nourri dans les montagnes, confiant en sa force, à un troupeau qui paissait ravit une vache, la meilleure; il lui rompt le cou, pris dans ses fortes dents, tout d'abord; puis, sang et entrailles, il dévore tout, en le déchirant; autour de lui les chiens, les bergers, crient beaucoup, de loin, sans vouloir venir l'affronter, car une verte peur les prend; ainsi aucun des Troyens n'avait le cœur, en sa poitrine, de venir affronter le glorieux Ménélas[3].

Jusqu'au XIXe siècle, l'anthropomorphisme faisait partie intégrante de la relation entre l'homme et l'animal : il constituait une expression de leur proximité; il était la trace d'un usage

1. Homère, *Illiade*, chant XVII, v. 7-10.
2. *Ibid.*, v. 20-24.
3. *Ibid.*, v. 60-66.

ininterrompu de la métaphore animale. Ces deux derniers siècles, les animaux ont progressivement disparu. Aujourd'hui nous vivons sans eux. Et dans cette nouvelle solitude, l'anthropomorphisme, nous met doublement mal à l'aise.

La rupture théorique s'est produite avec Descartes. Descartes a intégré *au sein* de l'homme le dualisme inhérent au rapport hommes-animaux. En traçant une coupure nette entre le corps et l'âme, il a abandonné le corps aux lois de la physique et de la mécanique, réduisant les animaux, vu qu'ils ne possédaient pas d'âme, au strict modèle d'une machine.

Les conséquences de cette rupture opérée par Descartes ne se sont ressenties que peu à peu. Un siècle plus tard, le grand zoologiste Buffon, bien qu'acceptant et utilisant le modèle cartésien de la machine pour classifier les animaux et leurs facultés, montre néanmoins une tendresse envers les bêtes qui les réhabilite temporairement comme compagnons. Cette tendresse est à demi envieuse.

S'efforçant de transcender l'animal, de transcender le mécanique qui est en lui, et pourvu par ailleurs d'une spiritualité unique, l'homme est souvent pris d'angoisse. Du coup, en dépit du modèle de la machine, lorsque l'homme établit une comparaison entre lui et l'animal, ce dernier lui semble jouir d'une sorte d'innocence enviable. L'animal se trouve vidé de son expérience et de ses secrets, et cette nouvelle innocence créée de toutes pièces éveille en l'homme une espèce de nostalgie. Pour la première fois, on place les animaux dans un passé irrévocable. Au sujet du castor, Buffon dit ceci :

> Autant l'homme s'est élevé au-dessus de l'état de nature, autant les animaux se sont abaissés au-dessous ; soumis et réduits en servitude, ou traités comme rebelles et dispersés par la force, leurs sociétés se sont évanouies, leur industrie est devenue stérile, leurs faibles arts ont disparu, chaque espèce a perdu ses qualités géné-

> rales, et tous n'ont conservé que leurs propriétés individuelles, perfectionnées dans les uns par l'exemple, l'imitation, l'éducation, et dans les autres par la crainte et par la nécessité où ils sont de veiller continuellement à leur sûreté. Quelles vues, quels desseins, quels projets peuvent avoir des esclaves sans âme, ou des relégués sans puissance ? ramper ou fuir, et toujours exister d'une manière solitaire, ne rien édifier, ne rien produire, ne rien transmettre, et toujours languir dans la calamité, déchoir, se perpétuer sans se multiplier, perdre, en un mot, par la durée autant et plus qu'ils n'avaient acquis par le temps.
> Aussi ne reste-t-il quelques vestiges de leur merveilleuse industrie que dans ces contrées éloignées et désertes, ignorées de l'homme pendant une longue suite de siècles, où chaque espèce pouvait manifester en liberté ses talents naturels, et les perfectionner dans le repos en se réunissant en société durable. Les castors sont peut-être le seul exemple qui subsiste comme un ancien monument de cette espèce d'intelligence des brutes, qui, quoique infiniment inférieure par son principe à celle de l'homme, suppose cependant des projets communs et des vues relatives ; projets qui, ayant pour base la société, et pour objet une digue à construire, une bourgade à élever, une espèce de république à fonder, supposent aussi une manière quelconque de s'entendre et d'agir de concert [1].

Bien que cette nostalgie fût une invention du XVIIIe siècle, beaucoup d'inventions technologiques ont été nécessaires – chemin de fer, électricité, tapis roulant, industrie de la conserve, automobile, engrais chimiques – avant que les animaux ne finissent par être définitivement marginalisés.

Durant le XXe siècle, le moteur à combustion interne a remplacé les bêtes de trait dans les rues et les usines. Les villes, en perpétuelle et croissante expansion, ont transformé les campagnes

1. Buffon, *Histoire naturelle des animaux*, VIII [dans *Œuvres*, Paris, Gallimard, 2007, p. 827-828].

environnantes en banlieues où les animaux, sauvages ou domestiques, se sont raréfiés. L'exploitation commerciale de certaines espèces (bisons, tigres, rennes) leur a valu d'être en voie de disparition. Le peu de vie sauvage qui subsiste, il faut désormais aller dans les réserves et les parcs naturels pour la trouver.

Finalement, le modèle de Descartes a été dépassé. Aux premiers stades de la révolution industrielle, on a bien utilisé les animaux comme des machines. On a d'ailleurs fait pareil avec les enfants. Par la suite, en revanche, dans les sociétés dites post-industrielles, on s'est mis à leur appliquer le traitement habituellement réservé aux matières premières : on traite les animaux destinés à notre alimentation exactement de la même façon que n'importe quel produit manufacturé. Une nouvelle exploitation agricole, actuellement en développement en Caroline du Nord, couvrira une superficie totale de 150 000 hectares mais n'emploiera que 1 000 personnes, soit une par quinzaine d'hectares. Des céréales seront semées, cultivées et moissonnées par des machines, dont des avions. Les produits des récoltes iront nourrir les 50 000 porcs et autres bestiaux. Ces animaux ne seront jamais en contact avec le sol. Ils se reproduiront, seront allaités et nourris jusqu'à maturité dans des enclos spécialement conçus [1].

Cette réduction de l'animal, dont l'histoire est aussi bien théorique qu'économique, participe du processus par lequel on a également réduit les hommes à devenir des unités isolées de production et de consommation. L'attitude vis-à-vis des animaux, durant cette période, a en effet souvent préfiguré une attitude équivalente à l'égard des hommes. La conception mécanique des

1. Selon les informations livrées par S. George, *How the Other Half Dies : The Real Reasons for World Hunger*, London, Penguin Books, 1976 [trad. fr. Z. Bianu, *Comment meurt l'autre moitié du monde*, Paris, Robert Laffont, 1978, p. 29].

capacités de travail animales a vite été reportée aux capacités humaines. F.W. Taylor, qui développa le « taylorisme » dans l'étude des cadences et l'organisation du travail industriel, entendait que le travail soit « à tel point stupide » et rébarbatif que l'ouvrier en arrive à « ressemble[r], dans sa constitution mentale, davantage au bœuf qu'à n'importe quelle autre espèce »[1]. Presque toutes les techniques modernes de conditionnement social, ainsi que les tests d'aptitudes intellectuelles, ont été établis sur la base d'expérimentations animales. Aujourd'hui les behavioristes dans la lignée de Skinner limitent le concept même de l'homme aux conclusions qu'ils tirent d'expériences artificielles sur les animaux.

N'existe-t-il pas cependant quelque domaine où les animaux, au lieu de disparaître, continuent de se multiplier ? On n'a jamais compté autant d'animaux domestiques par ménage particulier qu'aujourd'hui, dans les villes des pays riches. Aux États-Unis on estime à quarante millions au moins le nombre de chiens, au même chiffre celui des chats, à quinze millions celui d'oiseaux en cage, et à dix millions celui d'autres animaux de compagnie.

Jadis, les familles de toutes les classes sociales possédaient des animaux domestiques, mais pour les tâches utiles que ceux-ci remplissaient – chiens de garde, chiens de chasse, chats-attrapeurs de souris et ainsi de suite. Le fait d'avoir chez soi un animal sans prendre en compte son utilité – le fait d'avoir, précisément, un animal de compagnie – est une innovation moderne, et, à l'échelle où il se trouve répandu aujourd'hui, ce fait est unique. Il tient de cette caractéristique tellement distinctive des sociétés de consommation : le retrait à la fois universel et personnel au

1. F.W. Taylor, *The Principles of Scientific Management*, New York, Harper & Row, 1947, p. 59.

sein de la petite cellule familiale privée, décorée ou meublée de mémentos du monde extérieur.

La petite cellule familiale manque d'espace, de terre, d'autres animaux, de saisons, de températures naturelles et de toutes sortes d'autres choses. L'animal de compagnie est stérilisé ou sexuellement isolé, extrêmement limité dans ses exercices physiques, privé presque entièrement de contact animal, et nourri d'aliments artificiels. Telle est la réalité concrète, fondant le truisme selon lequel les animaux en arrivent à ressembler à leur maître ou à leur maîtresse. Ils sont les créatures nées du mode de vie de leur propriétaire.

La façon dont le propriétaire moyen conçoit son animal est également révélatrice. (Les enfants, pendant un bref moment, réagissent différemment.) L'animal le *complète*, répondant à certains aspects de son caractère qui demeuraient autrement non-confirmés. Le maître peut se montrer à son animal tel qu'il ne se montre à personne d'autre. De surcroît, l'animal peut être dressé pour réagir comme s'il en était lui-même conscient. L'animal offre à son maître un miroir reflétant une partie de lui qui n'est, sinon, jamais reflétée. Mais, l'autonomie de chacun étant forcément sacrifiée au sein de cette relation (le maître devenant l'être-spécial-qu'il-est-pour-son-animal-seulement, et l'animal devenant dépendant de son propriétaire pour chacun de ses besoins physiques), le parallélisme de leurs deux vies distinctes s'évanouit également.

Le processus de marginalisation culturelle des animaux dépasse bien sûr en complexité celui de leur marginalisation physique. Les animaux de l'esprit ne se laissent pas disperser si facilement. Dictons, rêves, jeux, récits, superstitions, ainsi que la langue elle-même, sont là pour nous les rappeler sans cesse. Les animaux de l'esprit, plutôt que dispersés, ont été absorbés par d'autres catégories, de sorte que la catégorie « animal » a perdu son importance centrale. Ils sont passés principalement dans les catégories « familles » et « spectacle ».

Ceux qui sont passés dans la catégorie « famille » ressemblent quelque peu aux animaux de compagnie. Mais, n'ayant ni les besoins ni les limitations physiques des animaux de compagnie, ils se convertissent plus aisément en marionnettes humaines. Les livres et dessins de Beatrix Potter en donnent un premier exemple ; toutes les productions animales de l'industrie Disney en fournissent un second, à la fois plus récent et plus extrême. Dans des travaux de ce genre, la petitesse des pratiques sociales courantes se voit universalisée par sa projection sur le règne animal. Le dialogue suivant entre Donald et ses neveux parle de lui-même :

> DONALD : Ouah ! Quelle journée ! Quelle excellente journée pour aller pêcher, faire du bateau, un pique-nique ou un brin de cour à une fille ! Malheureusement, je ne peux rien faire de tout cela !
> NEVEU : Mais pourquoi pas, onc' Donald ?
> DONALD : La galette, les garçons ! Pour changer, je suis fauché, et on en est à une éternité de ma prochaine paie !
> NEVEU : Tu peux toujours aller te promener, onc' Donald, ou aller regarder les oiseaux !
> DONALD : (grognement) Je vais sans doute être réduit à le faire ! Mais d'abord, attendons le facteur. Il m'apportera peut-être une bonne nouvelle
> NEVEU : Comme un chèque de la part d'un parent éloigné de Villeriche ?

Mis à part leurs traits physiques, ces animaux ont été assimilés à ce que l'on appelle la majorité silencieuse.

Les animaux incorporés dans la catégorie « spectacle » ont disparu d'une manière différente. Dans les vitrines des librairies, à Noël, un tiers des volumes exposés sont des livres illustrés d'animaux. Bébés hiboux ou girafes, la caméra les fixe dans des contrées qui, pour être entièrement accessibles à la caméra, ne le sont aucunement au spectateur. Tous les animaux y apparaissent comme des poissons derrière la vitre épaisse de leur aquarium. Ceci pour des raisons à la fois techniques et idéologiques. Techniquement, les procédés mis en œuvre pour obtenir des images toujours plus saisissantes – appareils camouflés, téléobjectifs, flashes, télécommandes, etc. – concourent à produire des résultats trahissant par de nombreuses indications leur normale invisibilité. Ces images n'existent que par l'intermédiaire d'une clairvoyance technique. Un livre de photographies animales récent et très bien présenté [1] annonce dans sa préface que chacune des images dure en temps réel moins de trois centièmes de seconde, ce qui surpasse de beaucoup les capacités de l'œil humain. Tout ce que l'on voit dans le livre n'a donc jamais encore été vu, pour la simple raison que cela est totalement invisible.

Dans l'idéologie qui s'ensuit, les animaux sont toujours les « observés ». Le fait qu'ils puissent, eux, nous observer a perdu toute portée. Ils sont l'objet de notre savoir en constante progression. Chaque élément que nous ajoutons à notre connaissance des animaux est un indicateur de notre pouvoir sur eux, et par conséquent, un indicateur de ce qui nous en sépare. Plus nous en savons, plus ils s'éloignent.

Or la même idéologie, ainsi que le fait remarquer Lukács dans *Histoire et conscience de classe*, élève également la nature au rang de valeur – une valeur s'opposant aux institutions sociales qui dépouillent l'homme de son essence naturelle et en font un prisonnier.

> La nature peut de la sorte prendre la signification de ce qui, par opposition aux formations artificielles de la civilisation humaine, a eu une croissance organique et n'a pas été créé par l'homme. Mais

1. Il s'agit du livre de F. Rossif, *La fête sauvage*, Paris, Robert Laffont, 1976.

> elle peut aussi être saisie comme cet aspect de l'intériorité humaine qui est resté nature ou, tout au moins, a la tendance, la nostalgie, de redevenir nature [1].

Selon cette vision de la nature, la vie de l'animal sauvage acquiert un statut d'idéal – un idéal intériorisé en tant que sentiment résultant d'un désir réprimé. L'image de l'animal sauvage devient alors le point de départ d'une rêverie : un point à partir duquel le rêveur part, en lui tournant le dos.

Le fait divers suivant illustre le degré de confusion auquel on s'expose :

> La mère de famille londonienne, Barbara Carter, ayant gagné le concours de charité « Exauce ton vœu », a déclaré qu'elle souhaitait embrasser et dorloter un lion. Mercredi soir elle a été amenée à l'hôpital dans un état de choc, victime de blessures à la gorge. Madame Carter, 46 ans, avait été introduite dans le domaine des lions du safari-parc de Bewdley le même jour. Alors qu'elle se penchait pour caresser la lionne Suki, celle-ci bondit et la traîna au sol. Les gardiens ont par la suite admis : « Nous avons commis une grosse erreur de jugement. Nous avons toujours cru que la lionne était parfaitement inoffensive » [2].

La place des animaux dans la peinture romantique du XIXe siècle signalait déjà leur disparition imminente. Les images montrent des animaux retournant à une vie sauvage révolue, qui n'existait que dans l'imagination. Un artiste du XIXe siècle cependant, Grandville, était obsédé par la transformation en cours ; son œuvre l'éclaire d'ailleurs de façon troublante. Il publia ses *Scènes*

1. G. Lukács, *Histoire et conscience de classe. Essais de dialectique marxiste*, trad. fr. K. Axelos et J. Bois, Paris, Minuit, 1960, p. 172-173.
2. *The Evening Independent*, 15 mai 1976.

de la vie privée et publique des animaux en plusieurs livraisons de 1840 à 1842.

À première vue, les animaux de Grandville, avec leurs habits ou leurs poses d'hommes ou de femmes, semblent prolonger cette tradition qui attribue à une personne les traits d'un animal afin d'en épingler plus explicitement tel aspect du caractère. Le procédé revient à lui faire porter un masque dont la fonction est de démasquer. L'animal y représente le comble du trait de caractère en question : pour le lion, le courage absolu ; pour le lièvre, la luxure ; pour le renard, la ruse. L'animal vivait jadis à la source même de la qualité. C'est par l'animal que la qualité a été reconnue pour la première fois. Et l'animal lui a alors prêté son nom.

Mais si l'on regarde plus attentivement les gravures de Grandville, il en ressort que le choc qu'elles causent dérive en fait d'une conception opposée. Ces animaux ne se font pas « emprunter » dans le but d'expliquer les gens, ils n'ont rien à démasquer; au contraire. Ces animaux sont prisonniers d'une situation humaine et sociale, dans laquelle ils ont été piégés. Le vautour apparaît plus affreusement rapace en propriétaire terrien qu'en oiseau de proie. Les crocodiles attablés devant leur repas apparaissent plus voraces que dans la rivière.

Les animaux ne sont pas employés ici comme rappels de nos origines ou comme métaphores morales, ils sont utilisés en masse pour « peupler » des situations. Le courant aboutissant à la banalité d'un Disney a commencé sous la forme du rêve dérangeant et prophétique de l'œuvre de Grandville.

Les chiens de sa gravure d'une fourrière n'ont rien de canin; ils ont certes des gueules de chiens, mais ce qu'ils subissent est indubitablement un emprisonnement humain.

L'ours est bon père montre un ours en train de pousser un landau, l'air abattu, comme n'importe quel soutien de famille humain. Le premier volume de Grandville s'achève sur quelques mots de l'auteur qui souhaite bonne nuit au lecteur, lui recommandant de rentrer chez lui, de bien fermer sa cage à clé, et d'y faire de beaux rêves… Animaux et petit peuple deviennent synonymes; les animaux, autrement dit, s'évanouissent peu à peu.

Un dessin plus tardif de Grandville, portant pour titre *La conservation des races*, présente des animaux alignés sur un quai, prêts à s'embarquer, tels des émigrants, sur le paquebot qu'est l'Arche de Noé. Dans la tradition judéo-chrétienne, l'Arche de Noé constitue la première réunion organisée des animaux et de l'homme. La réunion est maintenant terminée. Grandville nous montre maintenant le grand départ. Une longue queue de différentes espèces défile lentement le long de l'embarcadère, en nous tournant le dos. Chaque posture évoque tous les doutes de dernière minute qui rongent les émigrants. Au loin on aperçoit une passerelle que les premiers ont déjà franchie pour s'engouffrer dans l'arche du XIXe siècle, semblable à un steamer américain. L'ours. Le lion. L'âne. Le chameau. Le coq. Le renard. *Exeunt*.

Vers 1867, d'après le guide du zoo de Londres, un artiste du music-hall nommé le Grand Vance a interprété une chanson dont le titre était à peu près : Comme c'est bon de se promener au zoo, et c'est ainsi que le mot « zoo » est entré dans l'usage courant. Le zoo de Londres aurait aussi légué le mot « jumbo » à la langue anglaise. « Jumbo » était le nom d'un éléphant africain de la taille d'un mammouth qui vivait au zoo entre 1865 et 1882, et pour lequel la reine Victoria s'était prise d'affection. Il a fini ses jours comme vedette du célèbre cirque Barnum qui tournait en Amérique. Son nom lui a survécu pour désigner les objets de proportions gigantesques.

Les zoos publics ont fait leur apparition au commencement de l'époque qui allait voir les animaux disparaître de la vie quotidienne. Le zoo, où les gens se rendent afin de rencontrer, d'observer, de voir des animaux, matérialise en fait l'impossibilité de telles rencontres. Les zoos modernes sont l'épitaphe d'une relation aussi vieille que l'homme lui-même. Si on ne les voit pas comme tels, c'est qu'on n'a pas posé à leur sujet les bonnes questions.

Au moment où ils furent édifiés – le Jardin des Plantes en 1793, le zoo de Londres en 1828, le zoo de Berlin en 1844 –, les zoos ont apporté un prestige considérable aux capitales qui les hébergeaient. Un prestige qui n'est pas sans rappeler l'aura des ménageries royales privées. Ces ménageries qui, avec les plats dorés, l'architecture, les orchestres, les acteurs, le mobilier, les nains, les acrobates, les uniformes, les chevaux, l'art et la gastronomie, ont été la marque de la puissance et de la prospérité d'un roi ou d'un empereur. Pareillement, au XIXe siècle, les zoos publics sanctionnaient le pouvoir colonial contemporain. La capture d'animaux figurait symboliquement la conquête de terres lointaines et exotiques. Les « explorateurs » prouvaient leur attachement patriotique en renvoyant chez eux un tigre ou un éléphant. Le don d'un animal exotique au zoo de la métropole était devenu un mode de paiement au sein de relations diplomatiques avec les états « sujets ».

Cependant, comme toute institution publique du XIXe siècle, le zoo, bien que cautionnant implicitement l'idéologie impérialiste, devait se réclamer d'une fonction civique indépendante. Il s'est donc défini comme une nouvelle sorte de musée, dont le but était l'instruction et l'édification publiques. Ainsi les premières questions posées au sujet du zoo se rapportaient-elles à l'histoire naturelle; on croyait alors possible d'étudier la vie naturelle des animaux même dans des conditions à ce point anti-naturelles. Un siècle plus tard, des zoologistes tels que Konrad Lorenz ont posé des questions d'ordre éthologique et behavioriste, avec l'intention affichée d'en découvrir plus long sur les motivations des actions humaines à travers l'étude des animaux dans des conditions expérimentales.

Entre-temps, des millions de personnes visitaient chaque année les zoos, mues par une curiosité à la fois si vaste, si vague et si personnelle qu'il est difficile de la définir. En France, aujourd'hui, on compte 22 millions de visiteurs annuels pour 200 jardins zoologiques. Une grande part de ces visiteurs ont toujours été et demeurent des enfants.

Les enfants, dans le monde moderne, sont entourés d'images animales : jouets, dessins animés, bandes dessinées, décorations en tous genres. Aucune autre imagerie n'entre en concurrence avec l'imagerie animale. L'intérêt apparemment spontané que montrent les enfants pour les bêtes pourrait donner à croire qu'il a toujours existé; on trouve déjà des animaux parmi les premiers jouets (lorsque ceux-ci étaient encore réservés à une minorité). De même, partout dans le monde, les jeux enfants incluent les animaux, qu'ils soient vrais ou simulés. Mais c'est au XIXe siècle seulement que les reproductions animales ont pénétré le décor habituel des enfants de la classe moyenne – avant d'envahir, au cours du siècle présent, fort de systèmes de vente et communication d'une efficacité inouïe, tels ceux de Disney, toutes les enfances sans distinction de classe.

Auparavant, la part des jouets reproduisant les animaux était minime. Et ceux-ci, loin de prétendre au réalisme, restaient délibérément symboliques. La différence est la même qu'entre un cheval de bois traditionnel et un cheval à bascule moderne : le premier était fait d'un simple bâton surmonté d'une tête rudimentaire que les enfants enfourchaient comme un manche à balai; le second se veut la « reproduction » détaillée d'un cheval, peinte de façon réaliste, munie de rênes de cuir, d'une crinière purs crins et conçue pour se mouvoir comme un vrai cheval au galop. Le cheval à bascule est une invention du XIXe siècle.

Cette nouvelle exigence de vraisemblance quant aux jouets de forme animale a entraîné des changements dans leur fabrication. Les premiers jouets empaillés ont fait leur apparition, et les plus chers d'entre eux furent recouverts d'une véritable peau de bête – le plus souvent de veaux mort-nés. À la même époque furent introduits sur le marché les animaux en peluche – nounours, tigres, lapins –, que les enfants prenaient avec eux au lit. Ainsi, la production de jouets imitant avec réalisme le monde animal coïncide à peu près avec l'établissement de zoos publics.

La visite familiale au zoo constitue d'habitude un événement plus sentimental qu'un tour des magasins ou une sortie au match de foot. Les adultes emmènent les enfants au zoo pour leur faire voir l'original des « reproductions » restées à la maison, et peut-être aussi dans l'espoir de retrouver un peu de l'innocence attachée à l'univers animal des reproductions de leur propre enfance.

Les animaux s'avèrent rarement à la hauteur des réminiscences adultes, tandis qu'aux enfants ils apparaissent la plupart du temps étonnamment mous et ennuyeux. (Mêlés aux cris des bêtes, au zoo, on entend immanquablement : « Où est-il ? Pourquoi il ne bouge pas ? Il est mort ? ».) De sorte que la question *ressentie*, quoique pas forcément exprimée, par la majorité des visiteurs pourrait se formuler comme ceci : pourquoi ces animaux ne répondent-ils pas à mes attentes ?

Et c'est à cette question-là, simpliste et étouffée, qu'une réponse vaut la peine d'être cherchée.

Le zoo est un lieu où sont rassemblées autant de races et de variétés animales que possible, afin qu'elles puissent être vues, observées, examinées. Fondamentalement, chaque cage fonctionne comme un cadre autour de l'animal qu'elle renferme. Les visiteurs parcourent le zoo en regardant les animaux. Ils vont de cage en cage, non sans rappeler les visiteurs d'une galerie d'art, s'arrêtant devant chaque tableau avant de passer au suivant, puis au suivant encore. Sauf qu'au zoo, la vision est toujours faussée. Comme une photo mal mise au point. On s'y est tellement accoutumé qu'on ne le remarque quasiment plus; ou plutôt, pour être plus exact, on s'invente une justification qui l'emporte sur la déception, voire qui la gomme entièrement. Cette justification anticipée prend peu à peu cette tournure : « mais qu'est-ce que tu croyais ? Ce n'est pas un objet inerte que tu es venu regarder, c'est un être vivant ! Il mène sa propre vie ! Il n'a pas à se rendre visible, rien que pour tes beaux yeux ! ». Or le raisonnement qui fonde cette justification est erroné. La vérité se révèle plus terrible.

Quelle que soit la manière dont vous allez regarder ces animaux, même s'ils se tiennent collés aux barreaux, à moins d'un mètre de vous, les yeux fixés vers l'extérieur, vers le public, *vous avez affaire à des créatures radicalement marginalisées*, et toute la concentration dont vous êtes capable ne suffira pas à les recentrer. Et pourquoi cela ?

À l'intérieur dc limites bien tracées, les animaux jouissent d'une certaine liberté, sûrs néanmoins, tout comme leurs spectateurs, de leur étroite réclusion. La transparence des vitres, l'espace entre les barreaux ou l'air au-dessus des fossés, ne sont pas ce qu'ils semblent – s'ils l'étaient, tout en irait autrement. Transparence, espace, air libre se trouvent réduits à de purs simulacres.

Le décor, une fois ces éléments admis comme simulacres, va parfois jusqu'à les reproduire à son tour, créant ainsi de totales illusions – dans le cas, par exemple, de prairies ou de rochers peints au fond des vivariums abritant de petits animaux. D'autres fois, il rajoute seulement quelques faux-semblants afin de suggérer l'environnement naturel de l'animal – branches mortes pour les singes, rochers artificiels pour les ours, caillou et eau peu profonde pour les crocodiles. Ces faux-semblants additionnels remplissent deux fonctions distinctes : pour le spectateur, celle d'accessoires de théâtre; pour l'animal, ils forment le strict minimum écologique lui permettant d'exister physiquement.

Isolés les uns des autres, privés de toute interaction entre espèces, les animaux sont tenus dans une dépendance absolue de leurs gardiens. En conséquence, la plupart de leurs réflexes ont changé. Ce qui auparavant était le centre de leur instinct de survie a été remplacé par l'attente passive d'une série d'interventions arbitraires dictées par l'extérieur. Les événements dont ils perçoivent le cours autour d'eux sont devenus aussi illusoires (en ce qui concerne les réactions naturelles normalement suscitées) que les prairies peintes. Parallèlement, c'est ce même isolement qui garantit (souvent) leur longévité en tant que spécimens, tout en facilitant leur classification.

Tout cela contribue à leur marginalisation. L'espace qu'ils habitent est artificiel. D'où leur tendance à se recroqueviller dans un coin. (Au-delà de ce coin, qui sait, s'étend peut-être un espace vrai.) Dans certaines cages, même la lumière est artificielle. Dans tous les cas, l'environnement est illusoire. Rien ne les entoure vraiment, hormis leur propre léthargie ou hyperactivité. Ils n'ont rien sur quoi agir – hormis, pour un bref instant, la nourriture qu'on leur sert toute prête et, très occasionnellement, un partenaire lui aussi prêt à l'emploi. (Et leurs pratiques instinctives finissent par céder la place à des pratiques marginales, sans objet.) Enfin, leur dépendance et leur isolement ont à tel point conditionné leurs réactions qu'ils considèrent eux-mêmes tout événement ayant lieu autour d'eux – ou en général devant eux, là où se tient le public – comme marginal. (Et les animaux en viennent à adopter cette attitude exclusivement humaine qu'est l'indifférence.)

Zoos, jouets réalistes, diffusion commerciale massive d'images animales, tout a commencé alors que les animaux subissaient cette progressive mise à l'écart de la vie quotidienne.

On pourrait croire que ces innovations avaient un but compensatoire. Or elles appartenaient en réalité au même processus implacable de la dispersion des animaux. Les zoos et leur décor théâtral étaient en somme la démonstration de la radicale marginalisation dont les animaux étaient déjà l'objet. Les jouets réalistes ne faisaient que redoubler la demande de cette nouvelle marionnette animale qu'était déjà l'animal de compagnie urbain. La reproduction d'animaux en images – quand le spectacle de leur reproduction biologique se faisait de plus en plus rare – a été contrainte, pour des raisons commerciales, à les placer toujours plus loin, dans des contrées de plus en plus exotiques.

Partout, les animaux sont en train de disparaître. Dans les zoos, ils représentent un vivant monument commémoratif de leur extinction. Et, simultanément, ils suscitent une dernière métaphore. *Le singe nu*, *Le Zoo humain* sont les titres de best-sellers mondiaux. Dans ces livres, le zoologiste Desmond Morris prétend que le comportement quelque peu déréglé des animaux en captivité pourrait nous aider à comprendre, à accepter et à vaincre le stress humain, indissociable de la vie dans les sociétés de consommation. Tous les sites de marginalisation forcée – ghettos, bidonvilles, prisons, asiles, camps de concentration – ont quelque chose en commun avec les zoos. Mais il est à la fois trop facile et trop évasif d'utiliser le zoo comme symbole. Le zoo est un révélateur de la relation entre l'homme et les animaux, rien d'autre. À la marginalisation des animaux succède aujourd'hui la marginalisation et l'élimination de la seule classe qui, tout au long de l'histoire, a gardé un lien de familiarité avec les animaux, et a conservé la sagesse qui en découle : la paysannerie, petite ou moyenne. Le fondement de cette sagesse réside dans l'acceptation du dualisme à l'origine même de la relation entre l'homme et l'animal. Le rejet de ce dualisme a sans doute largement contribué à ouvrir la voie au totalitarisme moderne, mais mon propos n'est pas de dépasser les limites de la question simpliste et étouffée, mais fondamentale, soulevée par l'existence du zoo.

Le zoo ne peut que décevoir. L'enjeu public du zoo est d'offrir au visiteur l'occasion de regarder des animaux. Or nulle part, dans un zoo, un promeneur ne peut rencontrer le regard d'un animal. Au plus, l'œil de l'animal cligne puis se détourne. Il regarde obliquement. Il regarde aveuglément au loin. Il balaie mécaniquement l'horizon du regard. Il a été immunisé contre toute rencontre, parce que plus rien ne peut occuper une place *centrale* dans son attention.

C'est là que se situe la dernière conséquence de leur marginalisation. Ce regard échangé entre l'homme et l'animal, qui pourrait bien avoir joué un rôle crucial dans le développement de la société humaine, et dans le champ duquel, en tout cas, les hommes avaient toujours vécu jusqu'à il y a moins d'un siècle, a été annihilé. Face à chaque animal, tour à tour, le visiteur de zoo non-accompagné se retrouve seul. Quant aux foules, elles appartiennent maintenant à une espèce isolée de toutes les autres.

La perte historique dont témoignent les zoos est désormais irréparable dans un monde régi par la seule économie de marché.

Pierre Guénancia

QUELQUES DOUTES SUR LA DIFFÉRENCE ENTRE L'HOMME ET L'ANIMAL*

On définit l'homme comme un animal qui aurait, en plus de ce qui est commun aux autres animaux, une propriété ou une faculté qui l'en différencierait et l'aurait conduit ainsi à un dépassement irréversible de l'état animal. En ayant quelque chose de plus que les autres animaux, l'homme serait devenu *autre* qu'eux. Ainsi de la faculté de rire, de la faculté de penser ou de raisonner, de la faculté de s'associer, non sous la forme d'une bande, d'un groupe ou d'une famille, mais dans celle d'une société politique. La liste est loin d'être close, chaque différence engendrant une infinité d'autres différences, chacune exhibant pourtant un trait spécifique et distinct de l'homme. On n'en finirait pas de recenser toutes les définitions qui prétendent être les seules à enseigner la différence spécifique de l'homme avec l'animal, bien qu'aucune d'elles ne puisse être, à un niveau ou à un autre, sinon contestée, du moins relativisée. Mais ce travail fastidieux serait de plus

* Pierre Guénancia, « Quelques doutes sur la différence entre l'homme et l'animal », *Milieux*, 1986, n° 26, p. 31-41. L'article a fait l'objet d'une légère mise à jour et paraît avec l'aimable autorisation de l'auteur.

inutile. La plupart des définitions traditionnelles reviennent à dire que l'homme possède quelque chose qui, en s'ajoutant à sa nature animale, la transforme essentiellement et, à la limite, la dénature.

Ainsi envisagées, ces définitions signifient que l'homme est le seul animal qui ne soit pas un animal. Ce que l'on sait déjà, si l'on emploie dans la définition le terme qu'elle cherche à définir ! Aucune définition ne nous permettrait de reconnaître l'homme parmi la multitude des espèces animales, si nous ne le savions déjà d'une façon indéfinissable. Le but de telles définitions est à l'évidence autre, il consiste à s'assurer que l'homme possède une place bien à lui et qu'il est seul à occuper.

Ce souci ne semble pas être celui de l'animal qui paraît plutôt chercher à « animaliser » l'homme en l'intégrant dans sa propre hiérarchie et en lui faisant jouer le rôle d'un congénère (le phénomène est décrit par Lorenz sous le nom d'« imprinting »[1]). Le moins que l'on puisse dire, c'est que l'animal n'est pas payé de retour : on ne le grandit que pour mieux rabaisser l'homme, et les arguments dont on se sert alors ne sont jamais que des arguments *ad hominem*. Moralistes et humanistes ne se réfèrent à l'animal que pour lui demander de montrer qu'il n'a pas, selon les cas, les qualités de l'homme ou ses vilains défauts. L'homme est tellement peu sûr de savoir vraiment ce qu'il est qu'il presse l'animal de le lui « dire » et cherche dans cette altérité de quoi déduire sa propre identité. La conscience de son identité personnelle ne

1. K. Lorenz, *L'envers du miroir. Une histoire naturelle de la connaissance*, trad. fr. J. Etoré, Paris, Flammarion, 1975, p. 107, p. 110-113. N. Tinbergen, *La vie sociale des animaux. Introduction à la sociologie animale*, trad. fr. L. Jospin, Paris, Payot, 1979, p. 143. Georges Canguilhem écrit : « L'homme est perçu par l'animal comme animal-stimulus, congénère, associé ou ennemi », et aussi « l'animal perçoit l'homme en l'animalisant, et, par exemple, en l'incorporant à sa hiérarchie sociale », *Études d'histoire de la philosophie des sciences*, Paris, Vrin, 1983, p. 123.

paraît pas lui suffire, il lui faut aussi celle d'une appartenance à une espèce distincte de toute autre qui conférerait à ses ressortissants le sentiment d'une identité commune et transindividuelle. Il me paraît douteux que la conscience de soi comme *ego* trouve son fondement dans le fait d'être un homme, ou qu'elle en dérive par différenciation progressive. Ces deux formes de conscience ne me semblent ni devoir coïncider dans une expérience élargie, ni pouvoir présenter la même certitude.

L'idée que les lignes qui suivent vont développer est qu'il y a une différence essentielle entre le fait métaphysique de se connaître comme moi ou *ego*, et le fait empirique de se reconnaître comme homme. Certes, tout homme est un être capable de dire « je »; mais c'est pourtant seulement quand un homme dit « je » (et s'adresse par là même à un autre) qu'il actualise la forme jusque-là vide de l'homme dans laquelle il peut se projeter et se reconnaître, mais de laquelle il est nécessairement distant, du fait même de la singularité constitutive de cet acte[1]. Ainsi l'*ego* peut-il se rapporter à la forme ou à l'idée indéterminée d'homme comme à un devoir-être, et non comme à son être-propre. En ce sens l'idée d'homme ne peut être séparée de celle de norme, voire du normal, sans que le contenu de cette norme se laisse définir par les traits caractéristiques de l'espèce à la manière d'une définition naturaliste. Seul un être qui dit « je » peut, en se distinguant ainsi fondamentalement de son espèce, constituer son identité sur le mode de ce qu'il veut ou doit être, et en faire le pôle régulateur de son individualité. Seul un être qui se pense comme sujet peut avoir son identité devant lui, et non derrière lui. La question du sens de l'humain n'est pas la question de l'origine de l'homme et

1. É. Benveniste, *Problèmes de linguistique générale*, t. 1, chap. 20, « La nature des pronoms », Paris, Gallimard, 1966.

ne saurait s'y réduire, pas plus que le problème de la reconnaissance de l'homme par l'homme ne s'explique par le recours aux propriétés communes et caractéristiques de l'espèce humaine. Nous ne chercherons donc pas dans les remarquables études contemporaines sur le comportement animal des preuves ou des arguments, mais seulement des exemples dont il n'est, après tout, pas interdit de se servir philosophiquement, comme le montre notamment l'œuvre de Konrad Lorenz dont ce n'est pas là le moindre intérêt, ni la plus petite de ses audaces spéculatives.

Le langage peut être envisagé selon deux directions : l'une qui en fait une propriété acquise à un moment du développement phylogénétique de l'homme et se transmettant par une tradition culturelle qu'il a rendue possible; l'autre qui en voit la « naissance » et l'actualité dans le discours grâce auquel un homme fait entendre sa pensée à un autre et aussi à lui-même. Tel est, on le sait, le critère cartésien de la distinction de l'homme avec l'automate animal-machine, ou simulacre de l'homme. Descartes ne mentionne pas la langue, au double sens d'organe phonique et d'ensemble de règles d'utilisation du langage, mais la parole, ce moment où le langage s'incarne pour ainsi dire dans un corps qui passe ainsi de la gestualité ou de la gesticulation à la signification. L'autre homme est donc un homme comme moi, dans la mesure où je le comprends et me fais comprendre de lui. La compréhension réciproque fait des hommes des *mêmes* hommes. Rien de tel entre l'homme, fût-il « hébété », et l'animal, si supérieur soit-il. C'est d'emblée, et non au terme d'une expérience, que le face-à-face avec l'animal confronte l'homme à une irréductible altérité. La curiosité que le petit enfant éprouve envers l'animal est une des expériences les plus manifestes de cette obscure conscience d'altérité.

Plus tard même, l'on n'observerait sûrement pas avec la même attention mêlée d'étonnement les jeux et les comportements animaux si l'on ne pressentait pas l'imprescriptible limite de ce spectacle, le fait qu'il est destiné à demeurer un spectacle, et nous un spectateur. L'animal nous maintient en dehors de lui-même, il circonscrit les limites d'une extériorité dans laquelle nous savons ne pas pouvoir pénétrer. La perception du corps de l'animal, de l'animal comme corps, coïncide avec le sentiment de cette extériorité infranchissable. L'animal donne à voir son corps comme la seule chose qu'on peut voir de lui. Son corps n'est pas seulement la découpe matérielle de son individualité, il est le seul objet sur lequel se pose le regard qui est comme réfléchi par ce corps qu'il observe mais qu'il ne traverse pas. Pour que le regard de l'homme s'applique au corps de l'homme, il faut une sorte de réduction de l'attitude naturelle qui se convertit en regard clinique, esthétique ou désirant. Il se produit, dans ces expériences comme dans le face-à-face avec l'animal, une sorte de disjonction entre altérité et compréhension, comme si l'altérité ne pouvait apparaître vraiment que là où cesse la compréhension de l'autre. C'est pourquoi l'*autre* homme n'est jamais une altérité radicale, sauf à la constituer intentionnellement par un regard « indiscret », mais plutôt un autre *homme*, un être générique en même temps qu'un individu.

OÙ L'HOMME FAIT LE SINGE ET LE PERROQUET

Il ne s'agit pas ici de relation dialectique ni de reconnaissance d'une conscience par une autre dans la rivalité et la lutte. L'homme ne reconnaît pas l'autre parce qu'il en a peur, mais parce qu'il se fait comprendre de lui. Ce rapport immédiat de compréhension est inséparable d'une relation confiante, tellement confiante que l'homme commence par s'abandonner à l'autre, et que la première relation de l'un à l'autre est une impérieuse demande de compréhension. L'acquisition du langage permet à l'homme d'assouplir et de relativiser cette demande, car à partir du moment où l'homme parle, il dispose de la possibilité de se comprendre lui-même et devient de ce fait moins exigeant avec les autres. Mais avant le langage, il y a la compréhension, dont le registre est l'expression. Le corps humain, on l'a souvent dit, est un corps expressif, un lieu où prennent corps les significations. Le corps humain est un corps immédiatement traversé par la signification, et c'est ce qui le rend visible et transparent à l'autre, c'est ce qui fait qu'on ne s'arrête pas au corps comme à un dehors; c'est aussi ce qui fait que l'homme, d'emblée, a un corps. Il n'est pas son corps comme l'animal dont c'est pour ainsi dire la carapace et l'identité même. Si l'animal, comme on le remarque souvent, sait se servir très vite de son corps à la différence de l'enfant, c'est parce qu'un rapport d'inhérence ne nécessite aucun apprentissage, de la même manière qu'une machine est prête à fonctionner aussitôt construite. Avoir un corps requiert au contraire d'en avoir l'usage et par conséquent d'imiter ce que l'on voit faire chez l'autre.

Ainsi, le rapport à l'autre homme est ce qui s'interpose toujours entre l'homme et les choses pour en instruire l'usage. Si l'enfant a tout à apprendre des hommes, ce n'est pas parce que l'homme serait un animal social (car il ne semble pas que les autres animaux sociaux apprennent grand-chose les uns des autres), mais parce que l'homme a d'entrée de jeu une relation d'entente avec les autres, et qu'à celle-ci se subordonnent toutes les autres. Son corps n'est que le moyen par lequel il s'adresse à l'autre, il est l'instrument ou le support matériel de la signification. Si le sens n'était pas strictement contemporain de la vie humaine, on ne voit vraiment pas comment il pourrait parvenir à s'y fixer et la pénétrer si intimement. L'union de l'âme et du corps est, sous cet angle, union du sens et du corps, ou bien, car cela revient au même, union de l'homme avec l'autre. L'âme est le corps animé par une intention de signification ou un vouloir-dire. L'âme n'est pas principe de conservation, principe vital, mais volonté de signification; elle n'est pas effort, mais intention ou volonté. Et c'est bien pour cela que l'homme est d'emblée union de l'âme avec le corps et non corps d'abord, âme ensuite.

Le souci de soi – de la conservation de soi – ne nous paraît donc pas la caractéristique essentielle de l'humain, alors même qu'on y verrait la détermination fondamentale de l'être vivant. Il y a une inconscience du souci de soi et de la conservation de son être qui nous semble incompatible avec la conscience qu'implique au contraire le fait de signifier à l'autre, d'une manière plus globale que précise, qu'il est compris parce qu'il me comprend. Cette ouverture ne peut jamais se clore, alors que le souci de soi conduirait nécessairement au repli sur soi dès lors que le souci connaîtrait la satisfaction, repli qui ne ferait qu'un avec l'oubli. L'animal aussi manifeste et en ce sens exprime la faim, la peur et la satisfaction. Mais la différence est sensible entre la satisfaction qui suit le fait de ne plus avoir peur, et celle qui vient de ce que l'on a été compris en tant qu'éprouvant la peur ou la faim.

Le contentement de l'homme est inséparable de la compréhension par l'autre. La possibilité du langage, comme Descartes le faisait déjà remarquer, ne se trouve pas seulement dans la possession d'organes ou la disposition d'un mécanisme qui en contiendrait virtuellement l'usage, elle ne se trouve pas réduite non plus, faudrait-il ajouter, dans l'existence d'une langue transmise et transmissible, mais au moins autant dans la nécessité pour l'homme de passer par l'autre homme pour parvenir à soi. Le recours à la parole témoigne en ce sens d'une incomplétude ou d'une imperfection de l'homme, qui parle d'abord parce qu'il a quelque chose à dire. Nous sommes spontanément hors de nous-mêmes, et l'expression consciente ou volontaire, l'interpellation de l'autre, ne seraient pas si impérieuses et « vitales » chez l'homme si chaque individu n'avait pas le sentiment confus que c'est par ce biais ou par cette médiation qu'il fallait passer pour avoir une prise sur les choses. On rejoint ici l'idée maintes fois avancée d'un inachèvement et de la prématuration essentielle de l'être humain. On ne remarque pas suffisamment à quel point l'homme est mal adapté à la nature, et comme s'explique, par là, la double et inséparable invention du langage et de la technique, du « geste et de la parole ».

Mais l'extériorisation du corps et de la pensée ne constituerait pas l'accès obligé à l'humanité, si l'homme n'était pas lié à l'autre homme d'une façon toute différente de celle qui lie un animal à ses congénères. Aristote a vu le premier que l'homme était de tous les animaux le plus imitateur. De tous les facteurs qui contribuent à l'acquisition de la pensée conceptuelle, l'imitation est, pour Konrad Lorenz, celui pour lequel l'homme manifeste une compétence toute particulière[1]. Le perroquet et le singe sont devenus des symboles dégradants de l'imitation, alors que l'homme les laisse loin derrière lui dans la perfection d'une telle disposition. L'homme doit singer l'homme pour être un homme; il doit répéter comme un perroquet ce qu'il entend pour le dire à son tour en en comprenant le sens. L'imitation précède la compréhension, comme la génuflexion amène, selon Pascal, la foi. À force d'être un autre, l'homme finit par être lui-même.

C'est donc « la passion d'être un homme », selon Lacan, qui fait l'homme. Autant dire que l'homme n'est jamais vraiment sûr

1. K. Lorenz, *L'envers du miroir*, *op. cit.*, p. 208-209. Tinbergen écrit aussi : « L'imitation réelle est extrêmement rare chez les animaux », *La vie sociale des animaux*, *op. cit.*, p. 100. Voir aussi du même auteur *L'étude de l'instinct*, trad. fr. B. de Zélicourt et F. Bourlière, Paris, Payot, 1980, p. 201.

d'être un homme. Pourquoi chercherait-il avec une telle obstination « la différence entre l'homme et l'animal », sinon pour donner au trouble sur son identité une issue objective et rassurante ? Or il est tout de même étrange que tant de différences, toutes plus spécifiques les unes que les autres, ne parviennent pourtant pas à l'assurer de son identité et à lui faire savoir ce que c'est qu'être un homme. Il ne lui suffit pas de se distinguer par le volume de son cerveau, la station droite de son corps, la possession d'un langage symbolique, ou par sa légendaire sociabilité ; il ne voit là que manifestations diverses d'une essence qui ne se donne pas elle-même. Rien ne contraste davantage avec ce doute sur l'humain que la tranquille identité à soi de l'animal. *Un* chimpanzé n'est pas un chimpanzé, a-t-on pu dire (Yerkes), pas plus qu'*un* rat n'est un rat [1]. Mais si l'on peut appeler un chat un chat, à quoi nous avance-t-il d'appeler un homme un homme ? J'ai toujours été intrigué par cette remarque de Locke au sujet des noms propres et des animaux :

> Je suis persuadé que si nous étions obligés de faire mention des chevaux particuliers aussi souvent que nous avons l'occasion de parler de différents hommes en particulier, nous aurions pour distinguer les chevaux des noms propres, qui nous seraient aussi familiers que ceux dont nous nous servons pour désigner les hommes ; que le mot de *Bucéphale*, par exemple, serait aussi commun que celui d'*Alexandre*. Aussi voyons-nous que les maquignons donnent des noms propres à leurs chevaux aussi communément qu'à leurs valets, pour pouvoir les connaître, et les distinguer les uns des autres [2].

1. Voir le si troublant chapitre 10 de *L'agression. Une histoire naturelle du mal* de K. Lorenz, trad. fr. V. Fritsch, Paris, Champs-Flammarion, 1969.

2. J. Locke, *Essai philosophique concernant l'entendement humain*, Livre 3, chap. 3, trad. fr. Coste, Paris, Vrin, 1989, p. 329 [trad. fr. J.-M. Vienne, Paris, Vrin,

La couleur de la cravate et la tache du rouge-gorge

Il me semble que cette observation enseigne surtout que l'homme ne peut avoir de relation avec ce qui l'entoure qu'en lui donnant un nom, et que l'individualité des choses comme des êtres est constituée par leurs noms, bien davantage que par leurs formes ou figures. Mais du fait même de nommer les choses ou les êtres, on les distingue de leurs classes ou de leurs espèces. Les choses ou les êtres à qui l'on donne des noms *propres* acquièrent par là une sorte d'individualité et un semblant d'humanité. L'expérience nous montre suffisamment qu'une relation d'intimité avec une chose ou un être sollicite une appropriation par un nom. Le chat ou le chien « domestiques » deviennent en quelque sorte des « personnes » quand ils acquièrent une identité par le nom : dès que l'on entre dans la sphère de l'intimité et du lien personnel, il n'est plus possible d'appeler un chat un chat. L'identité personnelle sépare l'individu de son espèce. Si nous ne sommes pas sûrs de savoir ce que c'est qu'être homme, c'est sans doute parce qu'on ne peut l'être sans être un individu distinct et séparé de tous les autres, et par conséquent qu'en cessant d'être homme – au sens d'une généralité d'espèce. L'animal, par ce que nous en savons, n'est lui-même qu'au sein de son espèce (c'est ce que souligne la phrase de Yerkes citée plus haut). S'il y a conscience, elle ne peut être à ce niveau qu'une conscience d'appartenance à une « famille », un groupe ou une race, alors que la conscience chez l'homme correspond à ce moment de séparation d'un individu avec tous les autres qui le rend sujet ou *ego*.

2006]. Voir aussi H. Bergson, *Les deux sources de la morale et de la religion*, dans *Œuvres*, Paris, PUF, 1959, p. 1130.

L'animal hérite d'une identité qu'il revêt aussitôt qu'il naît, l'homme constitue la sienne propre dans une relation à autrui qui lui apprend tout, et surtout le sentiment d'être soi, la subjectivité même. Si le fondement de celle-ci est, comme l'a dit Benveniste, dans l'exercice de la langue[1], la position égale et symétrique des consciences qui se marque par la substitution du *toi* au *je* est la véritable condition de l'accès à l'humain. Élection et non pas sélection. C'est pourquoi la possibilité qu'a l'homme de rendre humain ce qui l'entoure et ce avec quoi il vit, est quasiment illimitée et engendre l'inévitable péché d'anthropomorphisme, car les objets inanimés ont une âme sitôt qu'ils ont un nom. La lutte des consciences conserve bien sûr toute la vérité que Hegel y a décelée, à ceci près qu'elle caractérise aussi les nombreuses situations de rivalité pour le prestige, telles que les décrivent les éthologues. Là non plus il n'y a pas de lutte réelle, mais un comportement tout aussi symbolique pour des enjeux qui ne le sont pas moins. On a voulu voir dans cette lutte pour la reconnaissance la marque spécifiquement humaine du désir, mais à tort croyons-nous, et il se pourrait bien que les conduites symboliques liées à l'agression et plus généralement à la hiérarchie rendent plutôt perceptibles la continuité des sociétés humaines et animales. Nous suivons donc Michel Serres quand il écrit : « La dialectique décrit la logique des anthropoïdes. L'homme naît quand il en voit la fausseté »[2]. L'identification par le biais des circuits symboliques dont sont empreints les comportements sociaux nous semble donc ce par quoi la société animale perdure dans l'« humaine ». Car il y a aussi des façons tout à fait humaines

1. É. Benveniste, *Problèmes de linguistique générale*, *op. cit.*, t. 1, p. 262.

2. M. Serres, *Les cinq sens*, Paris, Grasset, 1988, p. 75. Voir N. Tinbergen, *L'étude de l'instinct*, *op. cit.*, p. 247.

d'être animal, et pas seulement la « bestialité ». Quand les hommes se situent les uns par rapport aux autres, quand ils se jaugent et évaluent par signes leurs biens, leur puissance ou leur place, ce sont là des modalités typiquement humaines de fonctions dont on trouverait aisément des expressions différentes dans d'autres organisations sociales. La couleur de la cravate possède une valeur de reconnaissance et d'identification sociales comparable à la tache du rouge-gorge dans sa société [1].

L'idée même de comportement social dit assez l'anonymat des termes qui servent de support aux rapports symboliques et qui ne servent qu'à manifester la relation fonctionnelle des êtres entre eux, dans une société où la communication se fait à distance et par code. Si l'homme ne parle vraiment que lorsqu'il parle à quelqu'un, alors n'est-ce pas du code de signaux plutôt que du langage que relèvent la plupart des messages induits par le comportement? Et n'est-ce pas aussi pour cette raison que les activités humaines se laissent si bien décrire en termes de comportement? Il ne nous vient jamais à l'esprit d'évoquer en ces termes ce que fait ou dit une personne de notre entourage. Mais l'idée de comportement s'insinue en revanche dès que l'on a conscience d'une bizarrerie ou d'une anomalie qui rend quelque peu étrangère à la compréhension que nous en avons ordinairement la personne chez qui on l'observe. Le comportement rend distant du regard l'être qu'on met ainsi en observation. On recourt à l'idée de comportement quand l'inhabituel se glisse dans la compréhension ordinaire que nous avions d'un être. Le fait même de décrire ou de définir un comportement normal manifeste le soupçon d'animalité qui motive une telle démarche.

1. Voir A. Leroi-Gourhan, *Le geste et la parole*, t. 2, *La mémoire et les rythmes*, Paris, Albin Michel, 1964, p. 85.

L'étude des animaux et des hommes sous l'angle du comportement n'exercerait pas une telle fascination si elle ne rendait pas, par le choix même d'une telle perception, étranger ce qui nous semble proche et familier[1]. Le comportement est ce par quoi le sujet glisse du côté de l'objet et s'éloigne par là même de la compréhension intime que j'en ai. C'est alors son corps qui parle. Mais on ne comprend pas un corps, on le déchiffre, on tente de surprendre une signification qui s'esquisse. Inversement, parler c'est échapper à son corps, le mettre à l'arrière-plan de la scène que l'*ego* occupe avec un autre, plus que devant lui. Réciproquement, je ne peux écouter ce que me dit quelqu'un et en percevoir objectivement le corps. Plus tard je me souviendrai des paroles entendues, mais il me faudra faire un effort pour retrouver tel trait du visage ou tel aspect du corps.

FAMILLES DE RATS ET COMMUNAUTÉS HUMAINES

La tentation d'humaniser les animaux et d'« animaliser » les hommes ne serait pas un procédé courant de la fiction si la réalité n'y prédisposait pas, en ne nous donnant de l'existence des autres hommes d'autres « preuves » que leur corps. Descartes se demandait s'il ne pourrait pas se faire que les chapeaux et les manteaux qu'il percevait de sa fenêtre puissent recouvrir des spectres ou des automates. Mais en admettant qu'il s'agisse de « vrais hommes », qu'est-ce que cela change? N'aurais-je pas toujours affaire à des corps qui ne me livrent que « médiatement » une signification

1. Voir dans le volume collectif dirigé par Ed. Morin et M. Piattelli-Palmarini, *L'unité de l'homme*, t. 1, Paris, Seuil, 1974, le chapitre 5 et les communications de M. Chance et de H. Montagner.

comportementale ? Je vois des gens courir pour attraper l'autobus ou se frotter les mains parce qu'ils ont froid. J'assemble la signification par « morceaux » même si j'aperçois synthétiquement la situation. Rien de tel ne se passe quand quelqu'un me parle : c'est lui que je vois et non son corps et ses motivations. Le langage fait véritablement sortir l'*ego* de son corps et l'érige en sujet devant celui qui le comprend. Il ouvre une brèche dans la muraille de l'intimité, corporelle ou sociale. Lorsque je reconnais des hommes dans la rue, ma perception atteint un type ou une espèce, une généralité comparable à celle d'autres espèces. L'identité d'individus ainsi appréhendés est une identité spécifique ; c'est la propriété commune aux membres d'une classe, terme commun à la zoologie et la sociologie.

Il y a comportement humain là où une succession d'actes ou d'attitudes semble régie par une loi qui transcende les individualités et leur confère l'unité d'un type ou d'une espèce. C'est comme si les individus étaient les acteurs de rôles auxquels leurs interprétations ne pouvaient apporter que de minimes variations. Qu'il y ait alors une corrélation entre l'empreinte de l'espèce et le degré de spécialisation n'est pas très surprenant car l'uniformité ne va jamais sans une étroitesse fonctionnelle. Plus on « descend » dans l'échelle des espèces animales, moins on trouve d'écarts individuels par rapport au type[1], et plus parfaite est l'exécution de la tâche indéfiniment accomplie. Lorenz appelle l'homme le spécialiste de la non spécialisation[2], mais nul mieux que lui n'a mis en évidence la continuité des sociétés animales et humaines

1. Voir A. Schopenhauer, *Le monde comme volonté et comme représentation*, trad. fr. A. Burdeau, Paris, PUF, 1966, p. 176.

2. K. Lorenz, *Trois essais sur le comportement humain et animal. Les leçons de l'évolution et la théorie du comportement*, trad. fr. C. et P. Fredet, Paris, Seuil, 1970, p. 146-151 et 214-223.

au niveau des comportements symboliques et des processus de ritualisation.

Lorsque Lorenz décrit le cérémonial de triomphe des grues, il ne peut se retenir de leur prêter les paroles toutes faites qu'en des situations analogues les hommes s'échangent[1]. Son lecteur, quant à lui, éprouve le sentiment mélangé de comique et de malaise qui apparaît généralement quand on se voit jouer un rôle et exécuter machinalement des propos et des gestes que dans le feu de l'action nous pensons être spontanément nôtres, tant il est vrai que « nous sommes automates dans les trois-quarts de nos actions » (Leibniz). Si nous tentons d'analyser ce sentiment trouble, nous y découvrons sans doute un effet de la répétition et d'un mécanisme qui tourne à vide[2]. Mais ceci explique le comique qu'engendre inévitablement le sérieux ou le sériel, non le malaise éprouvé devant le spectacle de l'animal ou de l'homme dont l'existence tourne en rond dans les circuits symboliques montés dans leurs espèces respectives. C'est que la conscience d'une extrême légalité enfouie dans l'individualité même ne va pas sans le soupçon de l'anormalité[3]. Husserl dit que « les animaux sont essentiellement constitués par moi comme les "variantes" anormales

1. K. Lorenz, *L'agression*, *op. cit.*, p. 69, p. 172 sq.

2. Voir la notion de « réaction à vide » chez Lorenz dans ses *Trois essais sur le comportement animal et humain*, *op. cit.*, p. 28. Nikolaas Tinbergen dit que « les psychologues [...] se rendent rarement compte de ce que, à strictement parler, ce n'est pas ses petits ou sa nourriture que l'animal s'efforce d'atteindre, mais l'accomplissement même des activités maternelles ou nutritionnelles », *L'étude de l'instinct*, *op. cit.*, p. 151.

3. C'est ce que remarque très justement Georges Canguilhem : « Qui voudrait soutenir, en matière de psychisme humain, que l'anormal n'y obéit pas à des normes ? Il n'est anormal que parce qu'il leur obéit trop », *La connaissance de la vie*, Paris, Vrin, 1989, p. 168.

de mon humanité »[1]. Le trouble ressenti devant l'animal qu'un mur de sérieux sépare de lui-même et des autres a quelque chose de commun avec l'impatience qui nous gagne devant un interminable commencement, un départ sans cesse différé, un geste dont l'esquisse se développe indéfiniment. Rien n'est sans doute plus symbolique et formaliste qu'un animal pour qui le réel ne semble être que le prétexte ou l'occasion de faire jouer avec virtuosité des mécanismes qui fonctionneraient aussi bien sans cette « chiquenaude », comparable en cela au paranoïaque qui ne rencontre la réalité que sur le mode de la confirmation. Si le leurre marche si bien avec les animaux, c'est sans doute parce que leur « problème » n'est pas de savoir s'ils se trompent, mais plutôt de montrer qu'on ne les trompe pas. Comme la sentinelle dont le suivi de la discipline et de sa mission prévaut sur l'usage du jugement, et qui tire sur tout ce qui bouge.

« L'animal est sûr de lui-même » a dit Bergson[2]. Une telle « sûreté » est inversement proportionnelle à la conscience de soi; elle n'est jamais plus forte ni plus entière que là où le sujet ne se voit plus agir, comme dans le somnambulisme et dans la plupart des actions que nous faisons sans y penser. Il faut pourtant la distinguer de l'assurance, acquise par essais, tâtonnements et rectification, au terme d'un long processus d'hominisation. L'animal donne moins l'impression de grandir que de se déplier et de parvenir très rapidement au plein-emploi de ses capacités. Le terme de « sûreté » exprime cette maîtrise sans travail que l'on reconnaît, chez les êtres qui en sont doués, à l'absence de toute

1. Ed. Husserl, *Méditations cartésiennes. Introduction à la phénoménologie*, trad. fr. G. Pfeiffer et E. Levinas, Paris, Vrin, 1986, 5e méditation, p. 107.

2. H. Bergson, *Les deux sources de la morale et de la religion*, dans *Œuvres*, *op. cit.*, p. 1092.

hésitation, à ce qu'elle ne nécessite pas, ou fort peu, d'appréhension par imitation, ni la prise en compte d'un autre point de vue sur la situation.

On comprend alors pourquoi Machiavel demandait au prince de ne pas s'encombrer du préjugé de l'humain et d'imiter plutôt le lion et le renard pour acquérir (ou développer) la sûreté commune à la force de l'un et à la ruse de l'autre. Mais le principal conseil du « docteur des Princes » (« il est beaucoup plus sûr de se faire craindre qu'aimer ») indique que la véritable vertu, celle qui tranche avec le bavardage moralisateur, consiste pour un homme politique à avoir l'audace de devenir un animal politique, à l'exemple d'Hannibal et « de son inhumaine cruauté, laquelle va ensemble avec ses infinies vertus »[1]. Machiavel, avec sa volonté de vérité effective, n'exhorterait pas un homme à se faire animal et inhumain si, dans son esprit, l'humanité ne désignait pas qu'un préjugé ou une notion morale. Pour s'en délivrer, il suffit de ne pas avoir à passer par le point de vue de l'autre pour constituer le sien.

La sûreté ne peut être le fait d'une conscience qui se sait irréductible à toute autre, et qui par conséquent est scindée par la dualité du moi et de l'autre – d'une conscience affectée par le sentiment de l'identité personnelle. L'animal au contraire (mais comment le savoir ?) doit plutôt tenir son identité du sentiment de l'appartenance à une espèce ou à un groupe. Il est probable qu'un animal reconnaisse dans l'autre avant tout, et peut-être uniquement, un congénère. C'est l'espèce qui soude ici les « liens personnels » et qui régule l'amitié, l'amour ou l'agression. On peut trouver quelque chose d'analogue dans les « sociétés closes » où les individus doivent au sentiment d'appartenance, et à l'incor-

1. N. Machiavel, *Le Prince*, chap. 17, dans *Œuvres complètes*, Paris, Gallimard, p. 339 et 340.

poration profonde des rites et symboles, la conscience d'être « membre », et non la conscience d'être soi, indépendamment de toute inscription territoriale. À ce niveau, une famille de rats ou une tribu de singes sont-elles fondamentalement distinctes d'une communauté de membres soudés par le sentiment nécessairement transindividuel de l'appartenance ? On y trouve là ces vertus dont on déplore quelquefois le défaut chez les hommes : la solidarité des membres, le respect sacré de la hiérarchie, des rites et des traditions invariables, et … la férocité sans limite envers l'étranger, l'autre justement.

VIELLES CONFIANCES ET VIEILLES CROYANCES

Il faut une éducation et un progrès de la réflexion pour reconnaître dans l'homme un *alter ego* ; les barrières communautaires donnent aux individus d'abord un sentiment plus immédiat d'identité sous la forme de l'appartenance. Sentiment que les individus surmontent peut-être en accédant à la conscience de leur identité personnelle et de son universalité. Il est douteux que les animaux franchissent jamais les barrières de leurs espèces et les limites de leurs territoires, qu'il y ait chez eux découverte de leur commune animalité. Il n'y a de « monde animal » que pour l'homme, à qui la science et la philosophie inculquent le sens de l'animal. Sans cette sortie de soi et de chez soi, l'individu ne perçoit que ce qui est perceptible, les différences visibles, sensibles entre les « races » d'homme, et les ressemblances entre membres d'une même race. L'homme, comme horizon de l'universalité, n'est visible qu'aux yeux de l'âme, d'une pensée qui reconnaît le fait du langage dans la variété des langues.

Aucune observation empirique ne rencontre quelque chose comme l'homme ou l'animal. Seule une idée de la raison peut se donner l'homme comme exigence infinie et idéal régulateur. L'homme n'est jamais sûr d'être un homme. L'insécurité de l'essence d'homme est aussi ce qui oblige l'homme à déployer en tous sens son activité, à avoir le sens du possible et à échapper aux spécialisations qui cantonnent les espèces, les groupes, les professions dans un territoire symboliquement défini et à un langage codé ou administratif. L'homme qui se prend pour un homme tourne indéfiniment sur le circuit symbolique de son identité imaginaire, comme le « garçon de café » de Sartre. La perfection de son geste et la reproduction de son code lui masquent l'insécurité et l'imperfection chronique de son essence. Le leurre suprême, pour l'homme, est de se croire homme, par droit divin. C'est l'homme à qui son essence est un dû, c'est l'homme sûr de lui-même par groupe, « corps » ou ethnie interposés.

Il me semble que l'humain ne peut consister que dans *le doute sur l'humain*, dans ce trouble qui saisit l'*ego* au bord de ces trous noirs d'animalité que sont les automatismes corporels et sociaux. Mais en reprenant une réflexion dont le souffle est quelquefois coupé par le regard porté vers l'abîme de l'animalité, l'*ego* ne trouvera pas l'assurance qu'il cherche en affirmant qu'il est un homme. Cette croyance peut le rassurer, elle ne saurait l'assurer de ce qu'il est. Jamais le face-à-face de l'homme comme espèce avec l'animal ne pourra dénouer la question de son essence. Je ne vois pas de raisons autres qu'idéologiques pour lesquelles il faudrait s'assurer de l'existence d'un fossé ou d'un saut dans l'évolution du vivant, et multiplier indéfiniment les « Rubicon » dont on dit de chacun d'eux qu'il est décisif. L'homme en tant qu'espèce peut bien, comme chaque espèce, présenter des caractéristiques uniques, mais il n'y a aucune raison pour qu'une science de l'homme soit, elle, d'une autre espèce que celle qui s'applique à connaître les caractères et les comportements des animaux. L'anthropologie en ce sens ne serait qu'une annexe de la zoologie.

Mais connaître l'homme n'implique nullement de savoir ce que c'est qu'être un individu identique à soi-même, ou ce que c'est qu'être *moi*. Ces deux plans sont tout à fait distincts, comme Descartes l'avait bien vu.

Son traité *De l'homme* ne dit pas un mot sur l'humain. C'est à se demander s'il n'y a pas quelque ironie dans ce titre, suivi de la description de la machine du corps humain. Même là où l'on attendrait que Descartes nous dise quelque chose de l'humain, dans les *Passions de l'âme* (et non de l'homme), on se trouve une nouvelle fois devant une stricte distinction entre une description et une explication mécanistes des passions (qui n'est pas sans analogie avec l'étude de Darwin sur les émotions), et une morale que l'âme se donne pour faire de ces passions un bon usage. Cherchons donc dans les *Méditations*. Il y est beaucoup question de Dieu, de l'âme, de l'esprit, de l'entendement, de la nature des corps physiques et de celle du corps humain – mais d'homme, point ou presque pas. La métaphysique, avant d'être la recherche d'un fondement pour la science, décrit la progression d'un esprit d'abord et spontanément confiant (envers le témoignage des sens et le témoignage d'autrui) du doute sur ce qu'il sait et sur ce qu'il est, jusqu'à l'acquisition d'une assurance rendue possible par l'élucidation du problème de l'erreur et la dissipation du soupçon d'être trompé. La *Méditation première* rappelle l'état de confiance totale et passée, dont on peut dire en généralisant qu'il constitue le véritable environnement de l'homme naissant ainsi que la condition de tout apprentissage. Mais le réveil difficile de l'esclave qui jouit dans son rêve d'une « liberté imaginaire » est encore retardé par des expressions spontanées d'une confiance (ou d'une croyance, c'est égal) finissante. Ainsi cette exclamation de Descartes, après la célèbre évocation fugitive de la folie :

« Toutefois j'ai ici à considérer que je suis homme ». J'y vois pour ma part beaucoup moins la manifestation de quelque chose « d'antérieur ou d'extérieur » au discours cartésien que la tentation, qui va vite se révéler vaine, de se raccrocher à une certitude ancienne qui commence seulement à se morceler. C'est le reste d'un savoir ancien, vieux comme est toujours vieille la confiance, et que le fait de son ancienneté suffit, pour la conscience qui s'éveille, à rejeter du côté du non savoir.

A-t-on suffisamment remarqué que l'avancée méthodique jusqu'à la découverte du *cogito* a comme premier résultat la suspension de la validité de l'idée d'homme ? Que le *cogito* qui donne en un éclair au moi, qui s'en inquiète depuis le début de la *Méditation seconde*, l'expression simple et entière de son *identité*, que le *cogito*, donc, oblige l'esprit à mettre entre parenthèses l'idée d'homme dont Descartes s'aperçoit qu'elle est complexe et incertaine ? Comment ne pas rapprocher la mise en garde que Descartes se fait à lui-même « de ne prendre imprudemment quelque autre chose pour moi », de cet aveu de croyance (ou de confiance) qui résume en un trait tout le passé pré-philosophique de l'homme :

> Qu'est-ce donc que j'ai cru être ci-devant ? Sans difficulté, j'ai pensé que j'étais un homme. Mais qu'est-ce qu'un homme ?

Regardons dans la suite des *Méditations* : Descartes n'apporte jamais de réponse à cette « question » – dont Michel Foucault a montré qu'elle était le point d'Archimède de l'épistémè moderne – trop endurcie dans « son sommeil anthropologique » pour soupçonner cette identité imaginaire de n'être « qu'un songe »[1].

1. Dans *Généalogie de la psychanalyse*, Paris, PUF, 1985, Michel Henry a très bien montré l'exclusion de la problématique de l'homme par le *cogito*, ainsi que le

La couleur de l'âme à fleur de peau

La métaphysique cartésienne enseigne, comme jamais avant elle, ce que c'est que l'*esprit* ou l'*entendement* ou la *raison*, et qu'en cela consiste l'être ou l'identité du moi comme cette chose qui est incluse dans toutes *nos* pensées; elle dévoile l'identité de l'idée de Dieu dans celle de l'infini; elle ouvre des perspectives pour la science de la nature du corps physique, du corps humain et animal – elle n'a rien à dire de l'homme, comme réalité *sui generis*. Descartes ne parle pas de l'homme, mais – et c'est tout différent – du composé, ou de l'esprit humain, ou de la nature de l'homme. L'homme prend toujours son sens de quelque autre chose qui le précède, l'éclaire ou l'explique : schématiquement du moi (*ego*), de Dieu, de la nature. Et comme l'idée de moi-même est inséparable de l'idée de Dieu, « née et produite avec moi dès lorsque j'ai été créé », il n'y a effectivement pas de place pour l'*homme* comme fait originaire entre l'animal et Dieu. L'union du fini avec l'infini – l'homme – n'est donc pas une idée simple[1], mais complexe et constituée par des pôles qui ne fusionnent pas dans une quelconque « unité de l'homme ». C'est pourquoi l'homme est le seul être qui doute de son être, et qui ignore ce que

contresens sur lequel repose le procès que Heidegger fait au cartésianisme (voir notamment le chapitre 3).

1. Même si l'union de l'âme et du corps constitue une « notion primitive », qui n'est connue clairement que par les sens, « en s'abstenant de méditer », comme l'écrit Descartes dans une *Lettre à Elisabeth* du 28 juin 1643. Le fait de parler de l'homme en termes d'union ou de composé d'âme et de corps n'équivaut pas au fait de le désigner par le terme d'homme, qui serait en ce cas plus immédiatement intelligible que celui de composé qui désigne surtout l'interaction continue des deux substances, et donc l'expérience de leur « mélange ». Voir par ailleurs la mise au point du problème cartésien de l'animal que fait Jean-Louis Poirier dans le très riche numéro 375-376 de la revue *Critique* (août-septembre 1978) sur l'animalité.

c'est qu'être un homme, alors qu'il sait ce qu'il est lui-même (*ego ipse*), « une chose qui pense, c'est-à-dire une chose qui doute ». Une *chose*, notons-le bien, et ce terme est un de ces mots primitifs auxquels s'arrête le langage et que toute définition obscurcirait. Entre l'altérité du corps (non ce corps « vécu », mais le corps mis en pièces par la pensée) et l'altérité de Dieu ou de l'idée d'infini, l'*ego* ne cesse d'aller et venir, à la recherche d'une identité spécifique (et non plus individuelle ou personnelle), d'un lieu où il trouverait la tranquillité de l'animal ou l'immobilité du divin – entre un être tellement fini qu'il semble n'avoir besoin de personne (anormalité de l'animalité) et un être infini qui ne dépend de rien d'autre que de lui-même (impénétrable mystère de la *causa sui*). Et pourtant, comme l'a dit un philosophe qu'on ne peut soupçonner d'humanisme, « il pourrait sembler que l'essence du divin nous soit plus proche que l'étrangeté des êtres vivants [...], que la parenté charnelle, abyssale, à peine pensable, avec l'animal »[1].

Peu de choses donnent autant que la vie animale le sentiment du destin. La « carrière » de chaque animal semble avoir été programmée de toute éternité, dans l'ordinateur de son espèce. Quand on voit les efforts prodigieux des psychologues pour arracher aux êtres les plus doués un semblant d'activités symboliques (et encore n'est-elle pas libre, mais obtenue à grands coups de procédures de renforcement), et quand on lit la passionnante et émouvante relation qu'Ann Sullivan a faite du cas d'Helen Keller, enfant née sourde, muette et aveugle, qui découvre, invente presque un langage à l'aide d'un alphabet digital, on ne peut s'empêcher d'opposer la vanité de tout effort pour faire sortir l'animal de lui-même, à l'impossibilité pour l'homme de ne pas chercher, par

1. M. Heidegger, cité par D. Franck, *Heidegger et le problème de l'espace*, Paris, Minuit, 1986, p. 63-64.

tous les moyens, à sortir de soi. « Elle apprend parce qu'elle ne peut pas faire autrement » écrit, à propos de cette enfant, Ann Sullivan[1].

Certes les animaux communiquent entre eux, mais comme on communique à l'intérieur d'une administration, par notes et instructions : pas de discussion, exécution ! Le dialogue entre le petit enfant et son entourage (dialogue pré-verbal mais sans doute aussi pré-natal) manifeste ceci de remarquable que l'enfant fait sienne la pensée de l'autre en la percevant comme une question à lui poser. Les singes et les anthropoïdes, d'après Buytendijk, ne réalisent pas qu'une question leur est posée quand on leur demande d'exécuter une tâche[2]. Au mieux, la question s'efface après que la réponse adéquate a été donnée ; elle ne continue pas de résonner dans l'esprit jusqu'à ce que le sujet en fasse un usage personnel et s'adresse à son tour à l'autre. De même, un enfant à qui l'on apprend quelque chose de nouveau n'éprouve pas de plaisir et de nécessité plus grands que celle d'éduquer son éducateur. Tout se passe comme s'il savait « d'instinct » que l'homme ne comprend qu'en faisant comprendre, et que la seule voie pour rendre vraiment sien un savoir reste de l'enseigner aux autres.

Mais, plus généralement, le monde n'aurait pas pour l'homme ce caractère indéfiniment et irréductiblement problématique si la structure foncièrement interrogative de la relation de l'un à l'autre ne reposait pas sur le fait que chaque sujet aperçoit dans un autre sujet la *possibilité* d'une expérience autre que la sienne, bien qu'installées l'une et l'autre dans un monde commun.

1. Voir la relation qu'en fait Konrad Lorenz dans *L'envers du miroir*, *op. cit.*, p. 248-255.

2. F. Buytendijk, *L'homme et l'animal. Essai de psychologie comparée*, trad. fr. R. Laureillard, Paris, Gallimard, 1965, p. 166.

La conscience est toujours conscience de la possibilité d'une autre conscience qu'elle-même, et par conséquent d'un autre point de vue. En termes leibniziens, l'esprit imite dans son département et dans son petit monde ce que Dieu fait dans le grand, il n'est pas simplement comme les autres monades « miroir de l'univers », mais « image de la divinité »[1]. C'est pourquoi l'esprit construit un rapport entre lui et le monde, au lieu d'adhérer au monde comme à un milieu naturel. De là vient que la question de l'illusion (du rêve, de la folie, de la tromperie et de l'erreur) exige une certitude métaphysique qui puisse fonder, à défaut d'une théodicée ordonnée au principe du meilleur, du moins l'objectivité des perceptions claires et distinctes. Lorsque Descartes se demande pourquoi il juge que c'est la même cire qui demeure malgré ses incessantes altérations, il parle d'une « inspection de l'esprit », et d'un *esprit humain* en cela qu'il est capable de « distinguer la cire d'avec ses formes extérieures », tout de même que s'il lui avait « enlevé ses vêtements ». C'est précisément parce que l'esprit est capable d'apercevoir l'identité, qu'il distingue en toutes choses un objet et en tout homme un sujet, quand bien même je ne verrais de ma fenêtre que « chapeaux et manteaux », ou une physionomie et une couleur de peau qui, ainsi que des vêtements, dissimuleraient l'essence humaine de tout homme aux sens et à l'imagination. Aussi cette essence ne peut-elle être celle d'une espèce ou d'un genre, avec ses différences sensibles et caractéristiques, mais celle d'un *ego* et d'une âme par laquelle chacun est ce qu'il est, simple et peut-être première expression du principe d'identité. En paraphrasant une célèbre formule de Leibniz, on dirait qu'un *homme*, c'est *un* homme. Autrement

1. G.W. Leibniz, *Principes de la nature et de la grâce fondés en raison*, J. Robinet (éd.), Paris, PUF, 1954, p. 55.

dit, l'homme, parce qu'il désigne l'irréductible individualité de chacun, et n'est humain qu'ainsi, est une notion indiscernable. Mais l'impossibilité d'une définition de logique, par genre et différence, ne constitue que l'envers d'une extrême évidence : le fait d'être le même que l'autre en ce qu'il se constitue sur le mode indéclinable de l'*ego*. Bref, un homme est une chose qui dit « je », chose sans forme ni figure extérieure, chose donc immatérielle ou métaphysique.

À travers ces multiples occurrences, une même idée circule, ou plutôt, c'est vers elle que convergent ces significations et d'autres encore. Être humain, c'est faire spontanément ce que l'on n'est pourtant pas obligé de faire. Plus encore, c'est s'abstenir quelquefois de faire ce que le règlement, la loi (des hommes ou celle de la nature), nous permettent ou encore nous obligent de faire. Un homme se montre « humain » en étant capable à certains moments de donner plus que ce qu'il doit, d'enfreindre le règlement, les rites ou les usages symboliques de son groupe, de son clan, de son territoire et autres micro-espèces – de reconnaître l'homme nu. Les animaux ne sont pas vêtus et pourtant ils ne sont pas nus. Fourrures, plumages, écailles constituent autant de vêtements incorporés, marques signifiantes qui strient la surface visible et mélangent de façon inséparable l'essence et l'apparence.

Seul un être qui se sait lui-même au-delà des marques auxquelles le regard s'arrête peut avoir conscience qu'une essence se dissimule, invariante, dans le jeu sans profondeur des apparences. Le sens de l'humain serait alors le courage de « voir » la faiblesse et la vulnérabilité d'une essence foncièrement nue affleurer le plumage bariolé des apparences et des symboles – sorte de présence sensible de l'intelligible même. La rougeur, expression la plus éminemment humaine de l'émotion d'après

Darwin[1], est la couleur de l'âme à fleur de peau. Les performances spécifiques de l'homme et le raffinement de la civilisation peuvent nous donner le sentiment de la puissance et d'une relative sécurité. Autre est celui d'humanité, qui ne va pas sans un certain désaccord avec les mécanismes naturels et sociaux et qu'expriment aussi bien le terme cartésien de « générosité » que celui, rousseauiste, de « pitié ». N'avons-nous pas quelque peu oublié ce que les philosophes classiques savaient : qu'être humain, c'est autant se rendre semblable à Dieu que semblable à tout ce qui souffre, être capable à la fois de se faire plus et moins qu'homme ?

1. Ch. Darwin, *L'expression des émotions chez l'homme et les animaux*, trad. fr. S. Pozzi et R. Benoit, Bruxelles, Complexe, 1981, p. 390.

MATTHEW CALARCO

NUL NE SAIT OÙ COMMENCE NI OÙ FINIT LE VISAGE. L'HUMANISME ET LA QUESTION DE L'ANIMAL*

La distinction traditionnelle entre l'être humain et l'animal postulant une discontinuité radicale entre l'un et l'autre, sous les multiples formes qu'une telle distinction a pu revêtir historiquement, a été critiquée sans relâche ces dernières années selon différents angles d'attaque théoriques, politiques et disciplinaires. Dans les sciences empiriques, le modèle darwinien a eu pour effet de fragiliser la dichotomie homme/animal en vertu de la continuité biologique graduelle susceptible d'être établie entre ces deux formes de vie. Un déplacement semblable s'est produit dans les sciences humaines et les sciences sociales, où des chercheurs se sont employés à montrer que certains animaux non humains possédaient des caractéristiques cognitives semblables à celles communément attribuées exclusivement aux êtres humains

* Matthew Calarco. Texte inédit, version développée d'un article publié sous le titre de « Deconstruction is not Vegetarianism : Humanism, Subjectivity and Animal Ethics », *Continental Philosophy Review*, 2004, n° 37, p. 175-201. La présente traduction a été établie par Hicham-Stéphane Afeissa avec l'aimable autorisation de Springer Science & Business Media et de l'auteur.

(telles que le langage articulé, la connaissance de la mort, la conscience, etc.), ou bien encore, inversement, que les êtres humains n'étaient pas pourvus des caractéristiques que la tradition philosophique a eu tendance à leur prêter généreusement.

Dans la mesure où le concept d'animalité a rempli, de par sa structure et son contenu, une fonction essentiellement négative, permettant d'obtenir, par un jeu d'oppositions, la définition de l'humain, toute modification apportée au concept d'humanité entraîne logiquement une refonte du concept d'animalité lui-même. L'effet d'un tel déplacement conceptuel est que la détermination de la distinction entre les êtres humains et les animaux est aujourd'hui plus embarrassante que jamais. Cette distinction doit-elle être élaborée à nouveaux frais? Si oui, alors selon quelles modalités ? Ou ne conviendrait-il pas plutôt de renoncer à cette tâche purement et simplement, et de renouveler les termes mêmes du questionnement ?

L'une des thèses que je souhaiterais défendre dans cet article est que la distinction homme/animal ne peut être maintenue plus longtemps en l'état. La justification de cette thèse impliquera de mettre au centre de l'attention la question de l'animal, mais il importe de bien voir que les enjeux d'une telle réflexion sont plus larges. Ces derniers sont au nombre de trois.

Tout d'abord, je voudrais montrer que l'une des principales limites de la pensée contemporaine tient à son *anthropocentrisme métaphysique* résiduel, en désignant par là la tendance à déterminer la vie des êtres non humains par référence à celle des êtres humains, au moyen d'un système d'oppositions et de relations hiérarchiques. Or nulle part les faiblesses d'une telle démarche ne peuvent être rendues plus manifestes que dans la façon dont la distinction entre les êtres humains et les animaux est généralement pensée. Plus notre connaissance de la vie animale s'affine, plus notre familiarité avec eux grandit, et plus les frontières censées nous séparer des animaux se brouillent. L'effritement de la conception anthropocentrique de la vie animale entraîne avec lui la remise en question de tous les autres anthropocentrismes, et c'est pourquoi la réflexion sur l'animal me paraît être un lieu privilégié pour élaborer une nouvelle pensée de la vie humaine et de la vie non humaine – une pensée qui parviendra peut-être à faire l'économie de l'opposition tranchée entre les « êtres humains » et tous ses « autres ».

Dans le prolongement de cette idée, il faudrait pouvoir montrer que la tradition philosophique a majoritairement eu tendance à poser la question de l'animal dans une perspective *essentialiste*. Les animaux ont en effet souvent été pensés comme appartenant à une classe unique d'êtres auxquels est censé faire défaut un certain nombre de caractéristiques humaines essentielles, au mépris des différences pourtant importantes qui séparent les animaux les uns des autres, et au mépris aussi des différences (non essentielles) entre les êtres humains et les animaux dont la prise en compte aurait considérablement compliqué le tracé des frontières. De ce point de vue, réfléchir sur la nature et les implications morales de nos interactions avec les animaux contraint à remettre à plat l'ensemble du problème avec plus de soin que ne l'ont généralement fait les philosophes. L'objectif est ici de révéler que les êtres que nous appelons les « animaux » ne se laissent pas classer dans les catégories que nous leur avons préparées, que l'ignorance dans laquelle nous sommes de ce qu'ils peuvent faire (empiriquement) et de ce qu'ils peuvent devenir (ontologiquement) met à mal toutes nos catégorisations. Et c'est précisément à l'occasion de cette rupture de nos encadrements conceptuels que l'altérité *éthique* des animaux a une chance d'être prise en compte.

Si cette dernière tâche est menée à bien, alors le projet d'une éthique (post-humaine) unifiée pourra peut-être voir le jour, au point de permettre de réduire l'écart qui s'est creusé au fil du temps entre l'éthique animale et l'éthique environnementale. Les théoriciens des deux bords se sont essentiellement opposés les uns aux autres sur le point de savoir quel type d'entités devait bénéficier d'une considération morale – l'éthique animale privilégiant les organismes vivants individuels, et l'éthique environnementale des éléments systémiques plus complexes dans le cadre d'une approche relationnelle ou holistique. Cette différence fondamentale a engendré de nombreuses divisions, tant sur le plan théorique que sur le plan pratique. La valeur stratégique de la question animale telle que je cherche à la poser ici tient à ce qu'elle permet d'apaiser ce conflit. En prêtant une attention particulière à la manière dont divers animaux peuvent élever une revendication morale à notre endroit, et à ce qu'implique le fait de répondre à un tel appel, je ne cherche pas à nier que d'autres genres d'êtres, d'autres systèmes ou d'autres structures relationnelles puissent également élever semblables revendications, je cherche au contraire à rendre pensable cette extension de nos responsabilités dans le cadre d'une éthique de la « considération universelle »[1] qui ne limite pas *a priori* nos responsabilités

1. Le concept a été proposé par Th. Birch dans « Moral Considerability and Universal Consideration », *Environmental Ethics*, 1993, n° 4, p. 313-332. Birch entend par « éthique de la considération universelle » une éthique qui, plutôt que de chercher à déterminer de façon exclusive la classe des êtres et des entités de la nature répondant à un critère prédéterminé et unique de considérabilité, suggère d'accorder à l'ensemble de ce qui vit et de ce qui compose notre environnement naturel une égale considération, en apprenant à se soucier et à prendre soin de tout ce qui nous entoure, en sympathisant avec certains êtres ou en se laissant émouvoir par eux le cas échéant, en vue de découvrir ensuite, pour ainsi dire au cas par cas, les obligations morales qui nous incombent.

morales à la sphère des relations interhumaines. Aussi, plutôt que d'être en opposition l'une avec l'autre, l'éthique animale et l'éthique environnementale devraient pouvoir être considérées comme deux formes distinctes mais complémentaires d'enquête et de pratique morales, visant l'une et l'autre à dépasser les limites de l'anthropocentrisme métaphysique.

L'ambition de cet article est de poser les premiers jalons de ce projet d'ensemble. En son fond, un tel projet se veut d'inspiration néo-lévinassienne, et c'est pourquoi je consacrerai l'essentiel de ma réflexion à une lecture critique de Levinas, en m'efforçant de montrer que son éthique est de part en part anthropocentrique, alors même que la logique de sa pensée invite à reconnaître que l'expérience morale ne se réduit pas à la rencontre du visage d'un Autre homme. Dans la mesure où cette lecture s'inspire clairement de la déconstruction de Derrida, c'est par une présentation des promesses que contiennent les écrits que Jacques Derrida a consacrés à la question de l'animal que je conclurai mon propos.

Je prendrai pour point de départ de ma réflexion sur la question de l'animal dans la pensée de Levinas les remarques faites par Derrida à ce sujet dans l'entretien qu'il a accordé à Jean-Luc Nancy, et qui a paru en 1989 sous le titre de « "Il faut bien manger" ou le calcul du sujet »[1]. Tout en reconnaissant les différences nombreuses et importantes qui séparent Levinas de Heidegger, Derrida n'hésite pas dans cet entretien à déclarer que les deux penseurs ont fait œuvre commune en consolidant et en fortifiant certains aspects particuliers de l'humanisme traditionnel. Ainsi qu'il le dit, « des discours aussi originaux que ceux

1. J. Derrida et J.-L. Nancy, « "Il faut bien manger" ou le calcul du sujet », *Confrontation* (1989), repris dans J. Derrida, *Points de suspension. Entretiens*, Paris, Galilée, 1992, p. 269-301.

de Heidegger et de Levinas bouleversent, certes, un certain humanisme traditionnel », mais « ce sont néanmoins des humanismes profonds [...] malgré les différences qui les séparent »[1].

Touchant Heidegger, une telle déclaration ne surprendra aucun lecteur de Derrida, car l'on sait que ce dernier lui a consacré plusieurs essais visant à justifier une telle lecture. En revanche, Derrida a très peu écrit sur la question de l'animal chez Levinas. Que faut-il donc en penser? En quel sens peut-on dire de l'« humanisme » de Levinas qu'il bouleverse et que, dans le même temps, il consolide l'« humanisme traditionnel »? Que faut-il entendre par l'un et l'autre « humanismes »?

L'HUMANISME MÉTAPHYSIQUE SELON HEIDEGGER

Pour répondre à cette dernière question, il est indispensable de rappeler brièvement de quelle façon Heidegger détermine l'essence de l'humanisme métaphysique, notamment dans sa *Lettre sur l'humanisme*[2], mais aussi dans d'autres écrits qui proposent des développements plus complets sur ce sujet, tels que « La doctrine de Platon sur la vérité »[3] et les cours sur Nietzsche des années 1940[4]. Ces deux essais s'imposent particulièrement à l'attention car, selon la compréhension qu'en a Heidegger,

1. *Ibid.*, p. 294.

2. M. Heidegger, *Lettre sur l'humanisme* (1946), trad. fr. R. Munier, Paris, Aubier, 1964.

3. M. Heidegger, « La doctrine de Platon sur la vérité » (1942), trad. fr. A. Préau, dans *Questions I et II*, Paris, Gallimard, 1968, p. 427-469.

4. Voir notamment M. Heidegger, *Nietzsche* (1936-1946), trad. fr. P. Klossowski, 2 vols., Paris, Gallimard, 1971.

l'humanisme métaphysique plonge ses racines chez Platon et trouve son « accomplissement » (*Vollendung*) chez Nietzsche.

Pour Heidegger, le début de l'histoire de la métaphysique, qui s'observe dans la pensée de Platon, est en même temps le début de l'« humanisme », en entendant par ce dernier mot « le processus [...] par lequel l'homme [...] se place en un centre de l'étant, sans être encore lui-même, pour autant, l'Étant suprême »[1]. Ce qui caractérise foncièrement l'humanisme de Platon comme celui de ses successeurs, déclare alors Heidegger, c'est le fait qu'il se fonde sur une détermination de l'essence de l'homme qui n'est pas remise en question. Toute métaphysique est humaniste en ce sens qu'elle présuppose comme évidente une définition de l'homme qu'elle tire d'une interprétation déjà fixée de l'ensemble de l'étant, sans jamais poser la question de savoir de quelle manière l'être de l'homme fait partie de la vérité de l'être. Cette définition, c'est celle de l'homme conçu comme *animal rationale*, c'est-à-dire comme un étant dont l'essence se laisse déterminer à partir d'un domaine particulier de l'étant, l'*animalitas*.

Selon Heidegger, l'humanisme métaphysique ainsi caractérisé ne peut être pleinement compris que si l'on perçoit de quelle manière il est lié à une « mutation dans l'essence de la vérité »[2]. En effet, alors que la vérité avait été comprise par les Présocratiques dans les termes d'un dé-voilement ou d'un dé-couvrement des étants eux-mêmes, la détermination platonicienne de la vérité va faire basculer graduellement cette dernière dans un autre registre, où le critère de vérité est désormais livré par l'exactitude de la représentation que des « sujets » humains se font des « objets ». Le développement de cette compréhension de

1. M. Heidegger, « La doctrine de Platon sur la vérité », *op. cit.*, p. 466.
2. M. Heidegger, *ibid.*, p. 467.

la vérité, qui débute à peine avec Platon, atteindra son point de culmination avec Descartes, dans la pensée duquel la réduction de la vérité à l'exactitude de la représentation commande de « s'engage[r] dans la recherche d'un *fundamentum absolutum inconcussum veritatis* »[1], lequel est donné avec la présence à soi et la conscience de soi du *subiectum* humain qui sous-tendent toutes ses représentations et en assurent l'exactitude. Enfin, le renversement nietzschéen du platonisme et sa critique de l'*ego* cartésien viendra parachever l'œuvre de l'humanisme métaphysique, sans ouvrir pour autant un nouveau chapitre, dans la mesure où la pensée de Nietzsche, telle que l'interprète Heidegger, reste prise à l'intérieur de l'histoire de la métaphysique occidentale en développant pour son propre compte une compréhension subjectiviste des valeurs et une théorie perspectiviste de la vérité. « On pense toujours l'*homo animalis* », conclut Heidegger, « même si on pose l'*anima* comme *animus*, *sive mens*, et celle-ci plus tard comme sujet, personne ou esprit »[2]; « on gravite chaque fois autour de l'homme, d'une façon métaphysiquement déterminée et sur des orbites plus ou moins larges »[3].

La rupture avec l'humanisme métaphysique implique selon Heidegger de déplacer le sujet humain du centre de l'étant, en faisant redescendre pour ainsi dire l'homme des sommets de la subjectivité vers « la pauvreté de l'ek-sistence de l'*homo humanus* »[4]. Dans l'ek-sistence, l'homme est originairement exposé aux autres étants, il « est "jeté" par l'Être lui-même dans la vérité de l'Être, afin qu'ek-sistant de la sorte, il veille sur la vérité de

1. M. Heidegger, *Nietzsche*, *op. cit.*, vol. 2, p. 144.
2. M. Heidegger, *Lettre sur l'humanisme*, *op. cit.*, p. 55-57.
3. M. Heidegger, « La doctrine de Platon sur la vérité », *op. cit.*, p. 467.
4. M. Heidegger, *Lettre sur l'humanisme*, *op. cit.*, p. 139.

l'Être, pour qu'en la lumière de l'Être, l'étant apparaisse comme l'étant qu'il est »[1].

Toutefois, ce qui ne laisse pas d'étonner dans la démarche critique de Heidegger, c'est que si, d'un côté, elle s'efforce de récuser toutes les définitions classiques et métaphysiques de l'homme, de l'autre, elle maintient à son sujet l'essentiel du discours traditionnel, à savoir l'idée que l'homme occupe une position spécifique qui lui appartient en propre. Comme le note justement Derrida dans « Les fins de l'homme », la pensée de la vérité de l'être au nom de laquelle Heidegger délimite l'humanisme reste une pensée *de* l'homme, en sorte que l'entreprise dans son ensemble se ramène à une sorte de réévaluation ou de revalorisation de l'*essence* et de la *dignité* de l'homme[2]. Rien n'atteste mieux de la persistance dans la pensée de Heidegger du motif du « propre » de l'homme (et de toute la métaphysique de la coupure anthropologique qui lui est liée), que les efforts répétés par lesquels Heidegger cherche à séparer de manière décisive l'essence de l'homme de celle des autres « créatures vivantes ». À deux reprises dans la *Lettre sur l'humanisme*, à quelques lignes d'intervalle seulement, Heidegger souligne que l'ek-sistence est non seulement le propre de l'homme, mais encore – de manière significativement redondante – que ce mode d'être n'appartient qu'à lui *seul*[3], creusant ainsi un abîme entre le mode d'être de

1. M. Heidegger, *ibid.*, p. 77.

2. J. Derrida, « Les fins de l'homme » (1968), repris dans J. Derrida *Marges. De la philosophie*, Paris, Minuit, 1972, p. 153-154.

3. Voir la *Lettre sur l'humanisme*, *op. cit.*, p. 57 : « *Seul* l'homme a *en propre* cette manière d'être »; et : « L'ek-sistence ne peut se dire que de l'essence de l'homme, c'est-à-dire de la manière humaine d'"être", car l'homme *seul*, pour autant que nous ayons l'expérience, est engagé dans le destin de l'ek-sistence ». C'est moi qui souligne.

l'existant humain et celui de tout autre être, *et tout particulièrement de ces êtres qui sont nos « plus proches parents »*[1], *à savoir les animaux*. Dans un passage tout à fait révélateur, Heidegger écrit

> [qu']il pourrait sembler que l'essence du divin nous fût plus proche que cette réalité impénétrable des êtres vivants; j'entends: plus proche selon une distance essentielle, qui est toutefois, en tant que distance, plus familière à notre essence ek-sistante que la parenté corporelle avec l'animal, de nature insondable, à peine imaginable[2].

Ainsi, après avoir montré que l'humanisme métaphysique a été incapable de penser à son juste niveau l'humanité parce qu'il a déterminé l'essence de cette dernière à partir de l'*animalitas* et non pas à en direction de son *humanitas*[3], Heidegger finit par reconduire la même logique oppositionnelle en se contentant de la déplacer dans un autre registre. De ce point de vue, la différence essentielle entre les hommes et les animaux ne réside pas simplement dans le fait de posséder le langage ou la raison, mais demande à être cherchée du côté de ce qui sert de fondement à l'une et l'autre capacités : l'ek-sistence même, qui est réservée aux seuls êtres humains. L'anthropocentrisme, dont Heidegger cherchait à se déprendre, ne consiste pas seulement dans le fait d'ériger l'être humain au centre de l'étant; il consiste aussi dans le désir de définir la spécificité humaine en la déterminant à l'encontre de ces êtres vivants que nous ne sommes pas et que nous ne voulons pas être.

1. M. Heidegger, *Lettre sur l'humanisme*, *op. cit.*, p. 63.
2. M. Heidegger, *ibid.*
3. M. Heidegger, *ibid.*, p. 57.

L'ANTIHUMANISME MODERNE ET SA CRITIQUE PAR LEVINAS

À l'instigation de Heidegger et de quelques autres[1], les penseurs contemporains se réclamant de l'antihumanisme et du post-humanisme ont poursuivi cet effort de déplacement de l'homme du centre de l'étant, chacun dans des registres distincts et en se fixant des objectifs différents. Levinas a offert sa propre version du décentrement du « sujet » ou de l'« homme » de l'humanisme classique, mais il est remarquable que sa rupture avec l'humanisme n'ait jamais pris la forme d'un *anti*-humanisme, mais plutôt celle d'un *autre* humanisme – un humanisme de l'autre homme.

Dans les textes où il entreprend d'expliquer en quoi consiste cet autre humanisme, Levinas renvoie expressément à l'anti-humanisme contemporain, en reprenant à son compte nombre d'idées issues de la critique de l'humanisme classique. Il admet ainsi que les développements en sciences sociales (notamment en anthropologie et en psychologie), et les réalités horrifiantes des guerres innombrables, ont rendu tragicomique l'idée selon laquelle l'homme de la métaphysique occidentale serait le point de référence privilégié ou le *telos* de l'univers[2]. L'antihumanisme moderne témoigne de l'instabilité et du caractère fallacieux de la coïncidence de soi à soi-même dans le *cogito* en démontrant, en anthropologie, la priorité du langage et des structures dans la constitution de la subjectivité, ou, en psychanalyse, la primauté

1. On trouvera un exposé plus complet des origines de l'antihumanisme contemporain à partir de Marx et de Nietzsche sous la plume de R. Schürman dans *Le principe d'anarchie. Heidegger et la question de l'agir*, Paris, Seuil, 1982, notamment au chap. 3.

2. Voir sur ce point E. Levinas *Humanisme de l'autre homme* (1972), Paris, Livre de poche, 1987, p. 73-74.

de l'inconscient dans l'*ego*, ou encore, à la suite de Heidegger, la primordialité de l'ek-sistence finie du *Dasein* et de sa transcendance. Levinas salue bien volontiers les avancées réalisées par ces différentes théories, en sorte qu'il ne s'agit en aucune façon pour lui de fonder son propre humanisme en revenant en deçà de la critique de l'humanisme métaphysique traditionnel, mais plutôt d'élaborer à nouveaux frais un autre humanisme sous la forme d'une question adressée à l'antihumanisme contemporain. Aussi Levinas ne cède-t-il pas à la tentation de jeter un regard en arrière, par-delà l'antihumanisme des modernes, mais présente-t-il bien plutôt une « critique sceptique » de l'antihumanisme, pour reprendre l'excellente formule de Peter Atterton [1].

Selon Levinas, « l'intuition géniale » de l'antihumanisme, en ses multiples formes, tient dans la contestation du primat du monde intérieur du sujet de l'humanisme classique [2]. L'antihumanisme discerne au cœur même de l'homme, comme étant ce qui lui est le plus essentiel, une ouverture à l'altérité qui compromet et diffère toute présence à soi. Cette ouverture peut s'entendre en trois sens : 1) elle peut d'abord signifier « l'ouverture de tout objet à tous les autres, dans l'unité de l'univers » [3], c'est-à-dire comme l'interaction ou la communauté des substances dans l'unité de l'univers régi par la troisième analogie de l'expérience de la *Critique de la raison pure* de Kant [4] ; 2) comme

1. P. Atterton, « Levinas's Skeptikal Critique of Metaphysics and Anti-Humanism », *Philosophy Today*, 1997, n° 4, p. 491-506.

2. E. Levinas, *Humanisme de l'autre homme*, *op. cit.*, p. 100. L'expression d'« intuition géniale » pour parler de l'antihumanisme moderne se trouve dans *Autrement qu'être ou au-delà de l'essence* (1974), Paris, Livre de poche, 1990, p. 203.

3. E. Levinas, *Humanisme de l'autre homme*, *op. cit.*, p. 103.

4. E. Kant, *Kritik der reinen Vernunft*, A 211-215/B 256-262.

l'ouverture du mode d'être ek-statique du *Dasein* et son ek-sistence dans l'ouverture de l'être ou l'« appel de l'être » (*Anspruch des Seins*) ; et enfin, au sens beaucoup plus radical que Levinas cherche précisément à donner à ce concept, 3) comme ouverture qui se produit au cœur du sujet sous la forme d'« une dénudation de la peau exposée à la blessure et à l'outrage »[1].

Cette dernière caractérisation de l'ouverture ou passivité radicale du sujet, que Levinas souhaite privilégier dans son éthique, n'est intelligible qu'*à la suite* et *dans le prolongement* de l'antihumanisme moderne. Le sujet ne peut être déterminé comme radicalement passif qu'une fois effectuée la déportation de l'*ego* autarcique, inquiété jusque dans sa présence à soi. La principale contribution de l'antihumanisme est d'avoir rendu un tel décentrement possible, mais, ce faisant, il s'est contenté de faire place nette à l'idée d'une subjectivité radicalement passive, sans chercher à élucider ce que signifie pour un sujet que d'être exposé à l'altérité.

C'est cette compréhension du sujet comme essentiellement « dénudé » ou « ouvert » que Levinas oppose à l'antihumanisme, et c'est à partir d'elle qu'il en propose une critique sceptique[2]. Dans un passage remarquable situé à la toute fin de « Humanisme et an-archie », Levinas écrit que « l'antihumanisme moderne n'a peut-être pas raison de ne pas trouver à l'homme, perdu dans l'histoire et dans l'ordre, la trace de ce dire pré-historique et an-archique »[3] – c'est-à-dire, le temps diachronique du dire de la responsabilité, l'irruption de la temporalité de l'Autre dans la

1. E. Levinas, *Humanisme de l'autre homme*, *op. cit.*, p. 104.

2. Le chapitre « Subjectivité et vulnérabilité » débute par ces mots : « Mais il est temps de poser quelques questions », *Humanisme de l'autre homme*, *op. cit.*, p. 102.

3. E. Levinas, *Humanisme de l'autre homme*, *op. cit.*, p. 91.

temporalisation du Même, où la subjectivité radicalement passive est ouverte à l'altérité, est structurée comme *l'autre dans le Même*, mais selon un mode différent de celui de la conscience thématique. En bref, ce que l'anti-humanisme a *peut-être* manqué (« peut-être », parce qu'il n'y a pas de certitude, de savoir ou de preuve possible ici), c'est le temps de l'éthique. Soutenir, comme le fait l'antihumanisme, que les structures (psychologique, culturelle, symbolique, linguistique, etc.) constituent l'être de tout sujet et qu'elles lui sont irréductibles ne répond pas à la question de savoir ce que doit être un « sujet » pour pouvoir être ouvert aux structures en tant que telles. La « réponse » de Levinas à cette question – réponse qui est elle-même une autre question (sceptique) – est qu'il se pourrait bien que la subjectivité même du sujet humain, son ouverture essentielle, soit localisée dans le temps diachronique de l'éthique, dans la responsabilité et la passivité radicale – toutes ces expressions visant également à renvoyer à un être dont le mode d'existence spécifique consiste à se porter responsable de l'autre homme.

UN HUMANISME PROFOND

Il est loisible à présent de comprendre en quel sens Derrida pouvait déclarer, dans le passage de l'entretien cité précédemment, que la pensée de Levinas *bouleverse* l'humanisme classique – à quoi nous pouvons ajouter qu'elle travaille aussi à contester les limites de l'*anti*humanisme contemporain. Il nous reste toutefois à comprendre pour quelles raisons, en dépit de la réévaluation radicale de l'essence de l'humanisme à laquelle se livre Levinas, son éthique demeure, comme le suggère Derrida, un humanisme « *profond* » – c'est-à-dire un humanisme « dogmatique » ou « métaphysique », un humanisme qui repose sur certaines hypothèses métaphysiques laissées inintérrogées, enfouies au plus profond de l'humanisme non métaphysique revendiqué par Levinas, et qui demandent à être mises au jour.

Afin d'éclaircir ce dernier point, il est nécessaire de revenir à la citation donnée précédemment, interrompue par un signe d'interponctuation :

> Des discours aussi originaux que ceux de Heidegger et de Levinas bouleversent, certes, un certain humanisme traditionnel. Ce sont néanmoins des humanismes profonds *en tant qu'ils ne sacrifient pas le sacrifice*[1].

Les derniers mots de cette phrase, mis en italique par Derrida lui-même, font signe en direction de la métaphysique anthropocentrique qui sous-tend l'humanisme lévinassien de l'autre homme. Pour Derrida, les contours cachés sur lesquels Levinas s'appuie pour découper la sphère de l'éthique et pour limiter cette dernière aux relations interhumaines trahissent de sa part un refus de « sacrifier le sacrifice », par quoi il faut entendre un refus d'interroger le discours dominant de la métaphysique occidentale, aux termes duquel la mise à mort de toute vie non humaine apparaît comme n'étant pas de nature criminelle. Comme le souligne Derrida, Levinas ne se réfère au « Tu ne tueras pas » qui « parle » au travers de la nudité du visage de l'autre qu'en référence aux relations entre êtres humains, ce qui signifie qu'il a limité à l'avance la portée de cet impératif de telle sorte qu'il ne puisse être adressé qu'à un autre être humain, sans que jamais pareil appel puisse me parvenir d'un être vivant non humain tel qu'un animal, lequel est censé, quant à lui, être dépourvu de

1. J. Derrida et J.-L. Nancy, « "Il faut bien manger" ou le calcul du sujet », *op. cit.*, p. 294.

« visage »[1]. Derrida s'efforce de mettre en évidence la limite anthropocentrique de l'éthique lévinassienne dans les termes suivants :

> Le « Tu ne tueras point » s'adresse à l'autre et le suppose. Il se destine à cela même qu'il institue, l'autre comme homme. [...] Le « Tu ne tueras point » – avec toute sa conséquence qui est sans limite – n'a jamais été entendu dans la tradition judéo-chrétienne, ni apparemment par Levinas, comme « tu ne mettras pas à mort le vivant en général ». [...] L'autre, tel qu'il se laisse penser selon l'impératif de la transcendance éthique, c'est bien l'autre homme : l'homme comme l'autre, l'autre comme l'homme[2].

Quoi que l'on puisse penser de la thèse générale concernant la place des animaux dans la tradition judéo-chrétienne[3], il est peu contestable que, dans le cas particulier de Levinas, celui-ci n'ait effectivement jamais entrepris de « sacrifier le sacrifice », et qu'il se soit au contraire employé à limiter de manière dogmatique sa conception de l'« éthique » et du « visage » à l'autre homme. À la question de savoir si les animaux non humains sont susceptibles de mettre en cause les êtres humains et de provoquer une interruption éthique, la réponse de Levinas est largement négative.

1. J. Derrida et J.-L. Nancy, « "Il faut bien manger" ou le calcul du sujet », *op. cit.*, p. 283 et 293.

2. *Ibid.*, p. 293.

3. Il se peut que Derrida songe ici à cette page célèbre de la *Cité de Dieu* de saint Augustin où ce dernier refuse catégoriquement d'étendre le commandement « Tu ne tueras pas » aux bêtes et aux animaux domestiques, ainsi qu'aux plantes et à tout ce qui, « fixé en terre, s'y nourrit par des racines » (Livre I, XX). D'autres textes non moins célèbres vont dans le même sens : voir par exemple saint Thomas d'Aquin, *Somme contre les Gentils*, Livre III, 112, où se voit légitimée la domination des hommes sur les animaux et le reste de la nature. Mais il y a bien sûr des témoignages du contraire, comme le rappelle A. Linzey dans *Christianity and the Rights of Animals*, New York, Crossroad, 1987.

Toutefois, à bien y regarder, l'anthropocentrisme de Levinas ne laisse pas d'être profondément équivoque, du point de vue même de Levinas, car bien qu'il soutienne explicitement la thèse selon laquelle l'Autre ne peut être qu'un autre être humain, la façon dont il rend compte de l'expérience éthique ne lui permet pas, en toute rigueur, de justifier cette limitation. C'est pourquoi il est bien en peine de nier, lorsqu'il est directement interrogé sur la possibilité d'une rencontre éthique avec un animal, qu'un animal puisse avoir un visage.

L'HOMME COMME AUTRE, L'AUTRE COMME HOMME

L'analyse la plus détaillée que Levinas ait consacrée à l'idée selon laquelle l'Autre ne peut être qu'un autre être humain se trouve dans *Totalité et infini*, et plus précisément dans la section intitulée « Séparation et Discours ». Il s'agit à cet endroit de montrer que la relation éthique présuppose une différence absolue (et non pas seulement relative) entre le Même et l'Autre, et qu'une telle différence ne peut exister que s'il y a des aspects à la fois du Même et de l'Autre qui résistent à être intégrés au sein d'une perspective unique. De mon côté – le côté du Même – c'est mon mode particulier de jouissance qui échappe par essence à la perspective de tout autre tiers observateur. Le processus entièrement égoïste par lequel je me fonde moi-même et deviens un sujet m'appartient en propre de manière irréductible, et constitue mon intériorité secrète, mon ipséité [1].

1. Levinas écrit en ce sens : « La personnalité de la personne, l'ipséité du moi, plus que la particularité de l'atome et de l'individu, est la particularité du bonheur de la jouissance. La jouissance accomplit la séparation athée : elle déformalise la

Bien que je sois constamment en relation avec les « autres » (à la fois des autres humains et non humains) et continuellement immergé dans un milieu « élémental » tout au long de ce développement, les « autres » dont je dépends ne font que m'*influencer* et me *conditionner*; selon Levinas, ils n'*interrompent* pas mon mode d'existence ou mes projets égoïstes. À partir de la maison où je peux éventuellement me retirer en demeurant chez moi, je deviens même capable de faire face à presque toutes les insécurités qui affectent mes projets égoïstes. La maison me donne le temps de revenir à moi et m'offre un lieu où me recueillir, où me protéger des éléments, en permettant à mes objets de jouissance de devenir mes possessions.

Ma rencontre avec le visage de l'Autre interrompt tout cela – et ce de manière fondamentale. À travers cette rencontre, ma « complaisance animale en soi »[1] est mise en échec, mes projets avortent, ma maison devient un hôtel et mes possessions se transforment en dons.

La question qui s'impose à ce niveau est la suivante : qui est capable d'interrompre ma jouissance égoïste de cette manière ? qui est capable de produire un tel heurt ? qui est l'Autre ? L'Autre ne peut être un Autre authentique et absolu – c'est-à-dire : être ce qu'il doit être pour donner à la rencontre un caractère éthique – que s'il s'absout de toute essence et de tout genre, y compris de ce genre aux contours mal dessinés qu'est l'« humanité ». Ce n'est pas parce que l'Autre sera reconnu comme appartenant au même genre que moi qu'il me concerne. Il est précisément *autre*. Levinas

notion de séparation qui n'est pas une coupure dans l'abstrait, mais existence chez soi d'un moi autochtone », *Totalité et infini. Essai sur l'extériorité* (1971), Paris, Livre de poche, 1990, p. 119.

1. E. Levinas, *Totalité et infini*, *op. cit.*, p. 159.

insiste tout particulièrement sur ce point, et c'est pourquoi son humanisme n'est pas fondé sur un concept biologique ou anthropologique d'humanité. Même s'il est vrai qu'en dernière analyse l'Autre est en fait, pour Levinas, un être « humain », au sens ordinaire du mot, il importe de ne pas perdre de vue que l'être « humain » dénote ici toute entité qui « ne nous affecte pas comme ce qu'il faut surmonter, englober, dominer »[1], et qui ne se laisse pas ramener à l'intentionnalité objective. L'« humain » a donc la signification d'un concept *éthique*, et non pas celle d'un concept biologique d'espèce. Par conséquent, rien n'interdit en principe d'étendre le concept de l'« humain » bien au-delà des êtres humains pour y inclure d'autres types d'êtres qui mettent mon égoïsme et ma spontanéité en question.

Si tel était véritablement le sens de ce concept sous la plume de Levinas – c'est-à-dire, si l'« humain » servait d'appellation générale pour désigner les êtres capables d'interrompre ma jouissance égoïste et solitaire –, alors l'« humain » fonctionnerait de manière analogue au concept du « féminin » dans *Totalité et infini*, où le « féminin » sert à désigner le lieu vide de l'intimité et de l'hospitalité, « l'un des points cardinaux de l'horizon où se place la vie intérieure », lequel pourrait en tant que tel être occupé par un individu appartenant à l'un quelconque des deux genres sexuels car, comme le précise Levinas, « l'absence empirique de l'être humain de "sexe féminin" dans une demeure ne change rien à la dimension de féminité qui y reste ouverte, comme l'accueil même de la demeure »[2]. Toutefois, même entendu de manière charitable, le concept du « féminin » ne laisse pas d'être problématique car, comme l'ont justement noté certains penseurs fémi-

1. E. Levinas, *ibid.*, p. 89.
2. E. Levinas, *ibid.*, p. 169.

nistes, les concepts de genre n'ont jamais la neutralité que semble leur supposer Levinas. Nous pourrions en dire autant du concept de l'« humain » : même en l'entendant de manière charitable comme servant à désigner le lieu vide de *n'importe quel* être capable de rompre la totalité qui s'accomplit par la jouissance de la solitude, l'« humain » demeure un concept au plus haut point problématique dans la mesure où il est indissociable d'un certain nombre de présupposés métaphysiques et éthiques. Mais, quoi qu'il en soit de ce dernier point, le fait est que Levinas *ne dit pas* que l'humain sert à désigner un lieu vide. Il dit même expressément et avec force que l'Autre est et ne peut qu'être un Autre être humain.

C'est cette thèse que Levinas avance dans la section de *Totalité et infini* citée précédemment, au moyen de la distinction qui y est faite entre les êtres humains et les êtres non humains (auxquels il se réfère sous le nom de « choses »), et de la priorité clairement reconnue aux premiers dans la sphère morale. Il écrit que : « l'absolument étranger seul peut nous instruire. Et il n'y a que l'homme qui puisse m'être absolument étranger » [1]. Étant entendu que seul l'Autre absolu est capable de percer ma carapace d'égoïsme et de me mettre en question, pour quelle raison devrait-on reconnaître que « l'homme seul » est capable de produire une telle interruption ? À cette question, Levinas répond en disant que l'Autre homme est le seul Autre sur lequel « je ne peux *pouvoir* », le seul qui « échappe à ma prise par un côté essentiel » [2] en tant qu'il ne peut être réduit, en dernière analyse, à mes projets. En rencontrant un Autre homme dans sa nudité et sa vulnérabilité, mes ambitions s'effondrent. « Il y a là », écrit Levinas, « une

1. E. Levinas, *Totalité et infini*, *op. cit.*, p. 71.
2. E. Levinas, *ibid.*, p. 28.

relation non pas avec une résistance très grande » dont il serait impossible de venir à bout en réunissant toutes nos forces, « mais avec quelque chose d'absolument *Autre* : la résistance de ce qui n'a pas de résistance – la résistance éthique » [1]. Voudrais-je passer outre qu'il me faudrait alors mettre en esclavage, abuser et même mettre à mort cet Autre homme vulnérable. Mais, paradoxalement, c'est la vulnérabilité même de l'Autre qui me détourne d'agir de cette manière, et qui me conduit à faire une halte. L'Autre en appelle à moi pour ainsi dire « d'en haut », d'un lieu qui inverse de l'intérieur ma maîtrise en servitude éthique librement choisie. Dans la rencontre avec l'Autre, mon intentionnalité objective et mon ipséité égoïste sont déliées, ou plutôt elles se relient l'une à l'autre pour former ensemble le fil d'une trame ou d'une intrigue éthique où le moi est orienté vers la justice et l'hospitalité.

Par opposition, ajoute Levinas, les entités non humaines, quelle que puisse être par ailleurs la résistance qu'elles opposent à mes entreprises égoïstes, sont incapables de me mettre en question de manière significative. Aussi résistantes que soient les choses, « la puissance de la main qui saisit ou qui arrache ou qui broie ou qui malaxe » [2] peut toujours en venir à bout – par elle-même, ou bien encore avec l'assistance de la technologie. Ce qui ne signifie bien sûr pas que la nature et les artefacts entrent toujours dans « le plan de l'être besogneux » [3] à la façon de compléments déjà disponibles de ses projets et de ses tâches, mais qu'ils peuvent toujours être employés de cette manière en fonction des nécessités de l'existence. Et si, à la fin, ils échouent

1. E. Levinas, *ibid.*, p. 217.
2. E. Levinas, *ibid.*, p. 172.
3. E. Levinas, *ibid.*, p. 107.

à s'y faire une place, il nous est alors toujours loisible de les délaisser ou de nous en débarrasser[1].

Ce qu'il faut retenir de cette analyse, c'est que *la résistance des choses non humaines ne compte pas pour nous sur le plan éthique*. La résistance des choses non humaines ne provient pas de la transcendance même de leur être ou de l'impossibilité de les désigner au moyen de catégories – car les choses non humaines n'ont aucune *présence* hors d'un contexte humain, elles n'ont aucune existence καθ᾽αὑτό, elles ne prennent sens que par référence à une tâche ou à un contexte humain spécifique. Les êtres non humains peuvent ainsi venir à la présence de multiples manières dans le cadre de la phénoménologie de Levinas (comme objets usuels, comme nourritures, comme marchandises, comme objets de jouissance ou comme objets dont je vais faire don à l'Autre homme dans la misère et le dénuement, et même comme matière anonyme de l'*il y a*), mais ils ne peuvent jamais me réclamer, me mettre en cause et en appeler à moi de sorte à interrompre ma tranquille persévérance dans l'être.

La pertinence d'une telle analyse, déniant toute signification éthique aux choses, mériterait sans doute discussion[2]. Levinas

1. Voir sur ce point précis ce passage remarquable de *Totalité et infini*, *op. cit.*, p. 171-172 : « L'obscurité insondable de la matière se présente au travail comme résistance et non pas comme le face-à-face. Non pas comme une idée de la résistance, non pas comme une résistance s'annonçant par une idée ou s'annonçant absolue comme un visage – mais déjà au contact de la main qui la plie et comme virtuellement vaincue. Le travailleur en viendra à bout, elle ne s'oppose pas de front, mais déjà comme abdiquant, à la main qui en cherche le point vulnérable, qui, déjà ruse et industrie, l'atteint par la bande. Le travail aborde la résistance fallacieuse de la matière sans nom – l'infini de son néant. Aussi le travail ne peut-il pas en fin de compte s'appeler violence. Il s'applique à ce qui n'a pas de visage, à la résistance du néant ».

2. Comme cela a été fait brillamment par S. Benso dans *The Face of Things : A Different Side of Ethics*, Albany, SUNY Press, 2000.

lui-même semble avoir envisagé ici ou là la possibilité que des choses puissent se voir reconnaître un mode de présence quasi éthique, notamment à la fin de l'essai intitulé « L'ontologie est-elle fondamentale ? » où il se demande si « les choses peuvent prendre un visage »[1], sans que, toutefois, cette possibilité soit envisagée avec sérieux, ni à cet endroit, ni dans l'œuvre ultérieure[2]. Jamais Levinas n'est revenu sur l'idée qu'une priorité revenait au visage de l'Autre homme.

Si les choses en tant que telles n'ont pas de visage selon Levinas, *quid* du visage des animaux ? La question vaut d'être posée car bien des êtres que nous appelons des « animaux » ne rentrent pas dans la catégorie des « choses » telles que les décrit Levinas[3]. Et pourtant il n'admettrait certainement pas de situer les animaux au même niveau moral que les êtres humains. Quelle place revient alors aux animaux dans la phénoménologie de la vie morale que propose Levinas ?

LE VISAGE DES ANIMAUX

Cette question est au centre de l'entretien que Levinas a accordé en 1986 à un groupe d'étudiants, et qui a paru en 1988 en

1. E. Levinas, « L'ontologie est-elle fondamentale ? » (1951), dans *Entre nous. Essais sur le penser-à-l'autre*, Paris, Livre de poche, 1993, p. 22.

2. Il faut mentionner de ce point de vue un texte de jeunesse peu connu de Levinas dans lequel celui-ci admet que l'existence en tant que telle peut être considérée comme un miracle : voir « La signification de la pratique religieuse », *L'univers israélite* (1937), repris dans les *Cahiers du judaïsme*, 1999-2000, p. 74-75.

3. Presque tous les exemples de choses que prend Levinas sont des exemples de ce que nous appelons communément des « choses inanimées » : un briquet, une paire de lunettes, etc.

anglais sous le titre de « The Paradox of Morality »[1]. Dès le début, il est interrogé sur ce qui fait la spécificité du visage de l'homme et sur ce qui le distingue de celui d'un animal, en admettant que ce dernier puisse avoir un visage. Conformément à la lecture que propose Derrida de la question de l'animal chez Levinas, et conformément à ce que semble suggérer toute l'œuvre de Levinas lui-même, on pourrait légitimement s'attendre à ce que Levinas réponde que l'animal n'a pas de visage. Or il répond sans hésiter qu'« on ne peut pas entièrement refuser un visage à l'animal ». Et lorsque, plus tard, il est interrogé sur la possibilité que le commandement « Tu ne tueras point » provienne d'un animal, Levinas accorde sans discussion que « l'éthique s'étend à tous les êtres vivants »[2].

Voilà des déclarations pour le moins inattendues ! En effet, s'il estime vraiment que l'éthique s'étend au-delà de la sphère des relations interhumaines jusqu'à inclure les animaux et *tous* les autres êtres vivants, comment comprendre dans ce cas qu'il n'y ait aucune trace dans ses écrits de ce qu'implique cette responsabilité considérablement élargie, notamment touchant les problèmes de la politique et de la relation avec le tiers ? Levinas s'est-il jamais penché sérieusement sur les énormes complications qu'entraîne pour toute théorie des droits de l'homme

1. E. Levinas, « The Paradox of Morality », trad. angl. A. Benjamin et T. Wright, dans *The Provocation of Levinas : Rethinking the Other*, R. Bernasconi et D. Wood (eds.), London-New York, Routledge, 1988, p. 168-180. La scène de l'entretien, en elle-même, mériterait bien des commentaires. Il est remarquable que Levinas n'ait pas pris l'initiative de poser la question de l'animal, mais qu'il ait fallu qu'il soit invité à le faire, avec une certaine longueur, par d'*autres êtres humains*. Comment comprendre que la souffrance massive des animaux ait pu ne pas le pousser à prendre en charge expressément cette question bien avant ?

2. E. Levinas, *ibid.*, respectivement p. 169 et 172.

la reconnaissance de certaines responsabilités à l'endroit des animaux et de tous les autres êtres vivants ? Nous pourrions ainsi demander : cela compte-t-il d'une quelconque manière de savoir précisément ce que je donne à manger à l'Autre homme affamé qui, dans son dénuement, en appelle à moi ? Le fait de tuer un animal pour nourrir un homme affamé pose-t-il un problème moral ? La façon dont je nourris un animal affamé importe-t-elle ? La plupart de ceux qui ont des animaux domestiques les nourrissent en leur donnant à manger la chair d'autres animaux : que pourrait bien trouver à y redire Levinas ? S'est-il jamais réellement posé la question des implications éthiques et politiques du sacrifice et de l'ingestion de l'autre non humain [1] ?

Dans de telles conditions, avouons qu'il est difficile de prendre complètement au sérieux les déclarations de Levinas. Ce dernier s'empresse d'ailleurs d'ajouter que cette extension de la responsabilité à tous les autres êtres vivants (par quoi il entend une extension de la « capacité » *humaine* à répondre à l'altérité non humaine) doit être comprise comme étant subordonnée à la responsabilité plus fondamentale que les êtres humains ont les uns à l'égard des autres : « La priorité », dit-il, « ne réside pas dans l'animal, mais elle se trouve dans le visage humain. Nous comprenons l'animal, le visage de l'animal, conformément au *Dasein* » [2]. Or, si « l'autre ne se laisse précéder d'aucun précurseur qui dépeindrait ou annoncerait sa silhouette », s'il ne vient confirmer

1. Dans le court essai, dont il sera question plus loin, intitulé « Nom d'un chien ou le droit naturel » (1975), dans *Difficile liberté*, Paris, Albin Michel, 1983, p. 199-202, Levinas évoque en ouverture la consommation de viande, le « rôti » dans lequel on plonge sa fourchette « à la table familiale » et s'interroge sur « ce qui entre dans la bouche de l'homme », mais il n'examine pas les implications politiques de cette question.

2. E. Levinas, « The Paradox of Morality », art. cit., p. 169.

« aucun signalement à l'avance délivré », s'il me concerne « avant tout *a priori* », « plus anciennement que l'*a priori* »[1], alors la responsabilité ne devrait pas pouvoir être limitée *a priori* à un quelconque groupe particulier d'êtres, et la distinction entre les responsabilités à l'endroit des êtres humains et celles à l'endroit des animaux ne devrait pouvoir être justifiée qu'*a posteriori*.

Le fait que Levinas fasse l'économie de toute justification sur ce point témoigne qu'il prend appui à son insu sur certains présupposés métaphysiques plus ou moins douteux. Ainsi, lorsque, au cours du même entretien, Levinas souligne que « le visage humain est complètement différent » et que « ce n'est qu'en un second temps que nous découvrons le visage d'un animal », ou encore lorsqu'il dit que « nous ne voulons pas faire souffrir l'animal sans nécessité », et que « le prototype [d'une telle attitude] est fourni par l'éthique humaine »[2], l'on peine à voir ce qui justifie une telle priorité du visage humain. Où sont les analyses phénoménologiques soigneuses censées soutenir de telles affirmations ? L'absence de ces dernières ne trahissent-elles pas un anthropocentrisme ininterrogé et un refus à peine voilé de sacrifier le sacrifice, ainsi que le suggère Derrida ? Se pourrait-il qu'en dernière analyse la priorité accordée à l'être humain puisse maintenir l'espoir d'apporter une justification au sacrifice auquel l'autre non humain est soumis en vue de répondre aux besoins qui sont les nôtres, ainsi qu'à ceux des autres êtres humains ? En outre, si, comme le dit encore Levinas dans le même passage, nous ne nous sentons tenus de répondre à la souffrance animale que parce que « nous autres, êtres humains, savons ce qu'est la

1. E. Levinas, *Autrement qu'être ou au-delà de l'essence*, *op. cit.*, p. 137-138 et note 1.

2. E. Levinas, « The Paradox of Morality », art. cit., p. 171-172.

souffrance » et pouvons en conséquence « transférer aux animaux l'idée de la souffrance », en quoi cette réponse à la souffrance de l'animal mérite-t-elle d'être tenue pour une réponse *éthique* ? Une réponse éthique digne de ce nom ne devrait-elle pas en l'occurrence s'enraciner dans la sensibilité, antérieurement à toute élaboration intellectuelle de l'« idée » de la souffrance ? Tout se passe comme si Levinas doutait de notre capacité à répondre sur le plan éthique de façon directe, sans la médiation de concepts, à la souffrance « animale ».

Le dernier mot a été placé volontairement entre guillemets pour indiquer qu'il y a quelque chose de profondément problématique dans la façon dont Levinas distingue de manière très générale dans cet entretien entre l'« homme » et l'« animal ». Aussi ne faut-il pas s'y tromper : là où Levinas prétend reconnaître que l'animal *en général* peut avoir un visage et qu'« on ne peut pas entièrement refuser un visage à l'animal », il faut bien voir qu'en fait il n'a à l'esprit que *certains* animaux. S'il n'hésite pas un instant à attribuer un visage aux chiens, la chose lui paraît nettement moins évidente en ce qui concerne les serpents, à tel point qu'il est obligé d'admettre qu'il « ne peu[t] pas répondre à la question [de savoir si les serpents ont un visage] », et qu'« une analyse plus spécifique [lui semble] requise »[1]. On se demande bien quel genre d'« analyse » pourrait aider à « savoir » si tel ou tel être singulier donné a oui ou non un visage – comme si le visage n'était pas précisément ce qui est irréductible à l'analyse et au savoir ! Quel sens peut bien avoir le concept d'« animal » s'il est impossible d'y inclure au même titre un chien, un serpent ou une souris ? La biologie et la zoologie fournissent des schémas taxonomiques grâce auxquels il est possible de déterminer avec un

1. E. Levinas, *ibid.*, p. 172.

certain degré d'exactitude les critères d'inclusion et d'exclusion au sein d'une catégorie donnée de telle ou telle forme de vie ; mais comment un tel savoir serait-il possible dans le temps de la responsabilité éthique tel que Levinas nous a appris à le comprendre ? Pourra-t-on jamais disposer du *temps* nécessaire, au regard de l'Autre homme qui me demande et me réclame, pour faire une « analyse » ou de subtiles distinctions entre les « serpents » et les « chiens », les « animaux » et les « êtres humains » ? Nous ne savons pas et ne pouvons pas savoir à l'avance où commence ni où finit le visage, et cette ignorance rend au plus haut point problématiques, contestables et douteuses toutes les tentatives de détermination des limites de la responsabilité.

Les effets dommageables de la distinction trop tranchée entre l'homme et l'animal continuent de se faire sentir à un autre niveau du discours de Levinas, lorsque ce dernier en vient à aborder le thème de la sainteté. Levinas déclare s'inquiéter des implications du darwinisme en matière éthique, estimant que s'il pouvait être démontré que l'altruisme radical (lequel constitue un substitut assez proche de ce que Levinas désigne sous le nom de « sainteté ») se laisse réduire en dernière instance à la biologie, l'humanité serait ravalée au rang d'entité zoologique parmi les autres au titre d'« étape ultime de l'évolution de l'animal »[1]. Contestant la « thèse largement répandue selon laquelle l'éthique est [réductible au] biologique » – et donc que l'éthique humaine est elle aussi réductible à l'animalité et à la biologie –, Levinas soutient que « par rapport à l'animal, l'être humain constitue un phénomène nouveau »[2]. Le propre de l'être humain, selon Levinas, est qu'il est capable de se séparer définitivement de l'animalité, de

1. E. Levinas, *ibid.*
2. E. Levinas, *ibid.*

« décoller de la condition animale »[1] comme il le dit ailleurs, pour se mouvoir en direction de l'éthique en interrompant et dépassant son effort d'être, son *conatus essendi*. Par contraste, l'animal est censé tout ignorer de l'éthique parce qu'il est entièrement attaché à sa propre existence dans une « lutte pour la vie sans éthique »[2].

Comme il apparaît clairement à la lecture de ces lignes, Levinas se donne une représentation très classique (c'est-à-dire hobbesienne et quasi-spinoziste) de la condition animale sous la forme d'un combat de tous les instants de tous contre tous, où chaque animal ne vise à rien d'autre qu'à persévérer dans son être et à satisfaire ses besoins égoïstes, chacun restant aveugle et sourd à l'appel de l'Autre. Il faudrait presque un miracle – quelque chose de profondément inexplicable dans l'ordre biologique – pour qu'un animal parvienne à suspendre ses pulsions biologiques fondamentales. Nul doute que l'animal *humain* soit lui aussi déterminé dans une large mesure par les mêmes pulsions biologiques; nul doute qu'il vive d'abord en poursuivant sa propre lutte pour l'existence « analytiquement ou animalement »[3]. Mais ce n'est qu'à la condition de rompre avec cette économie générale de l'être et de sa tension sur soi que l'éthique et l'« humain » peuvent commencer à émerger. L'éthique marque une rupture avec l'ordre de l'être et pointe en direction d'un « autrement qu'être » – formule qui pourrait aisément être réécrite sous la forme d'un « autrement que l'animalité ».

1. E. Levinas, *Totalité et infini*, *op. cit.*, p. 159.

2. E. Levinas, « The Paradox of Morality », art. cit., p. 172.

3. La formule se retrouve fréquemment sous la plume de Levinas : voir par exemple « De l'un à l'autre. Transcendance et temps » (1983), dans *Entre nous. Essais sur le penser à l'autre*, *op. cit.*, p. 158, et « Philosophie et transcendance » (1989), dans *Altérité et transcendance*, Paris, Livre de poche, 2006, p. 48.

L'on objectera que la plupart du temps les êtres « humains » sont loin de se comporter en tant que tels et sont bien plus proches des « animaux », au sens que ces deux mots revêtent chez Levinas, dans la mesure où tout témoigne en eux qu'ils se sentent bien plus concernés (en quoi ils se montrent tout à fait *raisonnables*, ne manquerait pas d'ajouter Levinas) par leur propre existence. Mais, à l'instar de Heidegger, Levinas conteste la thèse métaphysique selon laquelle l'être humain est essentiellement un *animal rationale*. L'essence de l'être humain se montre bien plutôt dans la « sainteté », en un lieu situé au-delà de la *ratio* et de l'animalité, derrière la persévérance dans l'être : « Avec l'apparition de l'humain – et en ce point se ramasse toute ma philosophie – il y a quelque chose de plus important que ma vie, et c'est la vie de l'autre. Cela est déraisonnable. L'homme est un animal déraisonnable »[1].

Le refus de déterminer l'essence de l'humain par référence au concept d'*animal rationale* me semble confirmer que Levinas se règle, dans la formulation de l'humanisme de l'autre homme qu'il défend, sur la détermination heideggérienne de l'humanisme métaphysique. Toutefois, le déplacement du sujet humain auquel s'essaie Levinas après Heidegger ne me semble que partiellement réussi dans la mesure où, de la même manière que Heidegger, il ne pose pas la *question de l'être de l'animal*, moyennant quoi il contribue à consolider l'anthropocentrisme de l'humanisme classique. Pour Levinas, l'animal est étranger à toute éthique *humaine*; la relation éthique avec l'animal est fondée, selon lui, sur le « prototype » de l'éthique *humaine* – l'humain demeure partout et toujours la mesure de l'animal. Levinas ne soumet pas non plus la catégorie de l'« animal » à la critique en dénonçant

1. E. Levinas, « The Paradox of Morality », art. cit., p. 172.

ses tendances essentialistes et homogénéisantes – comme si l'on pouvait se satisfaire d'une notion aussi totalisante qui prétend pouvoir désigner sous le nom de l'« animal » un groupe homogène d'êtres situés de l'autre côté de l'humain. La singularité et l'altérité radicale que Levinas accorde à l'autre être humain semblent ne jamais devoir s'étendre au-delà de l'humain pour y inclure l'autre animal – l'animal comme autre. Ces sédiments dogmatiques d'anthropocentrisme confirment en dernière analyse la justesse du diagnostic de Derrida selon lequel l'éthique de Levinas demeure un « humanisme profond ».

POUR UNE ÉTHIQUE AGNOSTIQUE

L'anthropocentrisme de Levinas prête le flanc à toutes sortes de critiques, aussi bien internes qu'externes, mettant en doute l'impossibilité que l'animal *en tant que tel* puisse en appeler à nous et nous réclamer, ou encore que l'animal *en tant que tel* puisse être capable de responsabilité et de sainteté. Dans cette perspective, il faudrait soumettre à la critique l'idée selon laquelle la vie en général et l'existence animale en particulier se réduisent à une « lutte pour la vie *sans éthique* », en montrant que pareille thèse n'est pas seulement de la mauvaise philosophie, mais aussi de la mauvaise biologie qu'on hésite même à qualifier de pré-darwinienne tant elle semble ne pas avoir d'âge. Darwin s'est employé à montrer dans *La filiation de l'homme* (1871) qu'il existe des formes fondamentales de comportement éthique qui sont communes aux sociétés humaines et animales, et, à sa suite, Dawkins a cherché dans *Le gène égoïste* (1976) à défendre l'idée d'une continuité biologique entre l'être humain et l'animal sous le rapport de l'altruisme. L'éthologie cognitive contemporaine, sous l'influence de Frans de Waal, s'est attachée à élucider les comportements altruistes en termes psychologiques et biologiques en les situant à différents niveaux (des relations de parentèle à la réciprocité entre individus au sein de groupes sociaux), et à prouver que ces comportements, comme ceux des êtres humains, sont authentiquement éthiques[1].

Il serait également loisible de montrer, selon une autre ligne de critique, que la logique de l'éthique lévinassienne n'autorise pas une telle délimitation de l'expérience morale au seul visage humain, et c'est ce que je me suis efforcé de faire ici. Il semble que Levinas lui-même ait eu conscience de ce que cette délimitation pouvait avoir d'arbitraire, dans un texte à tous égards remarquable où on le voit clairement flirter avec l'idée d'une extension de l'altérité au règne animal, lorsqu'il réfléchit sur le cas de Bobby, ce chien qu'il a rencontré pendant sa détention en tant que prisonnier de guerre dans un camp de l'Allemagne nazie :

> Voici que, vers le milieu d'une longue captivité – pour quelques courtes semaines et avant que les sentinelles ne l'eussent chassé – un chien errant entr[a] dans notre vie. Il vint un jour se joindre à la tourbe, alors que, sous bonne garde, elle rentrait du travail. Il vivotait, dans quelque coin sauvage, aux alentours du camp. Mais nous l'appelions Bobby, d'un nom exotique, comme il convient à un chien chéri. Il apparaissait aux rassemblements matinaux et nous attendait au retour, sautillant et aboyant gaiement. Pour lui – c'était incontestable – nous fûmes des hommes[2].

N'y a-t-il pas là quelque chose qui relève bel et bien de la rencontre ? Le comportement de Bobby (son attente du retour des prisonniers, l'accueil chaleureux qu'il leur réserve) ne témoigne

1. Je développe cette critique dans mon livre *Zoographies : The Question of the Animal from Heidegger to Derrida*, New York, Columbia UP, 2008, p. 60-62.

2. E. Levinas, « Nom d'un chien ou le droit naturel », art. cit., p. 202.

certes pas d'un altruisme radical *per se*, mais il s'apparente à une posture éthique. Bobby ne peut pas donner ses possessions « des deux mains » – ou plutôt des deux pattes. Et pourtant, en dépit de la pauvreté de Bobby, il se produit entre lui et les prisonniers une sorte de don éthique, dont Levinas parle peu dans son œuvre : Bobby ne retire pas le pain de sa bouche pour le donner aux prisonniers, mais il suspend, l'espace de quelques instants, sa lutte pour la vie afin d'*être auprès* des prisonniers et de leur offrir tout ce qu'il a à leur offrir : sa vitalité, son allégresse, son affection. Bobby ne donne-t-il pas l'exemple d'un être qui est « autrement qu'être » ? Ne sommes-nous pas justifiés à conclure qu'il y a une transcendance authentique de l'animal lui-même, et pas seulement de l'être humain ? Ne se pourrait-il pas que les animaux constituent eux aussi un miracle et marquent une rupture dans l'économie générale de l'être ?

Rien ne justifie de penser que l'éthique doive être *restreinte* à la rencontre avec l'Autre homme; rien n'autorise à *limiter* les conditions de l'interruption éthique à la découverte du dénuement et de la finitude de l'Autre. Il existe bien des manières dont mon égoïsme peut être interrompu, bien des genres d'êtres qui peuvent me mettre en question, et bien des manières dont chacune de ces rencontres peut me transformer – toutes méritant d'être qualifiées d'« éthiques » au sens de Levinas. La gentillesse et l'affabilité de l'Autre peuvent interrompre ma jouissance égoïste et solitaire, au même titre que la vitalité ou la vulnérabilité. Aucun procédé ne permet d'énumérer *a priori* les divers genres de rencontres pouvant rompre ma tranquille persévérance dans l'être et me pousser à la responsabilité, et on ne voit pas pour quelle raison l'on devrait admettre que les exemples fournis par Levinas *épuisent* la richesse de l'expérience éthique.

L'ambiguïté du propos de Levinas dès lors qu'il en va de la possibilité d'attribuer un visage aux choses et aux animaux témoigne que son éthique est orientée dans ce sens. Que pourrait bien être une éthique qui reprendrait à son compte la définition que donne Levinas de l'éthique comme « mise en question de ma spontanéité par la présence d'Autrui »[1], sans pour autant retenir les limitations qu'il lui a imposées ? Pour le dire de façon abrupte : l'éthique deviendrait alors rigoureusement et généreusement *agnostique*.

Le lecteur pourra se faire une idée de ce que j'entends par là s'il songe aux débats contemporains en philosophie morale qui roulent sur la question de savoir quels sont les critères que doit satisfaire un être ou une entité pour pouvoir bénéficier d'une considération morale[2]. Sous la pression conjuguée des féministes, des éthiciens de l'environnement et des penseurs de l'éthique animale qui ont soumis à la critique la plupart des critères classiques de considérabilité, les philosophes de la morale ont décuplé d'efforts ces dernières années afin de déterminer à nouveaux frais des critères plus rigoureux. D'une tentative à l'autre, la frontière a été tracée à tous les niveaux imaginables, en fonction du critère de considérabilité retenu par les différents penseurs : certains ont estimé qu'il existait une propriété intrinsèque unique dont la possession est à la fois nécessaire et suffisante pour l'obtention du statut moral, les propriétés le plus souvent désignées pour jouer ce rôle étant la capacité à initier une action moralement significative, la sensibilité, la vie organique, le statut de « sujet-d'une-vie » ; d'autres ont prétendu que le statut moral ne reposait pas sur la possession de telle ou telle propriété

1. E. Levinas, *Totalité et infini*, *op. cit.*, p. 33.

2. L'initiateur de ce débat est probablement K. Goodpaster, « On Being Morally Considerable », *Journal of Philosophy*, 1978, n° 6, p. 308-325 [trad. fr. H.-S. Afeissa, « De la considérabilité morale », dans H.-S. Afeissa (éd.), *Éthique de l'environnement. Nature, valeur, respect*, Paris, Vrin, 2007, p. 61-91].

intrinsèque, mais sur le fait, pour un sujet quelconque, d'exister et d'évoluer au sein d'un réseau de relations sociales ou écosystémiques; d'autres enfin, contestant l'option moniste des théories précédentes, ont proposé de combiner plusieurs critères dans le cadre d'une théorie morale pluraliste [1].

Ces efforts fructueux ont donné à comprendre que des entités particulières (selon les critères individualistes) ou des réseaux de relation (selon les critères holistiques) ont un titre à bénéficier de notre considération morale et méritent d'être traités en conséquence. Mais, dans le même temps, il est difficile de dissiper l'impression qu'il y a quelque chose de fondamentalement erroné et que cette approche fait fausse route dans la mesure où *elle procède comme si la question de la considération morale était susceptible de recevoir une réponse définitive*. Si l'expérience morale naît de la rencontre imprévisible d'un Autre qui interrompt tous mes calculs égoïstes en m'appelant à me soucier de lui, si je vais vers lui, comme le dit Levinas, «à l'aventure», «comme vers une altérité absolue, inanticipable»[2], s'il est impossible de savoir à l'avance quel genre d'être ou d'entité est susceptible d'élever une revendication morale à mon endroit, alors comment pourrait-on répondre une bonne fois pour toutes à la question de savoir ce qui compte et ce qui ne compte pas, ce qui constitue l'objet de mon souci et ce qui ne le peut pas? Si nul ne sait où commence ni où finit le visage, alors ne sommes-nous pas tenus de partir de la possibilité que *tout* peut avoir un visage, en nous efforçant de maintenir toujours ouverte cette possibilité?

1. Pour une tentative de ce genre, voir M.A. Warren, *Moral Status: Obligations to Persons and Other Living Things*, Oxford, Oxford UP, 1997.

2. E. Levinas, *Totalité et infini*, *op. cit.*, p. 22.

CONCLUSION

En manière de conclusion, je souhaiterais revenir une dernière fois à l'entretien de Jacques Derrida et de Jean-Luc Nancy, dans lequel Derrida déclare que les discours de Heidegger et de Levinas restent solidaires de certains présupposés humanistes « *en tant qu'ils ne sacrifient pas le sacrifice* ». Je voudrais montrer brièvement que les écrits que Derrida a consacrés à la question animale n'offrent pas seulement la possibilité de délimiter avec plus de clarté la clôture anthropocentrique de la pensée continentale contemporaine, mais qu'ils nous éclairent également sur les enjeux impliqués dans la *contestation* de cette limite.

Dans la plupart des textes qu'il a écrits sur les animaux et l'animalité, Derrida s'est donné pour objet d'analyse les multiples manières dont certains philosophes et penseurs ont cherché à séparer rigoureusement les êtres humains des animaux en mettant en évidence des traits spécifiques, des caractéristiques distinctes ou, comme le dit Derrida, des « propres ». L'objectif majeur de cette entreprise, à laquelle il a consacré des livres entiers ou des chapitres de livres, visait à déconstruire ces différences spécifiques ou capacités censées appartenir en propre aux êtres humains telles que la « main », « l'esprit », la « nudité » ou la « conscience de la mort », sans oublier le « langage », la « raison », la « responsabilité » ou la capacité « technologique » qui sont discutés de manière critique à différents endroits de son œuvre[1]. En soumettant à l'analyse les formulations classiques de

1. Voir respectivement J. Derrida, « *Geschlecht* II. La main de l'homme selon Heidegger » (1985), repris dans J. Derrida, *Psyché. Inventions de l'autre*, Paris, Galilée, 1987, p. 415-451 ; *De l'esprit. Heidegger et la question*, Paris, Galilée, 1987 ; *L'animal que donc je suis*, Paris, Galilée, 2006 ; *Apories. Mourir – s'attendre aux « limites de la vérité »*, Paris, Galilée, 1996.

la distinction homme/animal, il s'agissait alors non pas tant de les annuler, que de les comprendre dans le système de l'humanisme ontothéologique auquel elles sont aveugles.

Au-delà de cette tâche « critique », Derrida s'est efforcé de repenser la distinction homme/animal de manière non hiérarchique et non binaire, en s'interrogeant sur la place des animaux en éthique et en politique. Bien que ce projet, comme tous les autres projets de Derrida visant à articuler une alternative aux traditions dont il hérite et qu'il déconstruit, ne soit pas aussi développé que ses projets « critiques », il a pris sous sa plume suffisamment d'ampleur pour que l'on puisse en indiquer les lignes générales. De façon schématique, l'on peut estimer que Derrida a élaboré deux grandes stratégies pour poser à nouveaux frais la question de l'animal.

La première a consisté à développer une série d'« infrastructures » (telles que la « différ*a*nce », le « supplément », l'« archi-écriture », la « trace », l'« ex-appropriation », etc.) en prenant grand soin de ne pas en faire des spécificités humaines. L'objectif visé n'était pas seulement de décentrer la subjectivité humaine, mais plutôt de libérer un espace de réflexion où il soit possible de penser la relation du Même à l'Autre sans réduire d'emblée le Même à un moi *humain* et l'Autre à un autre *humain*, mais au contraire en rendant disponible un concept de vie suffisamment large pour pouvoir y inclure les êtres humains et les animaux et d'autres genres d'êtres encore. À ce niveau, la thèse récurrente de Derrida est que partout où nous pensons être en présence d'une identité au sein des multiples formes de vie, là le jeu de la différence, de l'affect, de l'héritage, de la réponse, etc., est déjà à l'œuvre. On comprend que, par là même, il ne puisse plus y avoir de séparation claire entre les êtres humains et les animaux dans la mesure où les deux « genres » d'êtres sont irréductiblement pris dans le « même » réseau de forces de différenciation constitutives de leur mode d'existence.

C'est pour cette raison également que Derrida a veillé, dans tous ses textes dédiés à la question de l'animal, à critiquer la tendance essentialiste des discours métaphysiques traitant chaque animal, pris dans sa singularité, comme une instanciation de l'« Animal » – en entendant par ce dernier mot une catégorie homogène postulant qu'il existe un certain nombre de caractéristiques communément partagées par tous les animaux (ou dont ils seraient tous communément privés). La principale limite de la tradition métaphysique, de ce point de vue, tient à la réduction et à l'effacement systématiques des différences qui existent entre les diverses formes de vie animale. À l'encontre d'une telle tradition, il importe de faire valoir, selon Derrida, que l'« animalité » ne renvoie pas à un groupe d'êtres partageant une commune « animalité », mais à des séries hétérogènes d'êtres et de relations. Aussi plutôt que de parler de

> « L'Animal » ou de « La-Vie-Animale », [il faut rappeler qu']il y a, déjà là, une multiplicité hétérogène de vivants, plus précisément (car dire « vivants », c'est déjà trop dire ou pas assez) une multiplicité d'organisations des rapports entre le vivant et le mort, des rapports d'organisation et d'inorganisation entre des règnes de plus en plus difficiles à dissocier dans les figures de l'organique et de l'inorganique, de la vie et/ou de la mort. À la fois intimes et abyssaux, ces rapports ne sont jamais totalement objectivables [1].

Si ce que nous appelons la « vie animale » est constitué d'une « multiplicité hétérogène » d'entités et d'une « multiplicité

1. J. Derrida, *L'animal que donc je suis*, *op. cit.*, p. 53.

d'organisations de rapports » entre les formes de vie organique et inorganique, quel sens peut bien avoir l'idée même d'une division insurmontable entre l'humain et l'animal? Les êtres humains n'appartiennent-ils pas eux aussi à cette multiplicité d'êtres et de rapports ? Pourquoi faudrait-il qu'ils soient soustraits à ce jeu de différences et de forces, de devenirs et de rapports ? Ne sont-ils pas au contraire constamment traversés par toute une série de différences – dont celles qui sont censées séparer les êtres humains de l'animal, l'animal de la plante, et la vie en général de la mort? Entendons bien : Derrida ne cherche pas, ce faisant, à *brouiller* les différences entre les êtres humains et les animaux, mais plutôt, comme il le dit lui-même en réponse à une question posée par David Wood, à *multiplier* les différences :

> Plus de différences, oui. Car dans le même temps, vous devrez prendre en compte d'autres discriminations, par exemple entre la société humaine et la société animale. Il y a beaucoup de choses à faire et à dire sur ce point. [...] Toutes ces différences doivent être prises en compte d'une nouvelle manière; alors que si vous tracez une ligne unique ou même deux, vous obtenez des ensembles homogènes de sociétés ou de groupes ou de structures indifférenciés. Non, non, je ne cherche pas à *brouiller* les différences. Bien au contraire, j'essaie d'expliquer de quelle manière le fait de tracer une limite oppositionnelle *revient* à brouiller les différences, la différ*a*nce et les différences, non pas seulement entre l'homme et l'animal, mas au sein des sociétés animales – il y a un nombre infini de sociétés animales et, au sein des sociétés animales et de la société humaine, tellement de différences [1].

1. J. Derrida, « On Reading Heidegger : An Outline of Remarks to the Essex Colloquium », *Research in Phenomenology*, 1987, n° 17, p. 183.

C'est en ce point qu'apparaît la seconde stratégie déployée par Derrida pour poser à nouveaux frais la question de l'animal. Car à partir du moment où la distinction homme/animal a été réinvestie, s'ouvre la voie d'une enquête portant sur les discours et les institutions éthiques et politiques fondées sur cette distinction problématique. À ce niveau, les efforts de Derrida ont visé à esquisser le projet d'une éthique et d'une politique qui, au rebours de la tradition philosophique ontothéologique, n'écarte pas les animaux de sa perspective, et c'est à cette fin que, au début des années 1980, il a commencé à élaborer un certain nombre de motifs politiques et d'infrastructures (tels que la « démocratie à venir », le « don », l'« hospitalité », l'« amitié sans amitié », le « messianique », etc.) en veillant à ne surtout pas exclure les animaux du champ de leur compréhension. Par opposition à Levinas, Derrida crédite alors clairement les animaux de la capacité à interrompre notre existence en venant à notre rencontre sur un terrain proprement éthique et politique. C'est dans cet esprit qu'il parle à plusieurs reprises de la violence faite aux animaux et des injustices dont ils sont victimes[1] et qu'il accorde que les animaux nous confrontent à une force éthique aussi grande que les êtres humains, si ce n'est plus grande encore[2].

L'une des conséquences les plus troublantes d'une telle réévaluation concerne sans doute le problème massif, qui a joué

1. Voir J. Derrida *Force de loi. Le fondement « mystique » de l'autorité*, Paris, Galilée, 1994, p. 41-43, et le chapitre intitulé « Violence contre les animaux » dans le livre d'entretiens entre J. Derrida et E. Roudinesco, *De quoi demain... Dialogue*, Paris, Fayard-Galilée, 2001, p. 105-127.

2. Voir J. Derrida, *Donner la mort*, Paris, Galilée, 1999, p. 99, et les remarques rapides faites sur « Les bons chiens » de Baudelaire dans *Donner le temps*, 1, *La fausse monnaie*, Paris, Galilée, 1991, p. 181-183.

un rôle directeur dans cet article, du *sacrifice*. L'on se souvient que la pensée de Levinas et celle de Heidegger sont contestées par Derrida au motif qu'elles communiquent de manière non critique avec un discours qui permet de fonder et de justifier le sacrifice animal. Derrida a cherché à montrer que « dans *notre* culture, le sacrifice carnivore est fondamental, dominant, réglé sur la plus haute technologie industrielle, comme l'est aussi l'expérimentation biologique sur l'animal – si vitale à notre modernité », et que « le sacrifice carnivore est essentiel [aussi bien] à la structure de la subjectivité, c'est-à-dire au fondement du sujet intentionnel », en attirant l'attention sur le lien indissociable qui existe entre les deux, c'est-à-dire sur « l'affinité entre [d'une part] le sacrifice carnivore, au fondement de notre culture et de notre droit, et [d'autre part] tous les cannibalismes, symboliques ou non, qui structurent l'intersubjectivité dans l'allaitement, l'amour, le deuil et en vérité toutes les appropriations symboliques ou linguistiques »[1]. Le concept forgé par Derrida de « carno-phallogocentrisme », qui fait sa première apparition dans l'entretien avec Jean-Luc Nancy, vise précisément à désigner l'indissociabilité des liens entre la carnivoréité, le discours et le masculin. Les discours de Heidegger et de Levinas restent pris à l'intérieur d'une métaphysique carno-phallogocentrique parce qu'ils reconduisent, en le justifiant, le sacrifice des animaux, qui n'est pas seulement un sacrifice « réel », mais aussi, comme toujours, un sacrifice « symbolique ». Comme le dit Derrida, même les « soi-disant cultures non anthropophages » comme les nôtres « pratiquent une anthropophagie symbolique » dès lors que ces êtres singuliers que nous appelons « humains » sont nommés et

1. J. Derrida, *Force de loi. Le fondement « mystique » de l'autorité*, *ibid.*, p. 42-43.

désignés comme tels. L'universalisation d'un être singulier sous le nom d'« être humain », même si cela se produit au nom de la justice pour tous les êtres humains, est un sacrifice symbolique. Pour paraphraser Blanchot paraphrasant Hegel : sans doute mon langage ne tue personne, cependant il annihile l'autre dans son mode singulier d'existence et de présence.

ÉTHIQUE ANIMALE

INTRODUCTION

Lorsque la réflexion sur l'animal revêt une dimension proprement normative, lorsque la question de la position de l'homme par rapport aux animaux devient celle de sa *responsabilité*, alors s'ouvre le domaine de l'éthique animale *stricto sensu*, que l'on peut définir comme l'étude de la responsabilité morale des hommes à l'égard des animaux pris individuellement. L'éthique animale entretient une relation de dépendance étroite avec la philosophie animale en général, et se nourrit notamment de la critique de l'humanisme métaphysique exposée dans la partie précédente. À ce titre, elle en est en quelque sorte une conséquence pratique, un prolongement à la fois plus polémique et plus populaire, où il s'agit toutefois moins de s'interroger sur la nature animale considérée dans sa différence avec la nature humaine, que sur le statut moral des animaux, sur le type de devoirs qui nous incombent à leur endroit, sur les conditions sous lesquelles il est possible de leur attribuer des « droits » – ou encore, plus concrètement, sur le fait de savoir si le traitement que nous leur réservons d'ordinaire est moralement acceptable, que ce soit dans le cadre des activités d'élevage et de production animale, ou dans celui des activités de recherche scientifique ou de divertissement.

Toutes ces questions ne sont certes pas nouvelles, les Grecs se les posaient déjà, mais ce n'est que depuis les années 1970 – et dans le monde anglo-saxon exclusivement – que la réflexion qu'elles ont suscitée s'est structurée autour de problématiques suffisamment élaborées pour rendre possible la formation d'un domaine de recherche à part entière: l'«éthique animale» (*Animal Ethics*), laquelle demande en tant que telle à être clairement distinguée de la «philosophie animale» (*Animal Philosophy*)[1].

La présente section vise à donner un premier accès à ce corpus encore largement méconnu[2], en proposant la traduction de quatre

1. Sur la façon dont la question de nos responsabilités envers les animaux a pu être posée dans l'Antiquité, voir entre autres B. Cassin, J.-L. Labarrière et G. Romeyer Dherbey (éds.), *L'animal dans l'Antiquité*, *op. cit.*, S. Newmyer, *Animal, Rights, and Reason in Plutarch and Modern Ethics*, London, Routledge, 2006, et C. Osborne, *Dumb Beasts and Dead Philosophers: Humanity and the Humane in Ancient Philosophy and Literature*, *op. cit.* Sur l'histoire du courant d'éthique animale et le sens de quelques-unes de ses problématiques majeures, voir J.-B. Jeangène Vilmer, *Éthique animale*, Paris, PUF, 2008.

2. Il faut toutefois se féliciter d'enregistrer sur ce point une indéniable accélération des publications en langue française (et un accroissement corrélatif de l'intérêt que les médias portent à ces questions), témoignant d'un changement progressif d'attitude et de l'éveil d'une curiosité nouvelle. Ont ainsi paru ces trois dernières années les ouvrages suivants: E. Utria, *Droits des animaux. Théories d'un mouvement*, Gagny, Droits des animaux, 2007; Ch. Patterson, *Un éternel Treblinka*, *op. cit.*; J. Goodall, G. Hudson et G. MacCavoy, *Nous sommes ce que nous mangeons*, trad. fr. Ph. Abry, Arles, Actes Sud, 2008; J.-B. Jeangène Vilmer, *Éthique animale*, *op. cit.*; E. de Fontenay, *Sans offenser le genre humain. Réflexions sur la cause animale*, *op. cit.*; H. Kaplan, *Fondements éthiques pour une alimentation végétarienne*, trad. fr. C. Taffin de Tilques, Paris, L'Harmattan, 2008; D. Chauvet, *La mentaphobie tue les animaux*, Gagny, Droits des animaux, 2008; J.-L. Daub, *Ces bêtes qu'on abat*, *op. cit.*; Y. Christen, *L'animal est-il une personne?*, Paris, Flammarion, 2009; G. Chapouthier, *Kant et le chimpanzé*, Paris,

articles, dont trois sont inédits en français. Les deux premiers ont été écrits par les penseurs probablement les plus emblématiques de la première génération de l'éthique animale, à savoir Peter Singer et Tom Regan, tandis que les deux autres, signés par Gary Francione et Martha Nussbaum, appartiennent aux travaux les plus significatifs de la seconde génération, celle des années 1990 et du début des années 2000.

Peter Singer est assurément le philosophe le mieux connu du grand public, en tant qu'initiateur de ce que lui-même a appelé le « mouvement de libération animale » dans son livre à grand succès intitulé *Animal Liberation* paru en 1975, deux ans après la publication d'un article éponyme. La position de Singer, qu'il a depuis développée tout à loisir dans de nombreuses publications, est celle d'un « utilitariste des préférences », en entendant par là la position de celui qui entreprend de maximiser, non pas le plaisir (dans la perspective d'un « utilitarisme hédoniste »), mais la satisfaction des préférences. Cette option philosophique le conduit, sur la question du statut moral de l'animal, à défendre la thèse d'une égalité de considération des *intérêts* des animaux : il faut, selon lui, accorder autant de considération à l'intérêt que peuvent avoir une souris et un être humain à ne pas souffrir, dans la mesure où, sous le rapport de la souffrance (laquelle constitue donc un critère de considérabilité morale) tous deux sont à égalité : nul, en effet, ne préfère souffrir plutôt que de ne pas souffrir. Or la satisfaction des préférences demandant en tant que telle à être maximisée, il n'y a aucune raison de ne pas prendre en compte moralement les intérêts que les animaux peuvent manifester en diverses circonstances.

Belin, 2009; *Critique*, 2009, n° 747-748; *Pouvoirs*, 2009, n° 131; H.-S. Afeissa, *La communauté des êtres de nature*, Paris, Éditions MF, 2010.

En revanche, précise Singer, lorsqu'il s'agit non plus de l'intérêt à ne pas souffrir mais de l'intérêt à vivre, la situation change, et il n'est dès lors plus possible de dire que la souris et l'être humain sont à égalité. En effet, l'être humain d'âge adulte, en possession de ses capacités intellectuelles, préférera continuer à vivre pour pouvoir réaliser les divers projets qu'il est capable de former, tandis que la souris (et l'animal en général) qui n'a pas la capacité de se projeter dans un avenir lointain et qui vit au jour le jour ne perdra rien en mourant si elle est tuée sans douleur. Pour cette raison, le principe de la satisfaction des préférences autorise à considérer qu'il est moralement plus grave de tuer un être humain d'âge adulte, en possession de ses capacités intellectuelles, qu'une souris. Si l'on songe en outre que, conformément aux principes utilitaristes que se donnent Singer, le sacrifice d'une vie est justifié si l'on peut prouver qu'il permet de sauver d'autres vies, il est facile d'en conclure que, à ses yeux, l'exploitation animale, sous ses diverses formes, est légitime dans la stricte mesure où elle permet de prolonger la vie de ceux qui sont capables d'avoir des désirs pour l'avenir. En conséquence, Singer n'est pas favorable à une position de type abolitionniste.

L'article de Peter Singer retenu dans cette section prend place à l'intérieur du dialogue fourni et constructif que l'auteur a entretenu durant les années 1980 avec Tom Regan, lequel avait répondu au compte rendu que Singer avait fait de son livre quelques années auparavant, en sorte que la lecture de l'un doit conduire naturellement à la lecture de l'autre.

Tom Regan s'est fait connaître en publiant, la même année que Singer, un article visant à établir les « fondements moraux du végétarisme » et, quelques années plus tard, un ouvrage qui constitue à ce jour son *opus magnum* intitulé *The Case for Animal Rights* paru en 1983. La théorie des « droits des animaux » de Regan s'est depuis imposée comme la principale alternative déontologiste à l'utilitarisme de Singer, permettant de justifier l'abolition de l'exploitation animale dans l'alimentation, l'expérimentation et les loisirs. Par opposition à Singer, Regan estime que la prise en compte égale des intérêts des différents êtres ou individus ne suffit pas à fonder une théorie de la justice satisfaisante, car une telle théorie demande à être fondée sur l'égalité des individus eux-mêmes, indépendamment de ce qui peut les affecter (du plaisir et de la satisfaction qu'ils peuvent éprouver, du type d'expériences qu'ils peuvent faire, etc.).

Regan propose en conséquence de faire l'hypothèse que les êtres susceptibles de bénéficier directement d'un devoir de justice ont une *valeur inhérente*, en entendant par là une qualité que tous les agents moraux possèderaient sans aucune variation de degré d'un individu à l'autre pris à un moment quelconque de leur vie, faisant de chaque individu une fin en soi. L'attribution d'une telle valeur reposerait quant à elle sur le critère suivant : il suffit qu'une entité soit le sujet d'une vie (*subject-of-a-life*) pour qu'elle ait une valeur inhérente, c'est-à-dire qu'elle jouisse de certaines capacités cognitives qui, dans les faits, ne peuvent être possédées que par certains mammifères adultes [1].

À l'instar de Tom Regan, Gary Francione élabore une théorie des droits des animaux et défend une position abolitionniste, en choisissant de mettre au centre de son attention la soumission des animaux à un régime de propriété, c'est-à-dire le fait que l'animal soit considéré, dans la plupart des systèmes juridiques occidentaux, comme un bien meuble dont il est possible de se rendre propriétaire. C'est sur ce point précis, selon lui, que doivent

1. Voir la définition exacte de ce critère dans T. Regan, *The Case for Animal Rights*, 2e éd. Berkeley, University of California Press, 1983, p. 243, et dans l'article ici traduit p. 177.

porter nos efforts en matière d'éthique animale, et c'est pourquoi il souhaite que le statut de *personne* soit reconnu au moins à certains animaux, en se fondant sur l'idée de la possession par ces derniers d'une valeur inhérente.

Dans l'article reproduit ici, Francione s'efforce de montrer que les capacités cognitives que peuvent manifester les animaux ne constituent pas un critère pertinent permettant de décider de l'attribution d'une telle valeur. Prenant à rebours certains présupposés de l'approche traditionnelle – que Francione désigne sous le nom de « théorie de la similitude des esprits », laquelle consiste à valoriser la conscience de soi, la possession d'un langage articulé ou d'une pensée abstraite –, il avance la thèse selon laquelle seul compte le critère de la sensibilité, c'est-à-dire la capacité d'éprouver de la souffrance et du plaisir. « Prendre la sensibilité au sérieux », déclare Francione, n'implique pas seulement, ni même fondamentalement, d'apprendre à traiter avec plus d'« humanité » les animaux, mais de leur reconnaître de véritables droits.

L'article par lequel se referme cette section, écrit par Martha Nussbaum, est le premier à offrir une présentation synthétique des idées de l'auteure en matière d'éthique animale, dans lequel on la voit mettre en œuvre dans ce domaine spécifique de recherche l'« approche par les capacités » (*capabilities approach*) qu'elle a développée dans les années 1980 avec l'économiste Amartya Sen sur les questions d'inégalité, de pauvreté et de développement.

Nussbaum élabore une théorie des devoirs directs envers les animaux considérés comme « des sujets et des agents, et pas seulement comme des objets de compassion », qui commande de reconnaître que « les animaux ont droit au fonctionnement d'une large gamme de leurs capacités, celles qui sont le plus essentielles à une vie épanouie, une vie conforme à la dignité de chaque créature »[1] – ces capacités étant la vie, la santé corporelle, l'intégrité corporelle, les sens, l'imagination et la pensée, la raison pratique, la capacité d'avoir des relations avec d'autres espèces et le jeu. L'approche est originale et relativement nouvelle dans la mesure où Nussbaum avance des propositions audacieuses en ne s'appuyant ni sur l'utilitarisme ni sur une théorie des droits et, surtout, en défendant le « spécisme », c'est-à-dire la pertinence morale de l'appartenance à une espèce, contre la plupart des acteurs de l'éthique animale.

Ces quatre auteurs ne livrent bien entendu qu'un aperçu très partiel du débat actuel en éthique animale, notamment parce qu'au-delà de leurs différences tous travaillent à élaborer une théorie qui relève de ce que l'on pourrait appeler l'« éthique de la justice », dont se distingue un autre courant, l'éthique de la « sollicitude » (*care*), lequel ne valorise pas tant l'argumentation rationnelle et l'arbitrage de la raison que les sentiments que peuvent spontanément inspirer les animaux. Bien d'autres approches encore (intuitionnistes, religieuses, scientifiques, environnementales, féministes, pragmatiques, politiques) gagneraient elles aussi à faire l'objet d'une présentation. Ces quatre articles ne font donc que poser quelques jalons, mais ils permettent déjà de mesurer l'intérêt du débat.

Indications bibliographiques

ARMSTRONG S.J. et BOTZLER R.G. (eds.), *The Animal Ethics Reader*, 2e éd. New York, Routledge, 2008.

1. M.C. Nussbaum, *Frontiers of Justice : Disability, Nationality, Species Membership*, Cambridge, Harvard UP, 2006, p. 351 et 392.

BRYANT T.L., « Sacrificing the Sacrifice of Animals : Legal Personhood for Animals, the Status of Animals as Property, and the Presumed Primacy of Humans », *Rutgers Law Journal*, 2008, n° 39, p. 247-330.

CLARK S.L., *Animals and their Moral Standing*, London, Routledge, 1997.

DONOVAN J. et ADAMS C.J. (eds.), *The Feminist Care Tradition in Animal Ethics : A Reader*, New York, Columbia UP, 2007.

FRANCIONE G., *Animals, Property, and the Law*, Philadelphia, Temple UP, 1995.

– *Rain without Thunder : The Ideology of the Animal Rights Movement*, Philadelphia, Temple UP, 1996.

– *Introduction to Animal Rights : Your Child or The Dog ?*, Philadelphia, Temple UP, 2000.

– *Animals as Persons : Essays on the Abolition of Animal Exploitation*, New York, Columbia UP, 2008.

GARNER R., *Animal Ethics*, Cambridge, Polity Press, 2005.

GOFFI J.-Y., *Le philosophe et ses animaux. Du statut éthique de l'animal*, Nîmes, J. Chambon, 1994.

JAMIESON D., *Singer and his Critics*, Oxford, Blackwell, 1999.

JEANGÈNE VILMER J.-B., *Éthique animale*, Paris, PUF, 2008.

LINZEY A., *Why Animal Suffering Matters : Philosophy, Theology, and Practical Ethics*, Oxford, Oxford UP, 2009.

LUKE B., *Brutal : Manhood and the Exploitation of Animals*, Urbana, University of Illinois Press, 2007.

NUSSBAUM M., « Review of R. Sorabji's *Animal Minds and Human Morals* : The Origins of the Western Debate », *The Philosophical Review*, 1996, n° 105, p. 403-405.

– « Animal Rights : The Need for a Theoretical Basis », *Harvard Law Review*, 2001, n° 114, p. 1506-1549.

– *Frontiers of Justice : Disability, Nationality, Species Membership*, Cambridge, Harvard UP, 2006.

PALMER C. (ed.), *Animal Rights*, Aldershot, Ashgate, 2008.

REGAN T., « The Moral Basis of Vegetarianism », *The Canadian Journal of Philosophy*, 1975, n° 5, p. 205-213.

– « Animal Rights, Human Wrongs », *Environmental Ethics*, 1980, n° 2, p. 99-120.

– *All That Dwell Therein : Animal Rights and Environmental Ethics*, Berkeley, University of California Press, 1982.

– *The Case for Animal Rights*, Berkeley, University of California Press, 1983.

– *The Thee Generations : Reflections on the Coming Revolution*, Philadelphia, Temple UP, 1991.

– *Defending Animal Rights*, Urbana, University of Illinois Press, 2001.

– *Animal Rights, Human Wrongs : An Introduction to Moral Philosophy*, Lanham, Rowman & Littlefield, 2003.

– *Empty Cages : Facing the Challenge of Animal Rights*, Lanham, Rowman & Littlefield, 2005.

RENAUT O., « Un bon usage de la compassion », *Critique*, 2009, n° 747-748, p. 771-782.

ROLLIN B.E., *Animal Rights and Human Morality*, 3e éd., Amherst, Prometheus Books, 1992.

SAPONTZIS S.F., *Morals, Reason, and Animals*, Philadelphia, Temple UP, 1987.

SCHINKEL A., « Martha Nussbaum on Animal Rights », *Ethics and the Environment*, 2008, n° 13, p. 41-69.

SINGER P., « Animal Liberation », *The New York Review of Books*, 5 avril 1973.

– « All Animals Are Equal », *Philosophical Exchange*, 1974, n° 1, p. 103-116.

– « Killing Humans and Killing Animals », *Inquiry*, 1979, n° 22, p. 145-156.

– *The Expanding Circle. Ethics and Sociobiology*, Oxford, Clarendon Press, 1981.

– (ed.), *In Defence of Animals*, New York, Blackwell, 1985.

– « Animal Liberation or Animal Rights ? », *The Monist*, 1987, n° 70, p. 3-14.

– *La libération animale*, 2e éd., trad. fr. L. Rousselle revue par D. Olivier, Paris, Grasset, 1993.

– *How Are We to Live? Ethics in a Age of Self-Interest*, Amherst, Prometheus Books, 1995.

– *Questions d'éthique pratique*, trad. fr. M. Marcuzzi, Paris, Bayard, 1997.

– *Ethics into Action : Henry Spira and the Animal Rights Movement*, Lanham, Rowman & Littlefield, 1998.

– *Comment vivre avec les animaux ?*, trad. fr. J. Sergent, Paris, Les empêcheurs de tourner en rond-Seuil, 2004.

– *In Defense of Animals : The Second Wave*, Oxford, Blackwell, 2006.

– *L'égalité animale expliquée aux humains*, 2e éd., trad. fr. D. Olivier, Lyon, Tahin Party, 2007.

– « Entretien avec Peter Singer », trad. fr. F. Balibar et Th. Hoquet, *Critique*, 2009, n° 747-748, p. 652-663.

SUNSTEIN C.R. et NUSSBAUM M.C. (eds.), *Animal Rights : Current Debates and New Directions*, Oxford, Oxford UP, 2004.

TAYLOR A., *Animals and Ethics : An Overview of the Philosophical Debate*, 2e éd. New York, Broadview, 2009.

ZAMIR T., *Ethics and the Beast : An Argument for Speciesist Liberationism*, Princeton, Princeton UP, 2007.

PETER SINGER

LIBÉRATION ANIMALE OU DROITS DES ANIMAUX ?*

Dans l'article dans lequel Tom Regan répond à mon compte rendu de *The Case for Animal Rights* publié dans *The New York Review of Books*, ce dernier note que, en lieu et place de l'expression de « mouvement de libération animale » que j'utilise pour me référer à l'action des nombreuses personnes et organisations qui militent de par le monde en faveur d'un changement radical de statut moral des animaux, il préfère l'expression de « mouvement pour les droits des animaux ». Il y a là, explique-t-il, « davantage qu'une différence purement verbale »[1]. Il se pourrait que, concernant les objectifs pratiques immédiats, la différence ait peu d'importance : Regan et moi faisons cause commune lorsqu'il en va de tenter de mettre un terme aux traitements

* Peter Singer, « Animal Liberation or animal rights? », *The Monist*, 1987, n° 70/3, p. 3-14. La présente traduction a été établie par Jean-Baptiste Jeangène Vilmer et Hicham-Stéphane Afeissa.

1. Le compte rendu faisait partie de « Ten years of Animal Liberation », *The New York Review of Books*, 17 janvier 1985, p. 46-52. La réponse de Regan se trouve dans « The Dog in the Lifeboat : An Exchange », *New York Review of Books*, 25 avril 1985, p. 57-58.

atroces infligés actuellement aux animaux dans les élevages industriels, les laboratoires et dans la nature sauvage. Je suis même tout à fait disposé à parler de « droits des animaux » – de la même manière que je suis disposé à parler de « droits de l'homme » – à la façon d'un raccourci pour désigner la manière dont les besoins et les désirs des animaux engendrent chez nous des obligations morales. Mais la différence philosophique entre ceux qui, à l'instar de Regan, fondent leur défense des animaux sur la revendication de leurs droits, et ceux qui, comme moi, ne le font pas, n'en demeure pas moins fondamentale. À long terme, il se pourrait même qu'elle ait aussi des conséquences pratiques. Cet essai explique pour quelles raisons je n'accepte pas philosophiquement l'approche par les droits des animaux.

I

Dans son livre initulé *Animals' Rights*, publié pour la première fois en 1892, Henry Salt posait la question suivante : « Les animaux inférieurs ont-ils des “droits” ? ». Et de répondre immédiatement : « Sans aucun doute, si les hommes en ont »[1]. Je suis entièrement d'accord avec lui. S'il existe des droits possédés par tous les êtres humains, ces droits sont également possédés par les animaux non humains. Car les droits possédés par tous les êtres humains ne peuvent l'être en vertu de caractéristiques spécifiquement humaines, telles que la rationalité, l'autonomie, la conscience de soi, la capacité de passer un contrat avec quelqu'un ou de lui rendre la pareille, ou toute autre chose de ce genre. Fonder les droits de cette manière conduirait en effet à laisser de côté des êtres humains qui n'ont jamais possédé – et dans certains

1. H.S. Salt, *Animals' Rights*, London, 1892.

cas ne posséderont jamais – ces caractéristiques particulières, tels que les enfants en bas âge ou les malades atteints d'un handicap congénital.

Certains philosophes ont suggéré que, à défaut de reconnaître aux enfants en bas âge et aux handicapés mentaux le même statut moral que les êtres humains en possession de leurs capacités intellectuelles, on leur accorde tout de même le statut d'êtres humains à la manière d'un « statut honorifique ». Sans cela, en effet, la frontière entre ceux qui ont des droits moraux et ceux qui n'en ont pas risquerait bien de se brouiller, et il se pourrait qu'un glissement se produise entre ces deux groupes d'individus menaçant les droits de ceux qui *ont* véritablement un titre à bénéficier pleinement de droits moraux [1].

Une telle thèse ressemble à s'y méprendre à une proposition *ad hoc* visant à nous retenir de modifier d'une quelconque manière nos façons d'agir ordinaires. Mais si l'on devait prendre cette proposition au sérieux, il faudrait alors demander que l'on fournisse les preuves qu'un tel glissement dangereux est réellement susceptible de se produire. Or les preuves disponibles semblent au contraire aller à l'encontre de la probabilité d'un tel glissement. L'on sait par exemple que de nombreuses sociétés humaines ont refusé de reconnaître le droit de vivre aux nouveaux-nés, en particulier ceux affligés d'un handicap. Or rien n'indique que ces sociétés aient été plus enclines que d'autres à violer les droits des êtres humains d'âge adulte – il semble même qu'elles aient été moins enclines à le faire que notre propre société [2]. En

1. Voir, par exemple, A.V. Townsend, « Radical Vegetarians », *Australasian Journal of Philosophy*, 1979, vol. 57, n° 1, p. 93.

2. Voir H. Kuhse et P. Singer, *Should the Baby Live ?*, Oxford, Oxford UP, 1985, chap. 5.

outre, si la décision d'accorder ou de ne pas accorder ce statut honorifique doit être prise en considération des conséquences qu'elle pourrait entraîner, il importe d'inclure dans ce calcul les conséquences fâcheuses qui pourraient en résulter pour les animaux, lesquels se verraient alors séparés des êtres humains par un fossé imaginaire.

Nous ne pouvons pas non plus dire que tous les êtres humains ont des droits au seul motif de leur appartenance à l'espèce des *Homo sapiens* – une telle position est ni plus moins une position spéciste, c'est-à-dire qu'il s'agit d'une forme de favoritisme à notre égard qui est aussi injustifiable que le racisme. Par conséquent, s'il est vrai que *tous* les humains ont des droits, cela ne peut être qu'en vertu de caractéristiques beaucoup plus minimales, comme le fait d'être des êtres vivants. De telles caractéristiques minimales ne manqueraient bien sûr pas d'être possédées par les animaux non humains au même titre que par les animaux humains.

Je n'examinerai pas ici la thèse selon laquelle certaines classes plus restreintes d'êtres humains disposent des droits qui ne sont possédés ni par les autres humains ni par les animaux non humains. Une telle thèse, de toute évidence, se laisse défendre bien plus aisément. Si nous concevions les droits comme émergeant de l'acceptation tacite d'un contrat social, ou de la capacité à reprendre à son compte une idée donnée de la justice et à agir en conformité avec elle, alors il nous faudrait limiter les droits aux êtres qui satisfont cette exigence. Mais une telle limitation serait incapable d'expliquer au nom de quoi – pour prendre un exemple entre mille – l'empoisonnement mortel des animaux en vue de tester des additifs alimentaires nous paraît constituer une mesure adéquate, tandis que l'utilisation de nourrissons humains dans le même but nous semble inacceptable (même des orphelins ou des enfants abandonnés lourdement handicapés). L'approche par les droits de l'homme n'est donc pas pertinente relativement à l'objectif que se fixe le mouvement de libération animale ou des droits des animaux, qui est de promouvoir le statut moral des animaux de telle sorte à garantir que les animaux ne soient pas exposés à ce type de traitement brutal, pas plus que ne le sont les enfants en bas âge.

Mon rejet des droits des animaux n'a donc rien à voir avec le fait qu'il s'agit de droits des *animaux*, mais a plutôt tout à voir avec le fait qu'il s'agit de *droits*. Le problème ne réside pas dans l'extension aux animaux de droits possédés par les êtres humains, en y incluant ces êtres humains qui ne possèdent pas les caractéristiques pertinentes dont sont également dépourvus certains animaux. Le problème réside plutôt dans le genre de droit qui pourrait être possédé à la fois par ces êtres humains et par les autres animaux.

II

Il va de soi que l'attribution de droits aux animaux n'est pas la seule manière de changer leur statut moral. Il est également possible d'y parvenir en invoquant le fait que les animaux ont des intérêts. De nombreuses théories morales ont mis au centre de leurs élaborations le concept d'intérêt, et tout particulièrement les théories utilitaristes, lesquelles ont tendance à se fonder sur la prise en compte des intérêts ou des phénomènes qui leur sont liés, tels que les préférences ou l'expérience du plaisir et de la souffrance. Ce qui ne signifie pas, toutefois, que toutes les théories fondées sur une prise en compte des intérêts sont de type utilitariste. Il est tout à fait possible d'articuler une théorie des intérêts à un principe non utilitariste de distribution, à la manière par exemple du principe du « maximin » de John Rawls. Il n'est donc pas nécessaire d'être utilitariste pour considérer que la prise en compte des intérêts doit constituer le fondement sur lequel les jugements moraux sont appelés à être édifiés.

Du point de vue d'une théorie morale fondée sur la prise en compte des intérêts, l'idée selon laquelle nous serions autorisés à ignorer ou ne pas tenir compte des intérêts d'un être humain au motif qu'il n'appartient pas à la même race que nous ou au motif qu'il n'est pas du même sexe que nous est évidemment injustifiable. Le principe qui en découle, à savoir celui de l'égale considération des intérêts, est largement accepté de tous pour autant qu'il s'applique aux êtres humains. Mais une fois qu'on a accepté ce principe, il devient très difficile de trouver une raison logique de résister à son extension à *tous* les êtres ayant des intérêts. Cela signifie non seulement que les animaux non humains, ou du moins tous ceux qui sont capables d'avoir des expériences conscientes telles que le fait de ressentir par exemple de la souffrance ou du plaisir, entrent dans la sphère de préoccupation morale, mais qu'en outre, leur statut moral est fondamentalement égal à celui de tous ceux qui s'y trouvent : leurs intérêts doivent recevoir la même considération que les intérêts similaires de n'importe quel autre être[1].

Une fois que l'on reconnaît que les animaux non humains entrent dans la sphère d'égale considération des intérêts, il est immédiatement clair que nous devons cesser de traiter les poules pondeuses comme des machines à transformer les graines en œufs, les rats comme des kits vivants de tests toxicologiques, et les baleines comme des réservoirs flottants d'huile et de graisse.

1. Pour un développement plus détaillé de cet argument, voir le premier chapitre de mon *Animal Liberation*, New York, 1975 [trad. fr. L. Rousselle revue par D. Olivier, *Libération animale*, Paris, Grasset, 1993].

Toutes ces pratiques – dont on ne finirait pas de dresser la liste – reviennent à traiter les animaux comme des choses à utiliser à notre avantage, sans accorder la moindre considération à leurs intérêts. L'inclusion des animaux dans la sphère d'égale considération des intérêts aurait pour conséquence d'entraîner la cessation de telles pratiques.

Il convient de consacrer une discussion plus détaillée à quelques autres aspects de notre traitement des animaux. Dans la mesure où les intérêts des animaux non humains ne sont pas toujours les mêmes que ceux des êtres humains d'âge adulte normal, le principe d'égale considération des intérêts n'exige pas que nous traitions les animaux non humains comme nous traitons les humains. Serait-il moralement acceptable d'élever des animaux dans des conditions satisfaisant tous leurs besoins, puis de les tuer sans souffrance pour s'en nourrir ? Ou encore : peut-on réellement dire que *toutes* les expérimentations animales sont injustifiables ? Ces questions ne sont pas faciles, et elles n'ont pas de réponses simples. Je ne tenterai pas d'y répondre ici, mais je me contenterai de faire remarquer que le problème est de savoir si les animaux non humains ont le même intérêt à vivre que les êtres humains normaux[1]. L'important est ici d'essayer de découvrir ce qui convient le mieux à chacun de ceux sur le sort desquels l'on s'interroge. De cette manière, une théorie fondée sur la prise en compte des intérêts pourra intégrer les animaux non humains au sein de la sphère morale, en leur accordant une égale considération, sans pour autant s'aveugler à la diversité des circonstances particulières des questions que nous venons d'évoquer.

1. Voir mon *Practical Ethics*, Cambridge, Cambridge UP, 1979, chap. 4 et 5 [trad. fr. M. Marcuzzi, *Questions d'éthique pratique*, Paris, Bayard, 1997].

III

Quelle raison peut-il donc y avoir d'affirmer que les animaux ont un titre non seulement à bénéficier d'une égale considération de leurs intérêts, mais encore à se voir reconnaître des *droits* moraux ? Pour le savoir, nous pouvons nous tourner vers le livre de Tom Regan, intitulé *The Case for Animal Rights*. Comme il s'agit là de la justification la plus élaborée et la plus approfondie actuellement disponible de la thèse selon laquelle les animaux ont des droits, nous pouvons être certains qu'en examinant ses arguments, nous examinerons par la même occasion la thèse des droits des animaux sous sa forme la plus forte.

Regan s'efforce tout d'abord de réunir des preuves justifiant la croyance selon laquelle certains animaux non humains – en particulier les mammifères ayant dépassé le stade de la petite enfance – sont ce qu'il appelle des « sujets-d'une-vie ». Par cette expression, Regan veut dire que ces animaux sont des individus dotés de croyances et de désirs, qu'ils sont doués d'une mémoire et de la faculté de percevoir, qu'ils ont un sens du futur, une vie émotionnelle, des préférences, la capacité d'amorcer une action en vue d'atteindre des objectifs, une identité psychophysique à travers le temps, et un bien-être individuel (au sens où les choses peuvent plus ou moins bien aller pour eux). Ce point étant acquis, Regan affirme par la suite que tous les sujets-d'une-vie possèdent une valeur inhérente.

Parvenu à ce stade, il n'y a rien qu'un utilitariste doive désapprouver. Que les animaux non humains soient réellement dotés de croyances, de désirs, de préférences, etc., est bien sûr une question factuelle, et non pas morale. En laissant de côté les problèmes philosophiques complexes qu'une telle thèse soulève – comme celui de savoir de quel genre de croyances peuvent bien être dotées des créatures dépourvues de langage –, je dirai simplement que je pense que Regan a globalement raison sur cette question factuelle.

En outre, l'utilitariste peut également accepter la thèse morale centrale selon laquelle les sujets-d'une-vie possèdent une valeur inhérente, pour peu que l'on veuille dire par là que les sujets-d'une-vie ne sont pas des *choses*. Les sujets-d'une-vie ne sont pas comme ces morceaux de charbon qui ont une valeur instrumentale aussi longtemps qu'ils nous permettent de nous tenir au chaud, mais qui sont en eux-mêmes dépourvus de toute valeur intrinsèque. Bien au contraire, les sujets-d'une-vie possèdent une valeur inhérente au même titre que nous. Ils ont des préférences et sont capables d'éprouver un bien-être. Leur bien-être compte, en sorte qu'il n'est pas justifiable moralement de faire fi des intérêts qui sont les leurs.

L'utilitarisme est donc disposé à reconnaître la valeur inhérente de ces êtres que Regan appelle des sujets-d'une-vie. Mais aux yeux de Regan, cette reconnaissance ne va pas encore assez loin. Une reconnaissance appropriée, selon lui, devrait se conformer aux exigences suivantes :

> Nous pourrions dire que nous échouons à traiter les individus doués d'une valeur inhérente avec le respect qui leur est dû, du strict point de vue de la justice, à chaque fois que nous les traitons *comme s'ils ne possédaient pas* de valeur inhérente, et nous les traitons de cette manière à chaque fois que nous les traitons *comme s'ils étaient de simples réceptacles* d'expériences d'une certaine valeur (par exemple, l'expérience du plaisir ou de la satisfaction des préférences) ou *comme si leur valeur dépendait de l'utilité* qu'ils présentent par rapport aux intérêts des autres. Par conséquent, en particulier, nous échouons à traiter les êtres doués d'une valeur inhérente avec le respect qui leur est dû à chaque fois que nous les soumettons à mauvais traitement afin de maximiser la

> somme des conséquences profitant à tous ceux qui sont affectés par le résultat d'un tel traitement [1].

Ce passage demande à être disséqué avec attention car il met dans le même sac, dans sa tentative visant à rendre compte de la façon dont des individus peuvent être traités comme s'ils ne possédaient pas de valeur inhérente, trois formes de traitement relativement distinctes. Ces trois formes de traitement consistent :

1) à traiter des individus comme s'ils étaient de simples réceptacles d'expériences d'une certaine valeur ;

2) à traiter des individus comme si leur valeur dépendait de l'utilité qu'ils présentent par rapport aux intérêts des autres ; et

3) à soumettre à mauvais traitement des individus afin de maximiser la somme des conséquences profitant à tous ceux qui sont affectés par le résultat d'un tel traitement.

Il est évident que les deux premières ne sont pas équivalentes. On ne voit pas bien non plus à quel titre, comme le suggère Regan, la troisième forme peut être tenue, comparativement aux deux premières, pour un cas particulier. Nous devons donc examiner séparément chaque cas afin de savoir si la forme de traitement décrite consiste réellement à traiter des individus comme s'ils n'avaient pas de valeur inhérente.

Commençons avec (2), puisqu'il est celui qui prête le moins à controverse. Il s'agit en fait de la description de la façon dont des individus sont traités lorsqu'ils sont perçus comme n'ayant qu'une valeur instrumentale. Pour reprendre mon exemple précédent, c'est de cette façon que nous traitons les morceaux de charbon, et Regan a tout à fait raison de dire qu'une telle attitude

1. T. Regan, *The Case for Animal Rights*, Berkeley, University of California Press, 1983, p. 248-249. L'italique est dans le texte original.

est incompatible avec la reconnaissance de la valeur inhérente des individus. Comme nous l'avons dit précédemment, aucun utilitariste n'accepterait que des sujets-d'une-vie soient traités de cette manière.

Que penser de (1)? Ce point est plus délicat. Traiter des individus comme de « simples réceptacles », n'est-ce pas manquer de reconnaître leur valeur inhérente? Après tout, lorsque nous pensons à des récipients tels que des boîtes ou des bouteilles – considérés en tant que récipients, et non comme des objets ayant en eux-mêmes une valeur artistique ou commerciale –, nous leur reconnaissons une valeur instrumentale en tant qu'ils peuvent contenir quelque chose d'autre, et c'est le contenu qui compte véritablement. Par conséquent, si les utilitaristes ne reconnaissent aux cochons, par exemple, de la valeur qu'en vertu de leur capacité à éprouver du plaisir ou à ressentir la satisfaction de leurs préférences, ne refusent-ils pas de reconnaître qu'ils possèdent une valeur inhérente ?

En fait, l'analogie est trompeuse. Les créatures sensibles ne sont pas des réceptacles d'expériences d'une certaine valeur au sens où l'on dit que les bouteilles, par exemple, servent de réceptacles au vin. Si j'ai une bouteille de vin dans ma main, je peux en verser le contenu hors de la bouteille, mais je ne peux en aucune manière séparer les expériences que font les cochons (expériences de la souffrance ou du plaisir) des cochons eux-mêmes. L'idée d'une expérience – que ce soit celle du plaisir ou de la satisfaction des préférences, ou tout autre chose de ce genre – qui flotterait alentour et qui serait détachée de toutes les créatures sensibles est tout bonnement absurde. La distinction entre le fait de traiter des individus comme s'ils avaient une valeur inhérente, et le fait de les traiter comme si leurs expériences avaient une valeur inhérente, est donc beaucoup plus problématique qu'on aurait pu le croire à première vue.

Je ne vois que deux manières, pour cette distinction, d'avoir un sens. L'on pourrait tout d'abord tenter de distinguer entre les partisans de l'idée selon laquelle les individus possèdent une valeur inhérente *aussi longtemps qu'ils sont capables d'avoir certaines expériences*, et les partisans de l'idée selon laquelle les individus possèdent une valeur inhérente *aussi longtemps qu'ils sont en vie*. Selon la première option, un individu tombant dans un coma total et irréversible devrait cesser par là même de posséder toute valeur inhérente; selon la seconde, cet individu continuerait d'en posséder une. Les utilitaristes défendraient plus volontiers la première option. Cela signifie-t-il pour autant qu'ils traitent les individus comme de simples réceptacles d'expériences d'une certaine valeur, au motif qu'ils cessent d'accorder une valeur aux individus qui ne sont pas capables d'effectuer de telles expériences? Regan lui-même ne tire pas ce genre de conclusion, et je ne pense pas que cela puisse être ce qu'il veut dire lorsqu'il parle de l'attitude consistant à traiter des individus comme s'ils n'étaient que de simples réceptacles d'expériences d'une certaine valeur. Après tout, les individus plongés dans un coma irréversible et total ont cessé d'être des sujets-d'une-vie, si bien que l'on peut supposer que Regan lui-même serait d'accord avec un partisan de l'utilitarisme pour dire qu'ils ont perdu du même coup la valeur inhérente qu'ils possédaient.

La seconde manière dont on pourrait tenter de distinguer entre le fait de reconnaître une valeur inhérente aux individus, et le fait de reconnaître une valeur inhérente à leurs expériences, est liée à notre attitude à l'égard de l'existence continue d'individus particuliers à travers le temps. Supposons l'existence d'un groupe d'individus quelconque dont les expériences leur procurent un certain plaisir; deux options s'offrent à nous : soit les membres du groupe continueront d'éprouver le plaisir que leur procurent leurs expériences, soit ils seront tous tués sans souffrance et remplacés par un autre groupe d'individus soumis aux mêmes conditions d'existence et éprouvant les mêmes plaisirs. Les utilitaristes ont l'habitude de dire que, toutes choses égales par ailleurs, ces deux options reviennent au même. Mais dans ce cas, demandera-t-on, n'est-ce pas là la preuve que les utilitaristes traitent les individus en question comme ne possédant pas de valeur inhérente ?

L'exemple qui vient d'être donné appelle deux remarques. Il est capital de bien comprendre, en premier lieu, que cet exemple ne nous permet pas de distinguer entre la valeur inhérente des individus et la valeur inhérente de leurs expériences *au moment même où ces individus effectuent ces expériences.* Même si les utilitaristes ont l'habitude de dire que les deux options évoquées reviennent au même, ils maintiendront malgré tout que les individus ont une valeur inhérente à chaque instant de leur existence. Par conséquent, cet exemple ne s'applique qu'à la question spécifique de savoir s'il faut accorder une valeur inhérente à l'existence *continue* – et non pas à l'existence considérée comme succession de moments discrets – d'individus particuliers.

En deuxième lieu, tous les utilitaristes ne sont pas d'accord pour traiter les sujets-d'une-vie comme s'ils étaient substituables les uns aux autres. Les partisans de l'utilitarisme hédoniste accepteront peut-être de reprendre cette thèse à leur compte, mais certainement pas les partisans de l'utilitarisme des préférences. C'est dans cet esprit que j'ai pu écrire dans *Practical Ethics* que :

> les êtres rationnels et conscients d'eux-mêmes sont des individus qui vivent leur vie par eux-mêmes, ils ne sont pas des réceptacles pouvant contenir une certaine quantité de bonheur. [...] En revanche, des êtres conscients, mais non conscients d'eux-mêmes peuvent être considérés proprement comme des réceptacles

> d'expériences procurant du plaisir ou occasionnant une souffrance, plutôt que comme des individus vivant leurs propres vies [1].

Avec le recul, je m'aperçois que le terme de « réceptacles » prêtait à confusion, mais je maintiens qu'un utilitariste des préférences doit prendre en compte les préférences qui portent certains individus à désirer la continuation de leur propre existence. Cela signifie que les utilitaristes des préférences ne seront pas indifférents au choix entre les deux options décrites ci-dessus, à moins que les individus concernés ne manifestent aucune préférence quant à la continuation de leur propre existence.

Cela dit en passant, pour autant qu'il en aille de la version de l'utilitarisme des préférences que j'ai avancée, Regan a tort de décrire la « satisfaction des préférences » comme une sorte d'« expérience ». Ce que l'utilitariste des préférences cherche à maximiser, ce n'est pas une expérience de satisfaction, mais la survenue de ce qui est préféré, que cela produise ou non de la « satisfaction » chez l'individu qui manifeste une préférence en ce sens. C'est pourquoi il n'est pas justifié de tuer un individu qui manifeste une préférence à la poursuite de son existence au motif que l'on a mis au monde un nouvel individu manifestant la même préférence. En admettant même que la préférence de ce nouvel individu obtienne satisfaction, l'insatisfaction de la préférence de l'individu précédent n'est pas compensée par la création d'une nouvelle préférence et de sa satisfaction [2].

1. *Practical Ethics*, *op. cit.*, p. 102 [*Questions d'éthique pratique*, *op. cit.*, trad. fr. modifiée, p. 127].

2. Pour davantage de détails, voir *Practical Ethics*, chap. 4, ainsi que ma réponse au compte rendu que H.L.A. Hart a fait de ce livre dans *The New York Review of Books*, 14 août 1980, p. 53-54. Je développe ces idées de manière plus approfondie dans « Life's Uncertain Voyage », à paraître dans P. Pettit et R. Sylvan (eds.), *Mind, Morality and Metaphysics : Essays in Honour of J.J.C. Smart*, Oxford,

À l'exception des individus dont la vie est tellement misérable qu'ils ne souhaitent pas continuer à vivre, les seuls individus susceptibles de ne pas préférer la poursuite de leur propre vie sont ceux qui sont incapables d'avoir de telles préférences parce qu'ils ne sont pas conscients d'eux-mêmes, et sont donc incapables de concevoir leur propre vie comme se poursuivant ou comme s'achevant. Dans la mesure où Regan inclut la mémoire et le sens du futur (y compris de son propre futur) dans sa liste des caractéristiques de tous les sujets-d'une-vie, il est clair que les individus qu'un utilitariste des préférences pourrait considérer comme substituables les uns aux autres ne sont pas des sujets-d'une-vie.

Nous avons examiné la suggestion selon laquelle les utilitaristes échouent à reconnaître la valeur inhérente des individus au motif qu'ils considèrent ces derniers comme de simples réceptacles d'expériences d'une certaine valeur. En fait, ainsi qu'il vient d'être dit, les utilitaristes ne considèrent pas les créatures sensibles comme de « simples réceptacles », si l'on entend par là qu'ils valorisent les expériences de ces créatures et non les créatures elles-mêmes. Ce qui rend cette distinction si peu intelligible, tient à ce que l'existence est comprise implicitement comme une succession de moments discrets. Mais si l'on modifie l'angle de compréhension et si l'on tient compte du fait que les utilitaristes valorisent la *poursuite* de l'existence d'individus particuliers, il apparaît alors que les utilitaristes (du moins, les utilitaristes des préférences) ne manquent pas de valoriser la poursuite de l'existence de tous ces êtres que Regan appelle des sujets-d'une-vie. Par conséquent, pour peu que l'on veuille bien

Blackwell, 1987 [l'article a paru dans le volume intitulé *Morality and Metaphysics : Essays in Honour of J.C.C. Smart*, Oxford, Blackwell, 1987, p. 154-172].

poser le problème de cette manière, l'accord entre les utilitaristes des préférences et Regan devient manifeste : les utilitaristes ne refusent d'accorder une valeur inhérente qu'aux êtres qui ne sont pas sujets-d'une-vie, et Regan n'attribue une valeur inhérente qu'aux êtres qui sont sujets-d'une-vie.

Venons-en à présent à la troisième forme selon laquelle il est possible, selon Regan, de traiter des individus comme s'ils n'avaient pas de valeur inhérente, à savoir le fait de les soumettre à mauvais traitement afin de maximiser la somme des conséquences profitant à tous ceux qui sont affectés par le résultat d'un tel traitement. La thèse selon laquelle un tel traitement trahit un manque de respect de la valeur inhérente des individus concernés repose dans une large mesure, comme nous l'avons vu, sur les descriptions plus générales des formes de traitement dont il a été question aux points précédents. Mais quand bien même nous accorderions sans discussion que les formes de traitement décrites dans les points précédents (1) et (2) trahissent véritablement un manque de respect de la valeur inhérente des individus concernés, cela ne suffirait pas à prouver que la forme de traitement décrite au point (3) leur est analogue. Le passage dans lequel Regan s'explique sur cet aspect de sa réflexion est le suivant :

> Les raisons pour lesquelles l'on peut dire qu'un tel traitement est irrespectueux et injuste sautent aux yeux. L'on peut difficilement tenir pour une attitude juste et respectueuse le comportement de celui qui soumet à mauvais traitement des individus doués d'une valeur inhérente dans le seul but de maximiser la somme des conséquences profitant à tous ceux qui sont affectés par le résultat d'un tel traitement. Un tel comportement ne peut pas être respectueux de la valeur inhérente parce que cela revient à considérer l'individu que l'on soumet à mauvais traitement *seulement* comme le réceptacle de ce qui comporte une valeur (par exemple le plaisir), de sorte que la perte de ces expériences d'une certaine

valeur par l'individu concerné est compensée, et même largement compensé, par la somme des gains profitant à tous ceux qui font des expériences du même genre, *sans qu'aucun préjudice n'ait été commis à l'encontre du perdant*. Mais la valeur que possèdent les individus qui sont doués d'une valeur inhérente est distincte des valeurs liées au plaisir ou à la satisfaction des préférences (que ce soit le leur ou celui des autres) – elle est même irréductible et incommensurable à de telles valeurs. Soumettre à mauvais traitement des individus *dans le seul but* de maximiser la somme des conséquences profitant à toutes les personnes impliquées, c'est proprement mal agir, c'est les soumettre à un traitement injuste, parce que leur valeur inhérente est bafouée. Pour paraphraser Kant, il faut dire que les individus doués d'une valeur inhérente ne doivent jamais être traités *seulement comme des moyens* en vue de maximiser les conséquences [1].

La première partie de ce passage tente de relier la forme de traitement (3) à la forme de traitement (1) en affirmant que (3) implique de traiter des individus comme s'ils étaient *seulement* des réceptacles d'expériences douées d'une certaine valeur. Nous avons dit précédemment que le terme de « réceptacles » peut être trompeur, et nous avons également montré que le fait de traiter des individus comme n'ayant de valeur qu'en vertu de leur capacité à effectuer certaines expériences ne revient pas à leur refuser toute valeur inhérente. Par conséquent, même en admettant que l'on puisse relier (3) à (1), l'on n'aurait pas démontré pour autant que (3) implique de refuser aux individus concernés toute valeur inhérente. Cela étant dit, nous n'avons pas encore mis au jour la principale faille de l'argumentation de Regan. En effet, il n'est tout simplement pas vrai de dire que le fait de soumettre

1. T. Regan, *The Case for Animal Rights*, *op. cit.*, p. 249. L'italique est dans le texte original.

à mauvais traitement un individu dans le but de maximiser la somme des conséquences profitant à toutes les personnes impliquées « revient à considérer l'individu concerné *seulement* comme le réceptacle de ce qui comporte une valeur ». Les utilitaristes, ainsi que tous ceux qui acceptent par principe de soumettre à mauvais traitement certains individus dans le but de maximiser les conséquences, ne sont pas tenus logiquement de refuser aux individus concernés toute valeur inhérente, ils peuvent même leur reconnaître autant de valeur inhérente que les personnes à qui ce traitement brutal bénéficie. Le point de désaccord avec Regan consiste en ceci que les utilitaristes préfèrent maximiser les bénéfices pour les individus, plutôt que les restreindre au nom du commandement selon lequel il faudrait s'abstenir de commettre le moindre mal à l'endroit de quelque individu que ce soit.

Ceux qui sont enclins à suivre Regan sur cette question devraient prendre le temps de réfléchir au cas de figure suivant. Supposez que vous ayez à choisir de vivre dans l'une ou l'autre de ces deux sociétés, que l'on appellera R et S. Tout ce que vous savez au sujet de la société R est qu'aucun mal n'y est jamais perpétré à l'encontre de quiconque en vue de maximiser les conséquences profitant à toutes les personnes impliquées, tandis qu'il peut arriver, dans la société S, que des individus soient maltraités s'il apparaît avec évidence, après un examen scrupuleux, que ce mauvais traitement est la seule manière possible de maximiser la somme des conséquences profitant à toutes les personnes impliquées. (Ce mauvais traitement est bien entendu lui-même ramené à ce qui est strictement nécessaire en vue d'obtenir le résultat bénéfique, et il est inclus dans le calcul qui permet de savoir si la somme des conséquences constitue réellement le meilleur résultat pour toutes les personnes impliquées.)

Supposons qu'il n'y ait pas d'autres différences entre la société R et la société S que celle qui repose sur cette différence de principe moral. Supposons également qu'il n'y ait aucune différence de niveau entre ceux qui sont les plus mal lotis dans la société R et ceux qui le sont dans la société S – bien que l'on puisse bien entendu expliquer de diverses manières pour quelles raisons les plus mal lotis se trouvent, dans l'une ou l'autre société, à ce niveau de l'échelle sociale. Souvenez-vous que vous n'avez aucun moyen de savoir si, en choisissant la société S, vous serez vous-même exposé à de mauvais traitements, mais vous savez que, d'après la description donnée, s'il y a une différence dans le bien-être général des deux sociétés, elle est en faveur de la société S. Laquelle choisiriez-vous? Pour ma part, je choisirais assurément la société S, comme le feraient tous ceux qui souhaitent maximiser leur bien-être potentiel.

Peut-on dire pour autant qu'un principe moral qui serait choisi dans de telles conditions impliquerait de réduire les individus pouvant être soumis à mauvais traitements à de simples réceptacles? Dans la mesure où nous ignorons si nous pouvons nous-mêmes être soumis à ces traitements, une telle thèse devrait conduire logiquement à dire que les personnes qui souhaitent rationnellement maximiser leur propre bien-être se considèrent *elles-mêmes* comme de simples réceptacles – proposition absurde, qui montre assez clairement que l'accusation selon laquelle les individus seraient réduits à de simples réceptacles n'a aucune force critique.

Nous venons d'examiner la première partie du passage dans lequel Regan donne des raisons à l'appui de la thèse qu'il défend selon laquelle la forme de traitement (3) implique de refuser aux individus concernés toute valeur inhérente. Dans ce passage, Regan s'est efforcé de relier (3) à (1), mais nous avons montré que cette tentative échoue.

Mais Regan ne s'arrête pas là, et il avance encore deux propositions au sujet de (3), lesquelles vont bien au-delà de (1) et de (2), en sorte que l'on est fondé à reconnaître une certaine indépendance à la thèse défendue en (3). La première de ces propositions supplémentaires énonce que « la valeur que possèdent les individus qui sont doués d'une valeur inhérente est distincte des valeurs liées au plaisir ou à la satisfaction des préférences (que ce soit le leur ou celui des autres) – elle est même irréductible et incommensurable à de telles valeurs ». La seconde énonce, à la suite de Kant, que « les individus doués d'une valeur inhérente ne doivent jamais être traités *seulement comme des moyens* en vue de maximiser les conséquences ».

La première proposition ressemble à l'argument précédent sur les réceptacles, mais elle ajoute une considération nouvelle liée à l'« incommensurabilité ». La difficulté qu'il y a à comparer des valeurs incommensurables est bien connue en éthique normative. Mais la façon dont Regan mobilise ce thème est en revanche tout à fait inhabituelle parce qu'il ne se réfère pas à l'incommensurabilité, disons, de la « justice » et du « bien-être », ou de la « connaissance » et de la « beauté », mais de la valeur inhérente de certains individus et des valeurs telles que le plaisir ou la satisfaction des préférences. Pour des raisons que nous avons déjà données dans la discussion précédente portant sur les réceptacles, il n'est pas aisé de voir de quelle façon les individus et les expériences d'une certaine valeur peuvent être dissociés les uns des autres. Quoi qu'il en soit de ce dernier point, il importe de noter que Regan ne nous explique pas pour quelle raison (3) devrait exiger que ces valeurs soient entre elles commensurables.

Supposez, par exemple, que nous soumettions à un mauvais traitement d'un type bien précis un individu en vue d'empêcher que dix autres individus subissent le même sort. Le problème consistant à comparer des valeurs entre elles incommensurables ne se pose pas ici. Il suffit d'admettre que dix mauvais traitements sont pires qu'un seul, lorsque tous les mauvais traitements considérés sont exactement de même nature. Si, par conséquent, soumettre une personne à mauvais traitement en vue de maximiser les conséquences profitant à toutes les personnes impliquées conduit à refuser à cette personne la possession de toute valeur inhérente, alors une telle thèse ne peut pas être établie sur la base d'une référence au concept d'incommensurabilité [1].

Que faut-il penser de la seconde proposition? Prise au pied de la lettre, elle se contente de réitérer l'affirmation contenue en (2). Elle revient à dénoncer le fait que certains êtres doués d'une valeur inhérente sont traités comme s'ils ne possédaient qu'une

1. Frank Jackson m'a fait remarquer que la thèse de Regan sur l'incommensurabilité de la valeur inhérente des individus et des valeurs telles que le plaisir ou la satisfaction des préférences doit de toute façon être repoussée en raison des conséquences absurdes qu'elle entraîne. Imaginez, par exemple, l'effet que pourrait avoir une telle thèse sur la réalisation de projets parfaitement ordinaires, tels que votre prochaine virée en voiture pour aller au cinéma. On admettra qu'il existe une probabilité finie, bien que très faible, que vous renversiez et tuiez un piéton. Dans ce cas, avez-vous malgré tout raison de prendre votre voiture? Nous sommes tous d'accord pour dire que la mort d'un piéton est un mal, et que la grandeur de ce mal dépasse de *beaucoup* la grandeur du bien que pourrait procurer le fait de voir un film, mais le risque de tuer un piéton est tellement mince que nous pensons qu'il est compensé par la forte probabilité d'atteindre sa valeur la plus basse. Mais que faut-il penser si la valeur de la vie du piéton et celle de notre plaisir de voir un film sont vraiment *incommensurables*? Si cette dernière thèse a un sens quelconque, elle doit signifier que la probabilité finie de la mort accidentelle du piéton, *quelle que puisse être le degré de cette probabilité*, ne peut jamais être compensée par une *quelconque* somme de plaisir. Vous n'aurez donc jamais raison de donner suite à votre propre quête de plaisir ou à la satisfaction des préférences des autres, dès lors que votre entreprise fait courir un risque, dont la probabilité est finie, de causer la mort d'un individu. Adieu les salles de cinéma, adieu aussi toutes les autres activités de loisir.

valeur instrumentale. Il est évident que le fait de soumettre à mauvais traitement un individu en vue de maximiser les conséquences profitant à toutes les personnes impliquées ne revient pas nécessairement à traiter cet individu *seulement comme un moyen*. Il est tout à fait possible d'agir de cette manière tout en accordant autant de considération aux intérêts de cet individu que l'on en accorde à ceux de n'importe quel autre individu, y compris les siens.

Mais peut-être n'est-ce pas précisément à cela que songeait Regan. Kant lui-même ne l'entendait assurément pas de cette manière. Toutefois, la pensée de Kant présente notoirement sur ce point bien des difficultés, et, comme le souligne Regan lui-même, il n'emprunte qu'une « partie de phrase » de Kant. Pour pouvoir reprendre l'argument de Kant dans son intégralité et l'appliquer à tous les sujets-d'une-vie, il faudrait que Regan puisse proposer une alternative qui ne repose pas sur les idées de « rationalité » et d'« autonomie ». En l'absence de toute explication de la part de Regan, avouons qu'on ne voit pas ce que cela pourrait bien être.

Ainsi s'achève notre discussion des trois formes de traitement qui, selon Regan, témoignent d'un manque de respect à l'égard de la valeur inhérente des individus concernés. Nous avons montré que seule la seconde forme correspondait effectivement à une attitude irrespectueuse de la valeur inhérente des individus – raison pour laquelle les utilitaristes ont coutume de dénoncer cette attitude de manière aussi énergique que le fait Regan. Quant à la troisième forme, nous avons montré qu'elle ne témoignait pas d'un manque de respect de la valeur inhérente des individus concernés. La première non plus, sauf si on la considère du point de vue d'une existence continue, plutôt que vécue comme une succession de moments discrets. Et même dans ce dernier cas, nous avons montré que les utilitaristes des préférences ne manqueraient pas de valoriser la poursuite de l'existence des sujets-d'une-vie qui souhaitent continuer à vivre, exactement comme le fait Regan.

Nous pouvons conclure que le respect de la valeur inhérente des sujets-d'une-vie ne constitue pas une raison d'adopter l'approche par les droits plutôt que l'approche utilitariste. Le principe d'égale considération des intérêts, qui est au fondement de l'utilitarisme ainsi que de nombreuses autres positions éthiques, satisfait pleinement l'exigence de reconnaître la valeur inhérente des sujets-d'une-vie.

IV

Mon but n'a nullement été, dans cet essai, d'examiner par le menu toutes les difficultés auxquelles sont confrontés les défenseurs des droits. J'ai indiqué ailleurs quelques-uns des problèmes que rencontre Regan en appliquant ses idées morales à deux types de situations apparemment similaires : la situation des animaux utilisés à des fins expérimentales, et sa propre hypothèse d'un chien sur un radeau de secours surpeuplé[1]. Ces problèmes sont caractéristiques des difficultés que rencontrent tous les partisans des théories éthiques fondées sur les droits. En effet, le défaut principal de ces théories tient à cette sorte de rigidité qui les rend incapables de répondre aux circonstances variées, réelles et imaginaires, dans lesquelles nous sommes amenés à former des

1. Voir mes commentaires dans « Ten Years of Animal Liberation », *The New York Review of Books*, 17 janvier 1985, p. 46-52; et la réponse de Regan, avec ma réplique, dans « The Dog in the Lifeboat : An Exchange », *New York Review of Books*, 25 avril 1985, p. 57-58.

jugements moraux. Mais ceci est une autre affaire. Mon but, dans cet essai, a été de montrer de quelle façon une position fondée sur l'égalité de la considération des intérêts peut conduire à reconnaître la valeur inhérente que possèdent les individus, y compris les animaux non humains. La justification la plus élaborée à ce jour des droits des animaux se révèle donc incapable de fournir des arguments pertinents permettant de dépasser la position de l'égale considération des intérêts pour fonder une théorie des droits. En l'absence d'arguments en ce sens, il n'y a aucune raison d'attribuer des droits, plutôt qu'une égale considération, aux animaux.

TOM REGAN

POUR LES DROITS DES ANIMAUX*

Je me considère comme un militant des droits des animaux – comme faisant partie du mouvement pour les droits des animaux. Ce mouvement, tel que je le conçois, est dédié à un certain nombre de buts parmi lesquels :

– l'abolition totale de l'utilisation des animaux dans les sciences;

– l'élimination totale de l'élevage à des fins commerciales;

– l'interdiction totale de la chasse pour le sport et le commerce ainsi que l'interdiction du piégeage.

Je suis conscient qu'il existe des gens qui disent défendre les droits des animaux et qui ne soutiennent pas les buts énoncés ci-dessus. Pour eux, l'élevage industriel est mauvais – car il bafoue les droits des animaux – mais ils estiment que l'élevage traditionnel n'est pas condamnable. Pour eux, les tests de toxicité de cosmétiques sur les animaux bafouent leurs droits, mais les

* Tom Regan, « The Case for Animal Rights », dans P. Singer (ed.), *In Defence of Animals*, New York, Blackwell, 1983, p. 13-26. La présente traduction a été établie par Éric Moreau et revue par Hicham-Stéphane Afeissa à l'occasion de cette publication. Elle a d'abord paru dans les *Cahiers antispécistes*, 1992, n° 5.

grands programmes de la recherche médicale – comme, par exemple, la recherche sur le cancer – ne le font pas. L'abattage des bébés phoques est intolérable, mais pas celui des phoques adultes. Il fut un temps où je croyais comprendre ce raisonnement. Plus maintenant. Il est impossible de changer des institutions injustes en se contentant de les améliorer.

Ce qui est mal – fondamentalement mal – dans la manière dont sont traités les animaux, ce ne sont pas les détails, qui varient d'un cas à l'autre. C'est le système dans son ensemble qui est mauvais. La misère du veau élevé pour la viande est pitoyable, écœurante. La douleur intense que ressent le chimpanzé dont le cerveau est implanté d'électrodes est répugnante. La lente agonie du raton laveur pris à la patte par un piège est insupportable. Mais ce qui est mal, ce n'est pas la douleur, la souffrance ou la privation. Tous ces éléments font partie d'un tout qui est mauvais. Parfois, souvent même, tous ces éléments rendent le tout encore pire, bien pire. Mais ces éléments ne sont pas le mal fondamental.

Le mal fondamental est le système qui nous autorise à considérer les animaux comme *nos ressources*, comme étant à *notre disposition*, pour être mangés, subir des expériences chirurgicales ou encore pour être exploités pour l'argent ou le sport. Dès lors que l'on accepte de considérer les animaux comme nos ressources, les conséquences sont aussi prévisibles que regrettables. Pourquoi se lamenter sur leur solitude, leur souffrance ou leur mort ? Étant donné que les animaux existent pour nous – pour que nous en tirions un profit quelconque –, ce qui leur nuit ne pose pas vraiment problème – ou ne commence à le faire que si cela nous contrarie, ou nous met légèrement mal à l'aise au moment de manger notre escalope de veau. Dans ce cas, faisons en sorte que le veau ne soit plus maintenu dans l'isolement, qu'il ait plus d'espace, un peu de paille et quelques compagnons. Mais qu'on ne nous enlève pas notre escalope !

Cependant, ce n'est pas un peu de paille, plus d'espace ou quelques compagnons qui élimineront, ni même allégeront, le mal fondamental qui reste attaché au fait que nous considérions et traitions les animaux comme nos ressources. Un veau est considéré et traité comme une simple ressource quand il est élevé dans l'isolement pour être tué puis mangé. Mais c'est aussi le cas du veau qui est élevé (comme on dit) « plus humainement ». Ce n'est pas simplement en rendant « plus humaines » les méthodes d'élevage que nous réparerons nos torts envers les animaux d'élevage. Il n'y a pas d'autre solution que de faire disparaître purement et simplement l'élevage à des fins commerciales.

Y arriverons-nous? Arriverons-nous aussi, dans le cas des animaux de laboratoire, à l'abolition de leur utilisation? Si oui, comment y arriverons-nous? Il s'agit là dans une large mesure de questions politiques. Les gens doivent changer de convictions avant qu'ils ne changent leurs habitudes. Il faut qu'il y ait un nombre suffisant de personnes, et plus particulièrement parmi les élus qui exercent une fonction publique, qui croient à la possibilité de changer les choses dans ce domaine – et qui le désirent – avant que des lois ne soient votées pour protéger les droits des animaux. Ce processus de changement est très compliqué, très exigeant, très épuisant et nécessite l'effort conjugué de nombreuses personnes travaillant dans l'éducation, la publicité, les organisations politiques. Toutes les bonnes volontés sont nécessaires, y compris celles des personnes qui colleront les timbres et les enveloppes. En tant que philosophe de formation et de profession, ma contribution au mouvement est limitée, mais, je l'espère, importante. Ce qui a de l'importance en philosophie, ce sont les idées – leur signification et leur fondement rationnel, non pas les rouages du processus législatif, par exemple, ou les détails de l'organisation de la communauté. Telle est ma mission depuis les dix dernières années ou presque dans mes essais et mes conférences, et, plus récemment, dans mon livre, *The Case for Animal Rights*[1]. Je pense que les conclusions essentielles auxquelles j'arrive dans cet ouvrage sont correctes parce qu'elles sont soutenues par le poids des meilleurs arguments. Je crois que l'idée des droits des animaux est fondée en raison, et qu'elle n'est pas seulement inspirée par de bons sentiments.

Dans les quelques pages dont je dispose ici, je ne peux qu'ébaucher dans leurs grandes lignes certains des aspects principaux de mon livre. Les sujets principaux qu'il traite – et cela n'est pas surprenant – impliquent de poser et de répondre à des questions morales profondes, à des questions de fondement, à la fois sur la définition de la moralité, sur la manière dont elle doit être comprise, et sur le choix, tout bien pesé, de la meilleure théorie morale. J'espère pouvoir rapporter ici ce que je crois être les grandes lignes de cette théorie. Il s'agit d'une entreprise qui, pour reprendre le mot qu'un lecteur critique a utilisé pour parler favorablement de mes travaux, est de type cérébral, peut-être même trop cérébral. Mais cette impression est peut-être trompeuse. Les sentiments que m'inspire la manière dont sont parfois traités les animaux sont aussi profonds et intenses que ceux de mes compatriotes moins pondérés. Les philosophes – pour utiliser le jargon à la mode – ont bien une partie droite du cerveau. Cependant, si c'est avec la partie gauche que nous participons au débat (comme nous devrions le faire), c'est parce que c'est là que résident les talents que nous pouvons avoir.

Comment procéder? Nous commencerons par nous demander comment le statut moral des animaux a été interprété par les penseurs qui refusent d'accorder des droits aux animaux.

1. T. Regan, *The Case for Animal Rights*, Berkeley, University of California Press, 1983.

Ensuite, nous mettrons à l'épreuve la substance de leurs idées en examinant comment elles résistent à la pression d'une critique loyale. Si nous procédons de la sorte, nous découvrirons rapidement que certaines personnes croient que nous n'avons pas de devoirs directs envers les animaux, que nous ne leur devons rien et que rien de ce que nous pouvons leur faire ne peut constituer une injustice à leur égard. Ou plutôt, il est possible de commettre des actes injustes qui impliquent les animaux, et par conséquent nous avons des devoirs dans les situations dans lesquelles ils sont impliqués, mais ces devoirs ne les concernent pas directement. Une telle conception des choses peut être qualifiée de « conception des devoirs indirects ».

Illustrons cette théorie avec l'exemple suivant: supposons que votre voisin frappe votre chien. Votre voisin a donc fait quelque chose de mal. Mais pas à votre chien. Le mal qui a été fait l'a été envers vous. Après tout, il est mal d'ennuyer les gens, et le fait que votre voisin ait frappé votre chien vous ennuie. C'est donc vous qui subissez un préjudice, pas votre chien. Ou encore : en battant votre chien, votre voisin porte atteinte à votre propriété. Et comme il est mal d'endommager la propriété d'autrui, le voisin vous a fait du tort – à vous, pas à votre chien. Votre voisin ne commet pas plus une injustice envers votre chien qu'il n'en commettrait envers votre voiture s'il en cassait le pare-brise. Les devoirs de votre voisin qui impliquent votre chien sont des devoirs indirects envers vous. D'une manière générale, tous nos devoirs envers les animaux sont des devoirs indirects que nous avons les uns envers les autres – envers l'humanité.

Comment est-il possible de défendre un tel point de vue? Certains diront peut-être que votre chien ne ressent rien et que, par conséquent, il est impossible qu'il ait été blessé par le coup que lui a porté votre voisin; ils diront que votre chien ne se soucie guère de la douleur puisqu'il ne peut la ressentir – qu'il est aussi inconscient que votre pare-brise. Certains tiendront peut-être ces propos, mais nul esprit rationnel ne reprendra ce genre d'idées à son compte, puisque, entre autres implications, une telle vision des choses conduit ceux qui la soutiennent à déclarer que les êtres humains non plus ne ressentent pas de la souffrance – que les êtres humains ne se soucient pas non plus de ce qui leur arrive. D'autres personnes vous diront que l'être humain et le chien sont affectés lorsqu'ils sont frappés, mais que seule la souffrance humaine importe. Là encore, nul esprit rationnel ne peut défendre cette hypothèse. La douleur reste la douleur, où qu'elle se produise. Si la douleur que vous cause votre voisin est mauvaise en vertu même de sa seule existence comme douleur, il est impossible, d'un point de vue rationnel, d'ignorer ou de rejeter la pertinence morale de la douleur qu'éprouve votre chien.

Les philosophes qui soutiennent la thèse des devoirs indirects – et ils sont encore nombreux – en sont venus à comprendre qu'ils doivent s'efforcer d'éviter les deux écueils que nous venons de citer, à savoir : l'idée que les animaux ne ressentent rien et l'idée que seule la souffrance humaine peut revêtir une pertinence morale. Le point de vue qui prévaut actuellement chez ces penseurs est une forme ou une autre de ce que l'on appelle le « néo-contractualisme » (*contractarianism*).

Voici, très grossièrement, l'idée principale de cette théorie : la moralité se compose d'un ensemble de règles que des individus décident librement de respecter, de la même manière que lorsque nous signons un contrat (d'où le nom de « néo-contractualisme »). Ceux qui comprennent et acceptent les termes du contrat sont directement couverts. Ils ont des droits créés, reconnus et protégés par le contrat. Les contractants peuvent aussi stipuler que la protection soit étendue à d'autres qui – même s'ils sont incapables de comprendre ce qu'est la moralité, et, par conséquent, de signer eux-mêmes un contrat – sont aimés ou chéris par les signataires du contrat. Ainsi, les jeunes enfants, par exemple, ne sont pas capables de signer un contrat et n'ont pas de droits. Ils sont toutefois protégés par le contrat en raison des intérêts d'ordre sentimental qui les lient aux signataires – en premier lieu, ceux de leurs parents. Nous avons donc des devoirs qui impliquent les enfants, des devoirs qui les concernent, mais pas de devoirs envers eux. Dans ce cas, nos devoirs sont des devoirs indirects envers d'autres êtres humains, en l'occurrence envers leurs parents.

Quant aux animaux, puisqu'ils sont incapables de comprendre ce qu'est un contrat, il est évident qu'ils ne peuvent pas en signer. Et pour cette raison même, ils ne possèdent aucun droit. Cependant, tout comme les enfants, certains animaux sont l'objet d'un intérêt d'ordre sentimental de la part de certaines personnes. Vous aimez peut-être, par exemple, votre chien ou votre chat. Il arrive ainsi que les animaux dont la plupart des gens se soucient (les animaux de compagnie, les baleines, les bébés phoques, les ours des Pyrénées, etc.) bénéficient d'une protection en raison de l'intérêt d'ordre sentimental qu'on leur porte, même s'ils ne possèdent aucun droit en eux-mêmes. Par conséquent, selon le néo-contractualisme, je n'ai pas de devoir direct envers votre chien ni envers aucun autre animal, même pas le devoir de ne pas leur causer de la douleur ou de la souffrance. Mon devoir de ne pas causer de mal à un animal est un devoir que j'ai envers les gens qui se préoccupent du sort de cet animal. Quant aux autres animaux, à l'égard desquels les intérêts d'ordre sentimental sont très faibles voire inexistants, par exemple les animaux d'élevage ou les rats de laboratoire, les devoirs que nous avons envers eux s'amenuisent au point peut-être de disparaître. La douleur et la mort que ces animaux supportent, même si elles sont réelles, ne sont pas moralement condamnables si personne ne s'en soucie.

Touchant le point précis du statut moral qu'il convient d'accorder aux animaux, la position que défendent les partisans du néo-contractualisme pourrait être difficile à réfuter si elle offrait une approche théorique satisfaisante du statut moral des êtres humains. Cependant, cette théorie n'est pas satisfaisante sur ce dernier point, ce qui rend par là même éminemment discutable la pertinence de son approche en ce qui concerne les animaux. En effet : la moralité, selon la version élémentaire de la théorie néo-contractualiste présentée ci-dessus, se définit comme un ensemble de règles que des personnes décident de respecter. Quelles personnes ? Eh bien, un nombre suffisant de personnes pour avoir, *collectivement*, le pouvoir de faire respecter les règles définies dans le contrat.

Tout cela est très bien pour les signataires, mais pas pour ceux à qui l'on n'a pas demandé de signer. Et il n'y a rien, dans la forme de néo-contractualisme dont nous parlons, qui garantisse que chacun aura une chance de participer de manière égale à l'élaboration des règles de la moralité. Par conséquent, cette approche de l'éthique pourrait cautionner les formes les plus flagrantes d'injustice sociale, économique, morale ou politique, que cela prenne la forme d'un système de castes répressif ou d'une discrimination raciale ou sexuelle systématique. Selon cette théorie, le droit est effectivement celui du plus fort. Les victimes de l'injustice peuvent bien souffrir tant qu'elles veulent. Cela n'a pas d'importance tant que personne – c'est-à-dire, aucun signataire, ou pas assez d'entre eux – ne s'en soucie. Une telle théorie est à vous couper le souffle moral… L'apartheid, par exemple, cesserait-elle d'être une injustice en Afrique du Sud au motif que trop peu de Blancs sud-africains s'en indignent ? Une théorie qui a si peu à son actif pour se recommander à notre attention au plan des devoirs à observer envers nos semblables humains ne peut certainement pas avoir quoi que ce soit de plus à son actif quand il s'agit de déterminer les devoirs à observer envers nos semblables animaux.

La version de néo-contractualisme que nous venons d'examiner est, comme je l'ai indiqué, une version élémentaire, et, pour être justes envers les partisans de cette théorie, nous devons faire remarquer qu'il en existe des variantes beaucoup plus raffinées, subtiles et ingénieuses que celle que venons d'analyser. Par exemple, John Rawls, dans sa *Théorie de la justice*[1], propose une version de néo-contractualisme qui oblige les signataires du contrat à faire abstraction des caractéristiques accidentelles d'un être humain, par exemple, du fait d'être noir ou blanc, homme ou femme, un génie ou un individu intellectuellement peu doué. Selon Rawls, ce n'est qu'en faisant abstraction de ces caractéristiques qu'il est possible de garantir que les principes de justice sur lesquels les contractants tomberont d'accord ne seront pas fondés sur un parti pris ou un préjugé. Malgré le progrès que représente la conception de Rawls par rapport aux autres variétés plus grossières de néo-contractualisme, elle reste encore insuffisante. En effet, sa théorie nie systématiquement que nous ayons des devoirs directs envers ceux qui, parmi les êtres humains, n'ont pas le sens de la justice – envers les jeunes enfants, par exemple, ou envers beaucoup d'handicapés mentaux. Et cependant, il n'est guère douteux que si nous torturions un enfant ou un vieillard handicapé mental, nous commettrions à son égard une injustice, et non pas un acte qui ne serait un mal que dans la mesure où d'autres êtres humains dotés, eux, d'un sens de la justice s'en émeuvent. Et puisque cela est vrai dans le cas de ces êtres humains, il est impossible rationnellement de ne pas admettre qu'il en est de même en ce qui concerne les animaux.

1. J. Rawls, *Théorie de la justice* (1971), trad. fr. C. Audard, Paris, Seuil, 1987.

Les théories des devoirs indirects, y compris les meilleures d'entre elles, n'arrivent donc pas à gagner notre adhésion rationnelle. C'est pourquoi, quelle que soit la théorie éthique que nous devrions rationnellement accepter, celle-ci devrait au moins reconnaître que nous avons certains devoirs directs envers les animaux, tout comme nous en avons les uns envers les autres. Les deux théories dont je vais parler maintenant tentent de satisfaire cette exigence.

J'appellerai la première de ces théories la conception de la « cruauté-gentillesse ». Cela veut dire, en bref, que nous avons un devoir direct de gentillesse envers les animaux ainsi qu'un devoir direct de ne pas être cruel à leur égard. En dépit de son aspect familier et rassurant, je ne pense pas qu'une telle conception offre une théorie adéquate. Pour clarifier les choses, voyons ce qu'il en est de la gentillesse. Une personne qualifiée de « gentille » sera en tant que telle animée par un certain genre de motifs – la pitié ou la sollicitude, par exemple. Et un tel comportement est vertueux. Mais rien ne garantit qu'un acte accompli par gentillesse soit par là même un acte juste. Si, par exemple, je suis un raciste généreux, je serais tenté d'agir de manière généreuse envers les membres de ma race, en mettant leurs intérêts au-dessus de ceux des autres. Ma gentillesse serait alors réelle et, en tant que telle, elle constituerait une bonne chose. Mais, de toute évidence, ma gentillesse ne serait pas au-dessus de tout reproche moral, et en fait elle est même positivement condamnable parce qu'elle est profondément injuste. Ainsi, la gentillesse, bien qu'elle soit par elle-même une vertu qu'il convient d'encourager, ne suffit pas à fonder une théorie de l'action juste.

Et il en va de même pour la cruauté. L'on dira d'une personne ou de l'une de ses actions qu'elle est cruelle si elle témoigne d'un manque de sympathie à l'endroit de la souffrance d'autrui – ou pire encore : si elle témoigne d'une jubilation à voir l'autre souffrir.

La cruauté sous toutes ses formes est une mauvaise chose, une faille tragique au cœur des êtres humains. Mais, de même que la gentillesse qui anime une personne ne garantit pas que cette dernière soit en train d'accomplir une action juste, de même l'absence de cruauté ne garantit pas qu'elle sache s'abstenir de commettre une action injuste. Les personnes par exemple qui pratiquent des avortements ne sont pas des êtres cruels et sadiques. Mais ce fait à lui seul ne résout pas le problème terriblement difficile de savoir ce qu'il faut penser de l'avortement d'un point de vue moral. Il en va de même lorsque nous examinons sous l'angle moral la façon dont nous nous rapportons aux animaux. Donc, oui, soyons « pour » la gentillesse et « contre » la cruauté. Mais n'en concluons pas que le fait d'être « pour » l'un et « contre » l'autre permet de répondre aux questions de savoir ce qu'il est moralement bon ou mauvais de faire.

Certaines personnes pensent trouver dans l'utilitarisme la théorie que nous cherchons. Un utilitariste accepte deux principes moraux. Le premier est celui de l'égalité : les intérêts de chacun comptent, les intérêts similaires doivent être pris en compte de manière égale parce qu'ils ont le même poids et la même importance. Qu'il s'agisse d'un Blanc ou d'un Noir, d'un Américain ou d'un Iranien, d'un être humain ou d'un animal, la douleur ou la frustration de tous importe, et elle importe de manière égale, quel que soit l'être qui la ressent. Le second principe admis par un utilitariste est celui de l'utilité : nous devons choisir l'acte qui conduira au meilleur solde possible de satisfaction et de frustration chez tous ceux qui sont affectés par les conséquences de l'acte.

Voici donc la manière dont un utilitariste abordera le problème de savoir ce qu'il convient de faire moralement : il devra se demander qui sera affecté s'il choisit de faire telle chose plutôt que telle autre, dans quelle mesure chaque individu sera affecté et quel choix conduira aux meilleurs résultats – autrement dit, quel choix sera susceptible de conduire au meilleur solde de satisfaction et de frustration. Ce choix, quel qu'il soit, est celui en faveur duquel l'utilitariste devra se décider. Tel est en effet son devoir moral.

L'attrait majeur de l'utilitarisme réside dans son *égalitarisme* intransigeant : les intérêts de chacun comptent, et ils comptent autant que les intérêts identiques de n'importe qui d'autre. La discrimination odieuse que certaines formes de néo-contractualisme peuvent justifier – la discrimination fondée sur la race ou le sexe, par exemple – ne semble pas permise ici par principe, pas plus que le spécisme, c'est-à-dire la discrimination systématique fondée sur l'appartenance à une espèce.

L'égalité telle que la conçoit l'utilitarisme n'est cependant pas celle qu'un défenseur des droits des animaux ou des humains doit avoir en tête. L'utilitarisme ne laisse pas de place pour l'égalité des droits moraux des différents individus parce que dans cette doctrine il n'y a pas de place pour l'égalité de leur valeur inhérente. Ce qui revêt une valeur pour un utilitariste, c'est la satisfaction des intérêts de l'individu, et non pas l'individu lui-même dont ce sont les intérêts. Un univers dans lequel vous donnez satisfaction à votre désir de boire, de manger et d'avoir chaud est, toutes choses égales par ailleurs, meilleur qu'un univers où il n'est pas possible de satisfaire ces désirs. Et il en va de même pour un animal qui a des désirs similaires. Cela étant dit, vous n'avez par vous-même aucune valeur, pas plus que l'animal. Seuls revêtent une valeur les sentiments que vous éprouvez.

Voici une analogie qui permettra d'éclaircir cette dernière thèse : une tasse peut contenir différents liquides, parfois doux, parfois amers, parfois un mélange des deux. Ce qui a de la valeur, ce sont les liquides : plus ils sont doux et moins ils sont amers, mieux c'est. La tasse, qui est le récipient, n'a pas de valeur en elle-même. Ce qui revêt une valeur ici, c'est le contenu, et non le contenant. Aux yeux d'un utilitariste, vous et moi sommes comme la tasse; nous n'avons pas de valeur en tant qu'individus, et, par conséquent, nous n'avons pas de valeur égale. Ce qui a de la valeur est ce qui nous remplit, ce à quoi nous servons de récipient; nos sentiments de satisfaction ont une valeur positive, tandis que nos sentiments de frustration ont une valeur négative.

La théorie utilitariste se trouve face à de sérieux problèmes lorsque l'on songe qu'elle nous enjoint de choisir l'acte entraînant les meilleures conséquences. Qu'est-ce que cela signifie? Il ne s'agit pas des meilleures conséquences pour moi seul, pour ma famille ou pour mes amis, ni pour aucune autre personne considérée individuellement. Non, ce que nous devons faire, en gros, est la chose suivante: nous devons additionner (tant bien que mal!) les satisfactions et les frustrations de tous les individus susceptibles d'être affectés par notre choix, en mettant les satisfactions dans une colonne, et les frustrations dans une autre. Nous devons alors faire le total de chaque colonne, et ceci pour chaque possibilité qui se présente à nous. C'est en cela que l'on peut dire qu'il s'agit d'une théorie agrégative. Et nous devons alors choisir l'option dont on peut attendre qu'elle offre le meilleur solde entre la somme des satisfactions et la somme des frustrations. Quel que soit l'acte qui aboutit à ce meilleur solde, c'est celui-là que nous avons l'obligation morale de choisir. C'est cet acte-là qui correspond à notre devoir moral. Et, bien entendu, cet acte n'est pas obligatoirement le même que celui qui produirait les meilleurs résultats pour moi, pour ma famille, pour mes amis ou pour un animal de laboratoire. Le meilleur résultat agrégé pour l'ensemble des individus n'est pas forcément le meilleur résultat pour chaque individu.

L'objection majeure qui peut être faite à l'utilitarisme est qu'il s'agit d'une théorie agrégative – les différentes satisfactions ou frustrations d'un individu sont additionnées ou ajoutées les unes aux autres. Considérons ma tante Béa : elle est âgée, inactive. C'est une personne maniaque, aigrie, même si, physiquement, elle n'est pas malade. Elle préfère continuer à vivre. Elle est par ailleurs plutôt riche. Je pourrais devenir riche si je parvenais à mettre la main sur son argent – argent qu'elle a l'intention de me donner de toute façon après sa mort. Mais elle refuse de me le donner de son vivant. Pour éviter qu'une grosse partie de mes profits n'aillent dans les caisses du Trésor Public, j'ai l'intention de faire don d'une coquette somme à un hôpital pour enfants de ma région. Un très grand nombre d'enfants profiteront de ma générosité et il en résultera beaucoup de joie pour leurs parents, leur famille et leurs amis. Mais si je n'obtiens pas cet argent rapidement, tous mes projets seront anéantis. J'aurais raté une belle occasion – une occasion qui ne se présente pas deux fois dans une vie. Alors pourquoi ne tuerais-je point ma tante Béa ? Oh, bien sûr, *il se peut* que je sois pris. Mais comme je ne suis pas stupide et que, en plus, je peux compter sur la collaboration de son médecin (en effet, il est lui aussi intéressé par le même projet que moi et, en outre, je connais pas mal de choses sur son passé obscur). La chose peut donc être faite, dans les règles de l'art si je puis dire. Il y a *très* peu de chances pour que nous soyons pris. Quant à mes problèmes de conscience, je suis plutôt du genre à ne pas trop m'en faire et je saurai tirer assez de satisfaction – allongé sur une plage du côté d'Acapulco – à l'idée d'avoir été un tel bienfaiteur pour toutes ces personnes auxquelles j'ai procuré une certaine joie et un certain bien-être.

Imaginez que tante Béa soit assassinée et que la suite du scénario se déroule comme prévu. Aurais-je fait quelque chose de mal ? Quelque chose d'immoral ? Il semble bien que oui, mais pas pour les utilitaristes. Étant donné que je me suis décidé en faveur de l'option conduisant au meilleur solde possible entre le total des satisfactions et celui des frustrations de tous ceux qui étaient impliqués, l'on ne peut pas dire que mon action soit mauvaise. En un sens, en tuant tante Béa, le médecin et moi-même n'avons fait que notre devoir.

Cette façon d'argumenter peut être reconduite dans toutes sortes de situations, illustrant à chaque fois le fait que la position utilitariste mène à des conséquences que, en toute impartialité, l'on ne peut pas ne pas juger brutales et moralement condamnables. Il est *mal* de tuer tante Béa au nom de la maximisation de la satisfaction que cela apportera à d'autres. Une bonne fin ne justifie pas de mauvais moyens. Toute théorie morale sensée doit être en mesure d'expliquer pourquoi il en va ainsi. Comme l'utilitarisme est une théorie inacceptable pour les raisons que nous venons de donner, ce n'est pas la théorie à laquelle nous adhérerons.

Que faire ? Par où faut-il reprendre le problème ? Il convient de commencer, je crois, par la conception utilitariste de la valeur de l'individu – ou plutôt de son absence de valeur. En lieu et place de cette conception, supposons que nous considérions que vous et moi avons une valeur en tant qu'individus – ce que nous appellerons *valeur inhérente*. Affirmer que nous possédons une telle valeur revient à dire que nous sommes davantage, que nous sommes autre chose, que de simples récipients. En outre, pour nous assurer que nous n'ouvrons pas la voie à des injustices comme l'esclavage ou la discrimination sexuelle, nous devons penser que tous ceux qui ont une valeur inhérente l'ont de manière égale, indépendamment de leur sexe, de leur race, de leur religion, de leur lieu de naissance, etc.

De même, les caractéristiques propres à chaque individu, qu'il s'agisse de ses talents, de ses connaissances, de son intelligence, de sa richesse, de sa santé ou encore de sa personnalité, de l'admiration ou du mépris dont il est l'objet, doivent être rejetées comme non pertinentes. Le génie et l'enfant handicapé mental, le riche et le pauvre, le neurochirurgien et le marchand de fruits, Mère Thérésa et le vendeur de voitures d'occasion le moins scrupuleux, ont tous une valeur inhérente. Ils la possèdent tous de manière égale et ont tous un droit égal à être traités avec respect, à être traités d'une manière qui ne les réduise pas au statut de choses, comme s'ils n'existaient qu'en tant que ressources pour les autres. Ma valeur en tant qu'individu est indépendante de l'utilité que je peux avoir pour vous. Votre valeur ne dépend pas de l'utilité que vous pouvez avoir pour moi. Si je vous traite, ou si vous me traitez, d'une manière qui témoigne d'une forme d'irrespect de la valeur indépendante que vous et moi possédons, alors j'agis ou vous agissez de manière immorale et en violation des droits de l'autre.

Les mérites de cette conception – que j'appelle la théorie des droits – sont évidents. À la différence du néo-contractualisme dans sa forme élémentaire, la théorie des droits refuse, *par principe*, de tolérer moralement une quelconque forme de racisme ou de discrimination sexuelle ou sociale. À la différence de l'utilitarisme, la théorie que je défends refuse, *par principe*, que nous puissions justifier des résultats bons en ayant recours à des moyens mauvais qui bafouent les droits d'un individu. Cette théorie refuse, par exemple, qu'il puisse être moral de tuer tante Béa pour en tirer des conséquences bénéfiques pour d'autres. Cela reviendrait à cautionner le traitement irrespectueux de l'individu au nom du bien social, ce qui, pour la théorie des droits, ne sera et ne pourra jamais être en aucun cas toléré.

Je pense que la théorie des droits est, d'un point de vue rationnel, la théorie morale la plus satisfaisante. Elle dépasse toutes les autres théories dans sa capacité à éclairer et à expliquer le fondement des devoirs que nous avons les uns envers les autres, c'est-à-dire le domaine de la moralité humaine. De ce point de vue, la théorie des droits dispose des meilleures raisons et des meilleurs arguments. Bien entendu, s'il était possible de démontrer que seuls les droits des humains sont justifiés par cette théorie, alors quelqu'un comme moi, qui croit aux droits des animaux, serait obligé de chercher ailleurs.

Mais les tentatives pour limiter la portée de cette théorie aux êtres humains ne peuvent qu'être rationnellement défectueuses. Aux animaux, il est vrai, manquent beaucoup des facultés que possèdent les humains. Ils ne peuvent pas lire, s'adonner aux mathématiques supérieures, construire une étagère ni encore faire frire des beignets. C'est aussi le cas de bien des êtres humains, et pourtant, nous ne disons pas (et ne devons pas dire) que ces humains ont ainsi moins de valeur inhérente, moins le droit d'être traité avec respect, que les autres. Ce sont les *similitudes* entre les êtres humains qui possèdent de la façon la plus claire une telle valeur (entre les divers lecteurs de ce texte, par exemple), et non pas leurs différences, qui sont les plus importantes. Et la similitude vraiment cruciale et fondamentale est au fond la suivante : chacun d'entre nous est le sujet d'une vie dont nous faisons l'expérience, une créature consciente possédant un bien-être individuel qui nous importe indépendamment de notre utilité pour autrui. Nous désirons et préférons des choses, nous croyons et ressentons des choses, nous nous rappelons des choses et nous nous attendons à d'autres. Toutes ces dimensions de notre vie – y compris le plaisir et la douleur, la joie et la souffrance, la satisfaction et la frustration, la poursuite de notre existence ou notre mort prématurée – différencient nos existences respectives sous le rapport de la qualité de la vie que menons en tant qu'individus. Étant donné qu'il en va de même pour les animaux dont il a été question au début de cet essai (ceux que nous mangeons, que nous piégeons, etc.), il est clair qu'eux aussi doivent être considérés comme des sujets d'une vie doués d'une valeur inhérente, qui mènent une existence dont ils ont l'expérience.

Il se trouvera certains lecteurs qui refuseront d'admettre l'idée que les animaux puissent posséder une valeur inhérente. « Seuls les humains ont une telle valeur », diront-ils. Comment est-il possible de défendre une thèse de ce genre en justifiant pareille limitation ? Accepterait-on de dire que seuls les êtres humains disposent d'assez d'intelligence, ou d'autonomie, ou de raison ? N'existe-t-il pas, cependant, une multitude d'êtres humains qui ne répondent pas à ces critères, et qui sont pourtant raisonnablement considérés comme ayant une valeur qui dépasse leur utilité pour les autres ? Doit-on dire alors que seuls les êtres humains appartiennent à la bonne espèce, à l'espèce *Homo sapiens* ? Mais ce serait là défendre une position typiquement spéciste ! Doit-on dire que les êtres humains, et eux seuls, ont une âme immortelle ? Si oui, alors nos adversaires ont du pain sur la planche, car, sans être personnellement hostile à l'idée selon laquelle il existe des âmes immortelles (et en ayant même l'espoir secret d'en posséder une), je ne suis pas sûr du tout de vouloir faire dépendre la position que je défends sur un certain nombre de sujets prêtant à controverse de la réponse à la question encore plus controversée consistant à savoir quels sont les êtres ou les entités doués d'une âme immortelle. Ce serait s'enfoncer encore plus plutôt que de se hisser hors du trou. D'un point de vue rationnel, il est préférable de résoudre les problèmes moraux sans faire plus qu'il ne faut de suppositions prêtant à controverse. La question de savoir qui a une valeur inhérente est une question de ce genre. C'est un problème qui se laisse résoudre plus rationnellement pour peu que l'on n'introduise pas l'idée de l'immortalité de l'âme.

Certains diront peut-être que les animaux possèdent une certaine valeur inhérente, mais que celle-ci est inférieure à la nôtre. Là encore, on peut montrer que les tentatives pour défendre cette thèse manquent de justification rationnelle. Sur quoi peut bien être fondée l'affirmation selon laquelle nous possédons plus de valeur inhérente que les animaux ? Sur leur manque de raison, d'autonomie ou d'intellect ? Nous pouvons bien sûr raisonner de cette manière, mais dans ce cas-là il faut se tenir prêt à en faire autant au sujet des êtres humains qui se révèlent tout aussi déficients sous les mêmes rapports. Or il est faux que ces êtres humains déficients – les enfants handicapés mentaux, par exemple, ou les aliénés – possèdent moins de valeur inhérente que vous ou moi. Il n'est donc pas possible non plus de soutenir rationnellement que les animaux qui leur sont comparables, en tant que sujets d'une vie dont ils font l'expérience, possèdent moins de valeur inhérente qu'eux. *Tous* ceux qui possèdent une valeur inhérente la possèdent d'une manière *égale*, qu'ils soient des êtres humains ou non.

Ainsi, la valeur inhérente appartient de façon égale à tous ceux qui sont les sujets d'une vie dont ils font l'expérience. Que cette valeur inhérente appartienne aussi à d'autres – aux pierres, aux rivières, aux arbres ou aux glaciers, par exemple –, nous ne le savons pas et ne le saurons peut-être jamais. Mais aussi bien n'est-il pas nécessaire de le savoir pour pouvoir défendre les droits des animaux. Nous n'avons pas besoin de savoir, par exemple, combien de personnes ont le droit de voter aux prochaines élections présidentielles pour savoir si j'ai ce droit moi-même. Ainsi nous n'avons pas besoin de savoir combien d'individus ont une valeur inhérente pour pouvoir savoir si certains en possèdent une. S'agissant des droits des animaux, ce que nous devons donc savoir c'est si les animaux qui dans notre culture sont quotidiennement mangés, chassés et utilisés dans les laboratoires, nous ressemblent en ce qu'ils sont les sujets d'une vie. Or nous connaissons la réponse à cette question. Nous savons pertinemment qu'un très grand nombre – littéralement des milliards et des milliards – d'animaux sont les sujets d'une vie dans le sens donné plus haut, et que donc ils possèdent une valeur inhérente si nous-mêmes en possédons une. Et puisque nous devons, afin d'arriver à la meilleure théorie des devoirs que nous avons les uns envers les autres, reconnaître notre égale valeur inhérente en tant qu'individus, la raison – et non les sentiments pas plus que les émotions – nous oblige à reconnaître à ces animaux la même valeur inhérente, et donc un droit identique au nôtre à être traités avec respect.

Voilà *très* grossièrement les grandes lignes de l'argumentation pour les droits des animaux. La plupart des arguments de détail qui l'étayent n'ont pas été évoqués. On les trouvera dans le livre dont j'ai parlé plus haut. Ces arguments resteront donc ici en suspens, et je dois, pour terminer, me limiter à quatre derniers points.

Le premier point est que la théorie qui sous-tend les droits des animaux montre que le mouvement qui les défend, loin de s'opposer au mouvement pour les droits des êtres humains, en est partie intégrante. La théorie qui fonde d'une manière rationnelle les droits des animaux fonde aussi les droits des êtres humains. Ainsi, les personnes qui sont engagées dans le mouvement pour les droits des animaux travaillent main dans la main avec celles qui luttent pour garantir le respect des droits des êtres humains – des droits des femmes, par exemple, ou des minorités ou des travailleurs. Le mouvement pour les droits des animaux est taillé dans la même étoffe morale que ces autres mouvements.

Deuxièmement, après avoir défini les grandes lignes de la théorie des droits, je peux maintenant expliquer pourquoi ses positions par rapport à l'élevage et à l'expérimentation animale, entre autres domaines, sont à la fois claires et intransigeantes. Pour ce qui est de l'utilisation des animaux en sciences, la théorie des droits est catégoriquement abolitionniste. Les animaux de laboratoire ne sont pas nos goûteurs; nous ne sommes pas leurs rois. Parce que ces animaux sont sans cesse et systématiquement traités comme si leur valeur était réductible à leur utilité pour autrui, ils sont tourmentés sans répit et systématiquement traités sans aucun respect, et ainsi leurs droits sont systématiquement et quotidiennement bafoués. Ceci est vrai lorsque les animaux sont utilisés pour des recherches futiles, déjà faites, inutiles ou malavisées, comme cela l'est encore lorsqu'ils sont utilisés dans le cadre de recherches qui laissent espérer de réels bienfaits pour les êtres humains. Il est impossible de justifier le fait de léser ou de tuer un être humain (ma tante Béa, par exemple) pour ce genre de motifs. Nous ne pouvons pas non plus l'accepter dans le cas d'une créature aussi modeste qu'un rat de laboratoire. Ce n'est pas une amélioration ou une réduction qui est demandée, ce ne sont pas des cages plus grandes ou plus propres, ni l'utilisation plus généreuse d'anesthésiques ou l'élimination de la chirurgie multiple. Ce n'est pas une remise en ordre du système qui est exigé. C'est son remplacement complet. La meilleure chose à faire concernant l'utilisation des animaux de laboratoire est de ne pas les utiliser. Voici quels sont nos devoirs, selon la théorie des droits.

En ce qui concerne l'élevage, la théorie des droits adopte là encore une position abolitionniste. Le mal moral fondamental dans ce domaine n'est pas le fait que les animaux soient maintenus enfermés dans un isolement stressant, ou que leur douleur ou leur souffrance, leurs besoins ou leurs préférences soient ignorés ou considérés comme sans importance. Bien sûr, toutes ces manières d'agir sont *répréhensibles*, mais le pire n'est pas là. Ces façons de faire ne sont que les symptômes et les effets d'un mal plus profond et plus systématique, celui qui autorise à considérer et à traiter ces animaux comme des êtres dénués de toute valeur indépendante, comme des ressources à notre disposition – et même comme des ressources renouvelables. Ce n'est pas en donnant plus de place, un environnement plus naturel ou plus de compagnons aux animaux d'élevage que l'on réparera le tort fondamental qui leur est fait, pas plus qu'en donnant plus d'anesthésiques ou des cages plus grandes ou plus propres aux animaux de laboratoire. Ce n'est rien de moins que l'abolition totale de l'élevage à des fins commerciales qui permettra d'éradiquer le mal à sa racine, de même que, pour des raisons similaires que je ne peux développer ici, la moralité n'exige rien de moins que l'élimination totale de la chasse et du piégeage à des fins commerciales et sportives. Comme je l'ai déjà dit, les positions de la théorie des droits sont donc claires et intransigeantes.

Les deux derniers points que je souhaite aborder concernent mon métier de philosophe. Bien évidemment, la philosophie ne se substitue pas à l'action politique. Mes écrits ici et ailleurs ne changeront rien du tout par eux-mêmes. Le changement ne peut venir que de ce que nous faisons avec les pensées que les mots expriment – il ne peut venir que de nos faits et gestes. Tout ce que la philosophie peut faire, et tout ce que j'ai essayé de faire, consiste à offrir une vision de l'objectif que nos actes doivent s'efforcer d'atteindre, et d'expliquer pourquoi nous devons le faire. Expliquer le pourquoi, et non pas le comment.

Mon dernier mot sera pour le critique bienveillant que je mentionnais précédemment, celui qui me reprochait d'être trop cérébral. Avouons-le : oui, j'ai été cérébral. La conception des devoirs indirects, l'utilitarisme, le néo-contractualisme, etc., ne sont pas précisément la matière dont sont faites les passions profondes. Mais qu'on me permette d'évoquer cette image qu'un autre ami me montra un jour : l'image d'une danseuse de ballet, exprimant la passion disciplinée. De longues heures passées à transpirer et à travailler dur, de longues heures de solitude et d'entraînement, de doute et de fatigue – voilà en quoi consiste la discipline de l'art de la danse. Mais la passion ne fait pas défaut ici, le désir intense d'excellence, la volonté de s'exprimer à travers son corps, de le faire comme cela doit être fait, et de marquer notre esprit. C'est l'image que j'aimerais vous donner de la philosophie : une image non pas trop « cérébrale », mais plutôt une image de *passion disciplinée*. Nous avons assez parlé de la discipline ; voyons maintenant la passion. Il arrive, et même assez souvent, que les larmes me viennent aux yeux quand je vois, lis ou entends parler du sort misérable des animaux aux mains des êtres humains. Leur douleur, leur souffrance, leur solitude, leur innocence, leur mort. Colère. Rage. Pitié. Chagrin. Dégoût. La création tout entière gémit sous le poids du mal que nous, êtres humains, imposons à ces créatures muettes et sans défense. C'est *aussi* notre cœur, et pas seulement notre raison, qui demande la fin de tout cela, qui exige que nous surmontions, par égard pour eux, les habitudes et les forces qui sont la cause de leur oppression systématique. Il a été dit que tous les grands mouvements passent par trois étapes : celle du ridicule, celle de la discussion et celle de l'adoption. La réalisation de la troisième étape, l'adoption, exige à la fois notre passion et notre discipline, nos cœurs et nos esprits. Le sort des animaux est entre nos mains. Que Dieu nous accorde d'être à la hauteur de la tâche.

GARY L. FRANCIONE

PRENDRE LA SENSIBILITÉ AU SÉRIEUX *[1]

En 1993, un groupe d'experts a élaboré conjointement un recueil d'essais intitulé *The Great Ape Project: Equality Beyond Humanity*[2]. Ce livre servait de support à un document – la *Déclaration sur les grands singes anthropoïdes*, à laquelle ont souscrit les initiateurs du projet ainsi que les divers contributeurs du volume – qui énonce que les grands singes anthropoïdes « sont les plus proches cousins de notre espèce », et que ces êtres non humains « sont pourvus de capacités mentales et d'une vie

* Gary L. Francione, « Taking Sentience Seriously », *Journal for Animal Law and Ethics*, n° 1, 2006, p. 1-20, repris dans G.L. Francione, *Animals as Persons: Essays on the Abolition of Animal Exploitation*, New York, Columbia UP, 2008, p. 129-147. La présente traduction a été établie par Hicham-Stéphane Afeissa avec l'aimable autorisation de l'auteur.

1. Je tiens à remercier Anna E. Charlton, Taimie Bryant, Darian Ibrahim, Rupert Read et Gary Steiner pour leurs commentaires éclairants. J'ai bénéficié de l'assistance de Suzanna Polhamus et de l'aide financière du Dean's Research Fund de l'University School of Law-Newark de Rutgers (New Jersey).

2. P. Cavalieri et P. Singer (eds.), *The Great Ape Project: Equality Beyond Humanity*, London, Fourth Estate Publishing, 1993 [trad. fr. M. Rozenbaum, *Le projet Grands Singes. L'égalité au-delà de l'humanité*, Nantes, One Voice, 2003].

émotionnelle suffisantes pour justifier leur intégration au sein de la communauté des égaux »[1]. Depuis quelques années, s'inscrivant dans le prolongement de l'enquête et des problématiques du projet sur les grands singes anthropoïdes, ainsi que de l'organisation éponyme qui en est directement issue[2], une littérature considérable s'est développée autour du thème de l'aptitude des grands singes anthropoïdes, des dauphins, des perroquets et peut-être d'autres animaux à posséder des caractéristiques cognitives que l'on pensait jusqu'alors être l'apanage des êtres humains[3]. Ces caractéristiques incluent la conscience de soi, la capacité à éprouver des émotions et à communiquer en utilisant un langage symbolique. Par là même, cette littérature pose la question de savoir s'il faut repenser notre relation aux êtres non humains de telle sorte à pouvoir accorder à ceux qui possèdent de telles caractéristiques une considération morale plus grande, ainsi qu'une protection juridique renforcée. Le projet sur les grands singes anthropoïdes a tout simplement repris à son compte et popularisé ce que j'appelle la « théorie de la similitude des esprits » (*similar-*

1. P. Cavalieri et P. Singer (eds.), *The Great Ape Project*, *op. cit.*, p. 5.

2. Voir http://www.greatapeproject.org

3. Voir par exemple M.D. Hauser, *The Evolution of Communication*, Cambridge, MIT Press, 1996; M.D. Hauser, *Wild Minds: What Animals Really Think*, London, Penguin Books, 2001; W.A. Hillix et D. Rumbaugh, *Animal Bodies, Human Minds: Ape, Dolphin, and Parrot Language Skills*, Dordrecht, Kluwer Academic Press-Plenum Publishers, 2004; M. Bekoff et D. Jamieson (eds.), *Readings in Animal Cognition*, Cambridge, MIT Press, 1996; S. Savage-Rumbaugh et R. Lewin, *Kanzi. The Ape at the Brink of the Human Mind*, New York, John Wiley & Sons, 1994; S.M. Wise, *Drawing the Line: Science and the Case for Animal Rights*, Cambridge, Perseus Books, 2002; S. M. Wise, *Rattling the Cage: Toward Legal Rights for Animals*, Cambridge, Perseus Books, 2000.

minds theory) dans le contexte de la relation entre les êtres humains et les êtres non humains[1].

La théorie de la similitude des esprits a donné naissance à toute une ribambelle d'éthologistes cognitifs qui se sont empressés de mettre au point des programmes de recherche visant à déterminer dans quelle mesure les êtres non humains possèdent des caractéristiques cognitives semblables à celles que possèdent les êtres humains – l'ironie de l'histoire voulant que pareille enquête ait été conduite, la plupart du temps, en recourant à l'expérimentation animale. Or, le défaut constitutif de la théorie de la similitude des esprits tient en ceci que les êtres non humains qui n'ont pour eux que la seule sensibilité – ainsi capables d'éprouver de la douleur et de souffrir, mais auxquels manque par ailleurs toute capacité cognitive – apparaissent comme n'étant rien d'autre que des *choses*, qui peuvent encore prétendre à être traitées avec « humanité », sans pour autant avoir droit au traitement préférentiel que nous nous sentons tenus de réserver aux êtres non humains doués d'un esprit semblable au nôtre.

Je compte parmi les collaborateurs du *Great Ape Project* et parmi les premiers signataires de la *Déclaration sur les grands singes anthropoïdes*[2]. Toutefois, dans ma contribution à cet ouvrage en 1993[3], et de façon beaucoup plus développée dans mes écrits ultérieurs et, en particulier, dans mon livre *Introduction to Animal Rights*[4], j'ai soutenu que la sensibilité constitue à

1. Voir G.L. Francione, « Our Hypocrisy », *New Scientist*, 4-10 juin, 2005, p. 51-52.

2. Voir G.L. Francione, « Personhood, Property and Legal Competence », dans *The Great Ape Project : Equality Beyond Humanity*, *op. cit.*, p. 248.

3. *Ibid.*, p. 253.

4. G.L. Francione, *Introduction to Animal Rights : Your Child or the Dog ?*, Philadelphia, Temple UP, 2000, p. 116-127. Voir aussi, G.L. Francione, « Animals

elle seule un critère suffisant d'intégration au sein de la communauté morale, sans qu'il faille exiger la possession d'aucune autre caractéristique cognitive.

La théorie de la similitude des esprits est présentée par ses partisans comme une théorie progressiste au motif qu'elle rendrait possible l'intégration d'au moins quelques êtres non humains au sein de la communauté des égaux. Mais j'estime pour ma part que c'est non seulement inexact, mais que c'est plutôt le contraire qui est vrai, en ce sens que la théorie de la similitude des esprits est tout juste bonne à renforcer notre propension à exclure pratiquement tous les êtres non humains de la communauté morale. Le problème réside dans la tentative visant à corréler les caractéristiques cognitives à l'importance morale des individus non humains. Bien que la théorie de la similitude des esprits soit manifestement d'invention récente, le geste qui consiste à subordonner le statut moral des individus à la possession de caractéristiques cognitives situées au-delà du plan de la sensibilité n'a rien d'inédit. À bien y regarder, on s'aperçoit que, sous une forme ou sous une autre, cette idée définit une constante de la façon dont les êtres humains ont pensé le statut moral des êtres non humains, et que c'est bien cette idée qui est responsable, dans une large mesure, de notre méprise.

Dans cet article, je souhaiterais tout d'abord restituer très brièvement l'histoire de cette idée. J'expliquerai ensuite pour quelles raisons nous devrions renoncer à la théorie de la similitude des esprits au profit de celle qui n'exige rien d'autre que

– Property or Persons? », dans C.R. Sunstein et M.C. Nussbaum (eds.), *Animal Rights : Current Debates and New Directions*, Oxford, Oxford UP, 2004, p. 108 [repris dans G.L. Francione, *Animals as Persons : Essays on the Abolition of Animal Exploitation*, *op. cit.*, p. 25-66].

la sensibilité au titre de condition d'intégration au sein de la communauté morale.

BENTHAM, LA SENSIBILITÉ ET L'UTILISATION DES ANIMAUX

Jusqu'au XIXe siècle, les êtres non humains étaient pour la plupart tenus pour des choses et non pas pour des personnes morales, parce que nous pensions alors que leur faisait défaut telle ou telle caractéristique censée appartenir en propre aux êtres humains, de telle sorte à nous rendre qualitativement différents des êtres non humains et à priver ces derniers de toute importance morale. Depuis les Présocratiques jusqu'au Moyen Âge et saint Thomas d'Aquin, en passant par Platon et Aristote, sans oublier les Lumières, Descartes, Locke et Kant, les penseurs ont soutenu que les animaux, à la différence des êtres humains, n'étaient pas rationnels, n'avaient pas conscience d'eux-mêmes, ou n'étaient pas capables de pensée abstraite, d'utiliser le langage, de témoigner d'un souci moral réciproque pour les êtres humains [1].

De ces différences hypothétiques il est censé résulter que les êtres humains ne peuvent pas se reconnaître d'obligations morales directes à l'endroit des êtres non humains, et que ces derniers ne peuvent pas non plus être tenus pour des membres de la communauté morale [2]. Pour autant que les êtres humains

1. Il y a eu, bien entendu, des exceptions. On trouvera une excellente discussion du traitement qui a été réservé aux êtres non humains durant l'histoire de la philosophie occidentale dans G. Steiner, *Anthropocentrism and Its Discontents : The Moral Status of Animals in the History of Western Philosophy*, Pittsburgh, University of Pittsburgh Press, 2005.

2. Voir G.L. Francione, *Introduction to Animal Rights*, *op. cit.*, p. 1-3, p. 103-106, p. 111-113. En un sens, Descartes devrait être considéré séparément car il a

puissent avoir des obligations quelconques à l'endroit des animaux, celles-ci concernent en fait les autres êtres humains. Par exemple, l'obligation morale de ne pas faire souffrir sans raison les animaux n'est en réalité rien d'autre qu'une règle de la morale interhumaine commandant d'éviter tout comportement qui pourrait conduire à maltraiter une personne humaine. De la même manière, il n'existait pour ainsi dire aucune loi avant le XIXe siècle qui établisse des obligations légales à l'endroit des animaux distinctes de celles qui, bien qu'elles concernent les animaux eux-mêmes, sont en fait destinées à protéger les êtres humains en tant que propriétaires d'animaux [1].

Des mouvements sociaux progressistes ont émergé pour demander l'obtention de droits plus étendus pour les femmes, pour réclamer l'abolition de l'esclavage, et pour faire valoir l'existence d'obligations morales à l'endroit des autres animaux indépendamment de l'incidence que peut avoir le traitement que nous leur réservons sur les autres êtres humains. Bien qu'il y ait eu de nombreux penseurs et avocats de cette dernière cause, le

défendu l'idée selon laquelle les animaux n'étaient pas doués de sensibilité, tandis que d'autres penseurs ont reconnu que les animaux étaient doués de sensibilité et étaient susceptibles d'avoir des intérêts, mais que nous pouvons ignorer ces intérêts dans la mesure où fait défaut aux animaux toute autre caractéristique cognitive. Si les animaux ne sont pas doués de sensibilité, alors ils ne peuvent pas posséder des intérêts, et il n'y a aucun sens à considérer que nous avons des obligations à leur endroit. Voir dans *Introduction to Animal Rights*, *op. cit.*, p. 2-3, p. 104. Voir aussi ci-dessous, note 47 [note 1, p. 219-220] (où il est question de la sensibilité comme d'une condition nécessaire et suffisante pour la possession d'intérêts). Non contents de leur dénier la possession d'un esprit (*mind*) semblable au nôtre, certains philosophes ont également soutenu que les animaux étaient dépourvus d'âme (*soul*) et étaient spirituellement inférieurs aux êtres humains. Voir G.L. Francione, *Introduction to Animal Rights*, *op. cit.*, p. 106-111.

1. Voir G.L. Francione, *Introduction to Animal Rights*, *op. cit.*, p. 3.

philosophe et juriste britannique Jeremy Bentham (1748-1832) se distingue comme le plus important et le plus influent. Bentham rejetait l'idée selon laquelle nous pourrions exclure les êtres non humains de la communauté morale et les traiter comme des choses au motif que certaines caractéristiques, jugées nécessaires et constitutives de toute personnalité morale, leur feraient défaut. Selon Bentham,

> un cheval ou un chien adulte sont des animaux incomparablement plus rationnels et aussi plus causants qu'un enfant d'un jour, d'une semaine, ou même d'un mois. Mais s'ils ne l'étaient pas, qu'est-ce que cela changerait ? La question n'est pas : peuvent-ils *raisonner* ? ni : peuvent-ils *parler* ? mais : peuvent-ils *souffrir*[1] ?

Bentham cherchait, semble-t-il, à rompre avec cette tradition de pensée occidentale multiséculaire qui n'aura eu de cesse de corréler les caractéristiques cognitives au statut moral, au profit de l'idée selon laquelle la sensibilité est la seule condition exigible pour qu'un animal puisse être intégré au sein de la communauté morale. Mais est-ce bien là le sens de ce qu'il dit ?

En vérité, Bentham n'a point tiré de l'idée selon laquelle la sensibilité est la seule chose qui importe la conclusion que nous devrions cesser de tirer profit des animaux et de les tuer pour servir des fins humaines. Bien qu'il ait de toute évidence cherché à montrer que la rationalité et la possession du langage ne sont pas des critères déterminants de la considération morale, il ne fait

1. J. Bentham, *An Introduction to the Principles of Morals and Legislation* (1781), J.H. Burns et H.L.A. Hart (eds.), London, Athlone Press, 1970, chap. XVII, § 4, p. 282-283 [le lecteur français trouvera une traduction d'un large fragment de ce texte dans l'anthologie dirigée par L. Ferry et Cl. Germé, *Des animaux et des hommes*, Paris, Livre de poche, 1994, p. 388-389. Voir la traduction complète de ce livre, *Introduction aux principes de morale et de législation*, Paris, Vrin, 2010].

toutefois guère de doute qu'il n'estimait pas dénuées de toute pertinence les différences cognitives entre les êtres humains et les êtres non humains.

Bentham pensait que les êtres non humains, à la différence des êtres humains, n'ont pas conscience d'eux-mêmes et sont dépourvus de tout sens de ce que peut réserver l'avenir. Cela ne signifie certes pas que nous sommes fondés à tenir pour rien la souffrance animale ; cela signifie plutôt que les animaux n'ont pas eux-mêmes un intérêt dans la continuation de leur propre existence et, donc, que nous sommes fondés à poursuivre l'exploitation animale. Bentham déclare ainsi que

> si le fait d'être mangé était tout, il y a une très bonne raison pour laquelle il devrait nous être permis de les manger autant qu'il nous plaît : nous nous en trouvons mieux ; et ils ne s'en trouvent jamais pire. Ils n'ont aucune de ces très longues anticipations de misère future que nous avons [...] et ils ne s'en trouvent jamais pire d'être morts[1].

Selon Bentham, les animaux ne se soucient guère du fait que nous les utilisions ou que nous les tuions pour servir des fins qui nous sont propres, pour peu que nous ne les fassions pas souffrir indûment en cours de route. L'idée d'interroger le statut des

1. *Ibid.*, p. 282. Voir ci-dessous la note 44 [note 1, p. 217] (où il est question des vues de John Stuart Mill sur la question de la différence entre les êtres humains et les autres animaux). La position du théoricien des droits des animaux Tom Regan s'approche de celle de Bentham lorsqu'il admet que la mort constitue un dommage plus grand pour les êtres humains qu'elle ne l'est pour les êtres non humains, en sorte que, selon lui, si d'aventure nous étions confrontés à un dilemme nous obligeant à choisir entre sauver quatre êtres humains et sauver un million de chiens, nous devrions choisir de sauver les êtres humains en raison de cette différence qualitative. Voir T. Regan, *The Case for Animal Rights*, Berkeley, University of California Press, 1983, p. 324-325. On trouvera une discussion de la position de Regan dans G.L. Francione, *Introduction to Animal Rights*, *op. cit.*, p. 215, n. 61.

animaux en tant que propriété ne lui est pas venue parce qu'il n'estimait pas qu'un tel statut, pas plus que l'exploitation animale en vue de servir des fins humaines, puissent être en eux-mêmes critiquables. Le problème prioritaire pour Bentham n'était pas de savoir *si* nous sommes fondés à tirer profit des animaux, mais bien de savoir *comment* nous devons le faire.

Ainsi qu'il apparaîtra par la suite, l'absence de remise en question du statut des animaux considérés en tant que propriété explique que la promotion benthamienne, toute révolutionnaire, de la sensibilité au rang de condition suffisante de la considération morale, n'ait été, en fin de compte, qu'un feu de paille. Bien décidé à récuser la corrélation traditionnellement établie entre les caractéristiques cognitives et le statut moral, Bentham s'est en fait contenté de la réintroduire sous une autre forme.

La sagesse conventionnelle et le bien-être animal

Les vues de Bentham sur ce sujet sont au fondement des principes visant à favoriser le bien-être animal – principes qui reflètent bien la morale du sens commun quant à nos obligations envers les animaux. Selon cette sagesse conventionnelle, il nous est tout à fait permis de tirer profit des animaux pour servir des fins qui nous sont propres, à condition de prendre la souffrance animale au sérieux – puisqu'il est avéré que les animaux peuvent souffrir – et de ne pas traiter ces derniers comme de simples choses. De fait, l'idée selon laquelle il est moralement condamnable d'infliger une souffrance « sans nécessité » aux êtres non humains, et donc que nous sommes moralement tenus de traiter les animaux avec « humanité », est assez largement partagée. Cette idée est si peu sujette à controverse que figure dans le Code pénal lui-même un certain nombre d'articles – initialement adoptés en Angleterre au cours du XIXe siècle pour être par la suite repris dans les textes législatifs du monde entier – qui visent à soumettre à des pénalités criminelles celles et ceux qui manqueraient de traiter les animaux avec « humanité » ou qui les feraient souffrir « sans nécessité » et de manière « injustifiée »[1]. Autrement dit, il semble que nous ayons à ce point fait nôtre la théorie morale de Bentham au sujet du rôle central de la sensibilité que nous avons fini par la graver dans le bronze de la loi. Et c'est bien là le problème.

Pour peu que nous nous donnions la peine de les examiner attentivement, il apparaît que les principes conventionnels du bien-être animal souffrent d'une grande confusion. En effet, à quoi peut bien servir l'interdiction de faire souffrir sans nécessité et de manière injustifiée les êtres non humains, si celle-ci ne commence pas par prohiber le traitement qui consiste à les faire souffrir pour le seul plaisir, divertissement ou agrément des êtres humains ? Or dans l'immense majorité des cas où les êtres non humains sont exposés à la souffrance ou sont précipités dans la mort, le traitement que nous leur faisons subir ne peut guère se justifier autrement que par la référence au seul plaisir, divertissement ou agrément que nous y trouvons, et on voit mal par quel tour de passe-passe la souffrance et la mort données dans de telles conditions pourraient être considérées de façon plausible comme « nécessaires »[2].

Par exemple, il n'est nullement « nécessaire » de se nourrir de chair animale ou de produits animaux ; l'on pense de plus en plus que les produits animaux nuisent à la santé des êtres humains, et

1. Voir G.L. Francione, *Introduction to Animal Rights*, *op. cit.*, p. 7-9.

2. Voir G.L. Francione, *Introduction to Animal Rights*, *op. cit.*, p. 9-30 (où il est question de la nécessité supposée de multiples utilisations des animaux).

que l'agriculture animale, d'un point de vue strictement écologique, est un réel désastre. La seule justification que nous puissions invoquer pour rendre compte du traitement brutal et funeste que nous faisons subir à plus de dix milliards d'animaux que nous tuons et que nous mangeons annuellement rien qu'aux États-Unis, est que nous apprécions le goût de la viande et des produits laitiers. De la même manière, il n'est nullement « nécessaire » d'élever des animaux à des fins de divertissement ou pour le seul plaisir de la chasse sportive. Il n'y a que dans un seul cas de figure où l'argument de la « nécessité » semble pouvoir être invoqué de façon plausible, c'est celui de l'expérimentation animale conduite dans le but de mettre au point des remèdes permettant de traiter les maladies graves dont peuvent souffrir les êtres humains[1]. Même si dans ce contexte l'argument de la « nécessité » demeure fragile, l'usage qui est fait des êtres non humains dans le cadre de l'expérimentation médicale a ceci d'unique qu'il semble échapper au soupçon sommaire de n'être rien d'autre qu'une activité pourvoyeuse de souffrance et de mort entreprise pour des raisons triviales[2].

1. Voir G.L. Francione, *Introduction to Animal Rights*, *op. cit.*, p. 31-49 (où il est question la nécessité supposée de l'utilisation des animaux dans la recherche biomédicale et autres contextes qui lui sont liés).

2. Ce qui ne veut pas dire que je tienne pour moralement justifiable l'usage des êtres non humains à des fins expérimentales. En fait, je crois le contraire. Voir *ibid.*, p. 156-157. Voir aussi G.L. Francione, « The Use of Nonhuman Animals in Biomedical Research : Necessity and Justification », *J. L. Med. & Ethics*, n° 35, 2006 (où il est expliqué que l'usage des animaux dans des expériences ne peut être justifié moralement, même si, dans certaines situations, l'on peut justifier comme étant nécessaire l'usage qui en est fait). Je tiens en revanche l'usage des animaux à des fins de consommation alimentaire, de divertissement et de sport cynégétique (usages responsables à eux seuls dans une très large mesure de la souffrance et de la mort infligées aux êtres non humains) pour éminemment trivial.

Tout bien considéré, nous souffrons d'une sorte de « schizophrénie morale » dans le rapport que nous entretenons avec les animaux. D'une part, nous prétendons prendre au sérieux la souffrance animale et réputons moralement condamnable toute souffrance qui leur serait infligée sans nécessité. D'autre part, dans l'écrasante majorité des cas, les modalités selon lesquelles nous tirons profit des êtres non humains – en les exposant fatalement à une certaine souffrance – ne peuvent pas être tenues pour « nécessaires » en quelque sens que ce soit. Nombreux sont ceux qui parmi nous considèrent comme des membres de la famille les êtres non humains avec lesquels ils vivent. Et pourtant, nous retournons notre steak dans la poêle pour finir la cuisson, puis plantons gaillardement notre fourchette dans la chair d'autres êtres non humains, alors même qu'ils ne se distinguent de façon significative sous aucun rapport des animaux que nous aimons.

Notre schizophrénie morale au sujet des animaux est directement liée au statut de propriété que nous leur avons conféré [1]. Bien que nous déclarions prendre au sérieux leurs intérêts, les animaux apparaissent nécessairement comme n'étant rien d'autre que des choses parce qu'ils sont considérés à la façon de produits interchangeables que nous pouvons nous procurer et posséder, et qui n'ont en conséquence que la valeur que nous voulons bien leur donner. Dans mon livre intitulé *Animals, Property, and the Law*, j'ai fait valoir que, bien qu'elles semblent exiger que nous mettions en balance les intérêts des êtres humains avec ceux des êtres non humains au moment de déterminer les normes de l'usage ou du traitement acceptable des animaux, en vérité les lois sur le bien-être animal sont truquées d'avance, étant donné que

1. Voir G.L. Francione, *Introduction to Animal Rights*, *op. cit.*, p. 50-80 (où il est question du statut de propriété des êtres non humains).

les intérêts considérés sont, d'une part, ceux des propriétaires et, d'autre part, ceux des animaux définis comme étant la propriété des êtres humains. Le résultat de cet exercice ne fait à aucun moment mystère dès lors que l'on a pris soin d'assigner aux êtres non humains le statut de propriété[1]. L'animal en question sera toujours considéré comme un « animal d'élevage », ou bien comme un « animal de chasse », un « animal de rodéo », un « animal domestique », ou toute autre modalité d'appropriation des animaux réduisant ces derniers à n'avoir d'autre existence que celle que notre usage leur reconnaît, et à n'avoir d'autre valeur que celle que nous voulons bien leur conférer.

Tenir les animaux pour la propriété des êtres humains revient à leur dénier toute valeur inhérente ou intrinsèque, et autorise de façon générale à ignorer les intérêts (de quelque ordre que ce soit) qui peuvent être bien les leurs, pour notre plus grand profit. Rien ne nous interdit de les exposer à une douleur et une souffrance atroces, à les soumettre à un traitement que nul n'hésiterait à désigner comme constituant une forme de torture si des êtres humains en étaient victimes, pour peu qu'un tel traitement semble « nécessaire » à en juger selon les normes en vigueur des différentes industries reposant sur l'exploitation animale. C'est ainsi que, nonobstant l'intérêt que le bétail peut avoir à n'être pas castré sans anesthésie ou à n'être pas marqué au fer rouge – procédés qui sont, l'un et l'autre, des plus douloureux –, un tel traitement est tenu pour « nécessaire » sous prétexte que c'est une pratique courante en agrobusiness. La « souffrance » des propriétaires que

1. Voir G.L. Francione, *Animals, Property, and the Law*, Philadelphia, Temple UP, 1995 (où il est question de l'échec des lois portant sur le bien-être animal à garantir une protection efficace aux animaux en raison de leur statut de propriété, et de l'impossibilité à mettre en balance en quelque sens que ce soit les intérêts de la propriété avec ceux du propriétaire).

l'on empêche de tirer profit à leur guise de leur propriété compte plus que la souffrance des êtres non humains. L'exigence de traiter les animaux avec « humanité » et de ne pas les faire souffrir « sans nécessité » n'est en réalité rien d'autre qu'une injonction à ne pas infliger de douleur et de souffrance au-delà ce qui est nécessaire pour rendre possible et efficace l'exploitation animale, sous ses diverses formes. Dans un tel calcul, les intérêts des animaux se voient dénier toute valeur intrinsèque.

Il n'est pas douteux que nous ayons les moyens de traiter les animaux non humains bien mieux que nous ne le faisons actuellement, mais ce qui s'oppose le plus à toute amélioration significative sous ce rapport n'est rien d'autre que leur statut de propriété[1]. En outre, ainsi que j'ai cherché à le montrer dans *Rain Without Thunder : The Ideology of Animal Rights Movement*[2], l'expérience ne semble pas indiquer l'existence d'un quelconque lien entre la détermination des normes du bien-être animal et l'abolition de l'exploitation animale. Tout se passe plutôt comme si les normes du bien-être animal étaient impuissantes à réduire la

1. Voir G.L. Francione, *Animals, Property, and the Law*, *op. cit.*, p. 14 (où il est dit que le statut des animaux considérés comme propriétés des êtres humains complique la tâche de ceux qui veulent leur assurer un meilleur traitement, mais ne la rend pas non plus impossible). Dans la décennie qui a suivi la publication de *Animals, Property and the Law*, je n'ai eu à constater aucune amélioration importante en matière de normes du bien-être animal, du moins aux États-Unis, alors même que, dans l'intervalle, a émergé un mouvement en faveur du bien-être des animaux des plus actifs et très bien financé. Voir G.L. Francione, « Reflections on *Animals, Property, and the Law* and *Rain Without Thunder* », article disponible à l'adresse suivante : http : //law.duke.edu/journals/lcp [repris dans G.L. Francione, *Animals as Persons : Essays on the Abolition of Animal Exploitation*, *op. cit.*, p. 67-128].

2. G.L. Francione, *Rain Without Thunder : The Ideology of the Animal Rights Movement*, Philadelphia, Temple UP, 1996.

souffrance animale effective, et servaient en priorité à rendre les êtres humains plus à l'aise par rapport à l'exploitation à laquelle ils soumettent les êtres non humains. Voilà maintenant *grosso modo* deux cents ans que nous élaborons des normes du bien-être animal, et jamais au cours de l'histoire autant d'êtres non humains n'ont été exploités.

En résumé, il apparaît qu'en dépit du refus affiché par la pensée morale et juridique conventionnelle qui est depuis quelque temps la nôtre de ne pas corréler les caractéristiques cognitives au statut moral, et en dépit également de la volonté proclamée de promouvoir la sensibilité au rang de seule condition moralement exigible, le statut de propriété que l'on continue de conférer aux animaux prend à rebours un tel discours.

En effet, le geste d'appropriation présuppose fondamentalement que les animaux, par opposition aux êtres humains, n'ont pas d'intérêt dans la poursuite de leur propre existence en raison de leur différence cognitive. Nous rejetons par la porte l'idée d'une quelconque corrélation, pour mieux la faire entrer par la fenêtre, sous une forme légèrement modifiée, et déclarons que l'existence hypothétique d'un certain nombre de différences cognitives justifie que nous réservions aux animaux un traitement auquel les êtres humains ne sont plus susceptibles d'être soumis. Il s'ensuit que la reconnaissance, sur le plan moral et juridique, de l'importance de la sensibilité n'a nullement entraîné un changement de paradigme dans la façon dont nous traitons les êtres non humains. Le siècle qui vient de s'achever aura été celui au cours duquel se seront développées certaines des formes les plus choquantes de l'exploitation animale, à commencer par l'élevage intensif ou ce que l'on appelle encore « l'élevage industriel », alors même que nous prétendons nous être élevés à des vues hautes et plus généreuses au sujet du statut moral des êtres non humains, ainsi qu'au sujet des obligations morales et juridiques que nous avons à leur endroit.

LES PROBLÈMES DE LA THÉORIE DE LA SIMILITUDE DES ESPRITS

Parmi les différences qui existent entre la résurgence récente de la théorie de la similitude des esprits (telle qu'elle est réapparue au cœur du projet sur les grands singes, mais aussi dans d'autres programmes de recherche analogues) et les vues de Bentham dont il a été question précédemment (qui prennent place dans la perspective plus générale de la théorie conventionnelle du bien-être animal), la plus importante tient à ceci que la recherche éthologique moderne considère qu'il est tout à fait possible qu'il y ait *quelques* êtres non humains dont les esprits soient suffisamment semblables au nôtre, à un degré beaucoup plus élevé que Bentham et quelques autres n'eussent été disposés à l'avouer, pour qu'on leur reconnaisse le droit à bénéficier d'une plus grande considération morale et juridique. Peut-être est-il temps d'étudier de plus près cette vaste entreprise qui consiste à subordonner l'importance morale des êtres non humains à la possession d'attributs cognitifs qui dépassent la seule sensibilité, plutôt que de tenter de déterminer s'il existe parmi les êtres non humains quelques-uns qui possèdent de tels attributs cognitifs, ou qui les possèdent à un degré tel que cela les rend suffisamment proches des êtres humains pour mériter de se voir conférer une personnalité morale et juridique.

Pour le dire sans plus tarder, je dois avouer que la théorie de la similitude des esprits me paraît franchement étrange. Existe-t-il une personne qui, ayant l'expérience de ce qu'est la compagnie d'un chien ou d'un chat, puisse réellement leur dénier toute forme d'intelligence, de conscience de soi, de vie émotionnelle même s'ils sont génétiquement plus éloignés de nous que ne le sont les grands singes ? Ma femme et moi-même vivons en compagnie de cinq chiens rescapés. Si d'aventure quelqu'un nous demandait si nos amis canins possèdent les caractéristiques psychiques susmentionnés, cela nous paraîtrait aussi étrange qu'une enquête cherchant à savoir s'ils sont munis d'une queue. Et que l'on ne crie pas à l'anthropomorphisme (en entendant par là l'assignation de qualités humaines en l'absence de toute base empirique) : il est tout bonnement impossible d'expliquer de façon plausible et cohérente le comportement de ces animaux non humains sans se référer à l'idée d'activités mentales. Il se peut que les êtres non humains ne soient pas sujets à des états intentionnels de type prédicatif – c'est-à-dire du type de ceux que toute communication symbolique présuppose –, mais il n'est pas douteux qu'ils peuvent être sujets à des états cognitifs qui sont du type de ceux de la croyance, du désir, etc.

En outre, il est tout de même stupéfiant que, cent cinquante ans après Darwin, l'on puisse encore s'étonner de ce que d'autres animaux possèdent des caractéristiques que l'on croyait être l'apanage des êtres humains. De manière générale, la thèse selon laquelle les êtres humains posséderaient des caractéristiques psychiques qui feraient tout à fait défaut aux êtres non humains est incompatible avec la théorie de l'évolution. Darwin a expressément fait valoir qu'il n'existe pas de caractéristiques qui appartiendraient en propre aux êtres humains : « la différence psychique entre l'être humain et les animaux supérieurs, aussi grande soit-elle, est certainement une différence de degré et non pas de genre »[1]. Ce qui revient à dire que les différences entre les esprits humains et non humains sont de nature quantitative et non pas de nature qualitative. Le même Darwin a avancé l'idée que les êtres non humains sont capables de penser et qu'ils possèdent les mêmes attributs émotionnels que les êtres humains – ce qui ne signifie pas qu'il n'existe aucune différence significative sous le rapport de la cognition entre un animal qui se sert d'un langage symbolique et un autre qui ne le fait pas, mais plutôt que la différence n'est pas de nature qualitative, au sens où l'on pourrait dire qu'un animal possède telle caractéristique cognitive qui n'a pas d'équivalent chez un autre.

Ma conviction personnelle, sur ce point, est que les êtres non humains possèdent vraiment les caractéristiques que nous considérons ordinairement comme étant l'apanage des êtres humains, mais je suis bien conscient qu'un débat subsiste et qu'il est plus prudent de laisser la question ouverte au regard du fait, en lui-même incontestable, qu'il existe des différences entre l'esprit des êtres humains et celui des autres animaux qui n'utilisent pas le langage. Quoi qu'il en soit, je vois au moins deux raisons de rejeter l'idée selon laquelle le critère de la sensibilité des êtres non humains ne pourrait pas suffire à leur assurer l'intégration plénière au sein de la communauté morale. La première est d'abord d'ordre pratique : la théorie de la similitude des esprits est-elle en mesure d'induire si peu que ce soit un changement significatif dans la façon dont sont traités les êtres non humains

1. Ch. Darwin, *The Descent of Man, and Selection in Relation to Sex*, New York, J.A. Hill & Compagny, 1904, p. 105 [trad. fr. M. Prum (dir.), *La filiation de l'homme et la sélection liée au sexe*, Paris, Syllepse, 2000, p. 214]. Voir aussi J. Rachels, *Created from Animals : The Moral Implications of Darwinism*, Oxford, Oxford UP, 1990 (où il est question des implications morales de l'existence d'un ancêtre commun aux êtres humains et aux êtres non humains).

censés posséder des caractéristiques cognitives très proches des nôtres? La seconde raison est d'ordre conceptuel et met en évidence l'impuissance de cette théorie à aborder la question morale fondamentale : pourquoi est-il nécessaire de posséder une quelconque caractéristique autre que celle de la sensibilité pour pouvoir être intégré au sein de la communauté morale ?

LA THÉORIE DE LA SIMILITUDE DES ESPRITS : UN DÉLAI SUPPLÉMENTAIRE DE JUSTICE ?[1]

Il est probable que la théorie de la similitude des esprits n'aura d'autre effet que de repousser à une date indéterminée le moment où il nous faudra faire face à nos obligations juridiques et morales envers les êtres non humains, en attendant que nous réunissions les preuves empiriques nécessaires pour pouvoir conclure en toute certitude qu'il existe au moins quelques êtres non humains doués d'un esprit semblable au nôtre. Mais en fait, même lorsque de telles preuves ont été réunies en sorte qu'aucun doute sur ce point ne puisse encore subsister, nous continuons de nier l'évidence et poursuivons notre exploitation de ces animaux comme si de rien n'était. Par exemple, les similitudes entre les êtres humains et les chimpanzés sautent aux yeux. Il est bien connu que leur ADN est pour 98,5 % semblable au nôtre. De surcroît, ils ont une vie culturelle et psychique très semblable à la nôtre, et nous connaissons ces similitudes depuis longtemps déjà. De ce point de vue, toute la nouveauté du projet sur les grands singes anthropoïdes consistait à démontrer sans contestation possible l'absence

1. On trouvera une discussion plus développée de ce point dans G.L. Francione, *Introduction to Animal Rights*, *op. cit.*, p. 117-119.

de toute différence pertinente entre les humains et les grands singes pouvant justifier que ces derniers ne soient pas intégrés au sein de la communauté morale. Et pourtant, nous continuons d'emprisonner les chimpanzés dans les zoos et de les utiliser comme cobayes dans des expériences biomédicales. Même Jane Goodall, qui est mentionnée dans le projet sur les grands singes anthropoïdes comme celle qui a eu le mérite d'avoir « fait découvrir au public que les chimpanzés sont des individus avec des personnalités distinctes et des relations sociales complexes »[1], a refusé de se joindre à ceux qui appellent à renoncer purement et simplement à utiliser ces êtres non humains.

Il y a un autre problème, lié au précédent, qui consiste en ceci que la théorie de la similitude des esprits ne spécifie pas à quel degré un être non humain doit posséder une caractéristique particulière telle que nous puissions considérer que la ressemblance avec nous est suffisamment grande pour justifier l'intégration au sein de la communauté morale. Par exemple, « un ensemble croissant de preuves semble montrer que les perroquets, tout comme les chimpanzés et les dauphins, peuvent maîtriser des concepts intellectuels complexes que la plupart des enfants humains ne sont pas capables de maîtriser avant l'âge de cinq ans »[2]. Historiquement, la capacité à élaborer des idées abstraites a longtemps été tenue pour l'apanage des êtres humains, et l'index d'une différence qualitative entre les êtres humains et les êtres non humains. Nous savons maintenant qu'il se peut que nous nous soyons mépris à ce sujet puisque les perroquets et d'autres

1. *The Great Ape Project*, *op. cit.*, p. 10.

2. W. Mullen, « Parrots Don't Just Talk a Good Game », *CHI. TRIB.*, 7 novembre 1997, § 1, p. 1. Voir aussi W. Hillix et D. Rumbaugh, *Animal Bodies, Human Minds : Ape, Dolphin, and Parrot Language Skills*, *op. cit.* (où il est question des caractéristiques cognitives des perroquets).

êtres non humains semblent également être capables de former une pensée abstraite [1]. Et pourtant, nous n'avons nullement renoncé à vendre des perroquets dans les animaleries. De quel degré d'intelligence le perroquet doit-il témoigner pour que nous tirions la conclusion qu'il est pleinement qualifié pour être intégré au sein de la communauté morale? Faut-il que le perroquet ait les capacités conceptuelles d'un enfant de huit ans? De douze ans? De la même manière, certains chimpanzés ont démontré leur aptitude à se servir du langage humain. Quelle doit être l'étendue de cette aptitude à manier la syntaxe et le vocabulaire pour que nous tirions la conclusion que les êtres humains et les primates non humains ont des esprits semblables?

L'ennui, avec ce jeu des caractéristiques particulières, c'est que les êtres non humains ne peuvent jamais gagner. Sitôt attestée la capacité cognitive des perroquets à comprendre et à manipuler des nombres à un seul chiffre, nous voilà déjà en train d'exiger de leur part qu'ils en fassent autant avec les nombres à deux chiffres – s'il est vrai que ces êtres nous ressemblent. Sitôt démontrée la capacité du chimpanzé à maîtriser un vocabulaire étendu, nous voilà déjà à réclamer de lui qu'il se hisse à un certain niveau d'habileté syntaxique – s'il est vrai que l'esprit du chimpanzé est semblable au nôtre. L'ironie de l'histoire est que, bien entendu, les caractéristiques que nous sélectionnons pour les juger sont possédées à des degrés divers non seulement par les êtres non

1. Il se peut, bien sûr, que l'on dise que le perroquet (ou, en fait, n'importe quel être non humain) n'est pas capable d'effectuer une généralisation abstraite, mais est au mieux capable de former des associations complexes. Voir G. Steiner, *Anthropocentrism and its Discontent*, *op. cit.*, p. 30-31. Mais il semble bien que la capacité cognitive à effectuer une discrimination entre les différents termes d'une série – que présuppose la formation d'associations complexes – implique un certain niveau de pensée abstraite.

humains, mais encore par les êtres humains eux-mêmes, et qu'il peut arriver que certains êtres humains soient inférieurs à certains êtres non humains sous le rapport de telle ou telle caractéristique cognitive sans que pour autant il puisse nous venir à l'idée d'appliquer à ces membres de notre espèce le traitement que nous infligeons aux animaux.

Il est à craindre que la théorie de la *similitude* des esprits soit en fait une théorie de l'*identité* des esprits, et que les animaux ne se voient reconnaître la possibilité d'intégrer la communauté morale qu'à la condition que leurs esprits soient exactement comme les nôtres. Et même dans ce cas-là, il n'y a aucune garantie que nous renoncions à toute discrimination entre les êtres non humains et les êtres humains. Il ne faut pas oublier après tout qu'au XIXe siècle les préjugés racistes d'un certain nombre d'individus ont trouvé dans la phrénologie – c'est-à-dire dans cette pseudoscience qui ambitionnait de déterminer les traits de la personnalité d'un individu d'après l'étude de la forme de son crâne – les éléments censés apporter une justification à l'idée selon laquelle les êtres humains de couleur, les Juifs et d'autres encore, étaient doués d'un esprit différent. Par conséquent, il est bien clair que la possession d'un esprit identique, même si le fait est indubitable, est au fond bien peu de chose aussi longtemps que subsistent une raison et un désir quelconques d'exercer une discrimination. Étant donné qu'il est vraisemblable qu'il y ait des différences cognitives entre les animaux capables de manier un langage symbolique et ceux qui ne le sont pas, la théorie de la similitude des esprits est vouée à prêter main-forte à la poursuite de l'oppression des êtres non humains, car elle se laisse absorber dans la quête infinie d'une identité entre les esprits dont nul ne verra jamais le terme, et ce d'autant plus que seul le désir de consommer des produits animaux continue de nous animer.

LA THÉORIE DE LA SIMILITUDE DES ESPRITS : UNE PÉTITION DE PRINCIPE[1]

Dans l'hypothèse où la théorie de la similitude des esprits aboutirait à nous faire reconnaître le statut de personne morale de certains êtres non humains, tels que les grands singes anthropoïdes ou les dauphins, qu'adviendrait-il alors de tous ces animaux qui ne pourront jamais faire la preuve de leur aptitude à manier le langage humain ou à démontrer qu'ils possèdent d'autres caractéristiques que nous associons à l'esprit humain ? En admettant que la théorie de la similitude des esprits soit parvenue à montrer que nous nous sommes tout bonnement mépris par le passé sur le fait même qu'au moins quelques êtres non humains peuvent avoir quelques-unes des caractéristiques cognitives de l'esprit humain, il reste que cette théorie esquive la question morale sous-jacente, et cependant fondamentale, qui est de savoir pourquoi il est nécessaire que les êtres non humains se distinguent par d'autres qualités que celle de la sensibilité pour avoir le droit de ne pas être traités exclusivement comme de simples moyens pour les fins que poursuivent les êtres humains ?

La théorie de la similitude des esprits commet une sorte de pétition de principe – une pétition de principe *morale* – en faisant l'hypothèse qu'il existe certaines caractéristiques *sui generis* qui sont justiciables d'un traitement différencié. Nous prétendons par exemple que les êtres humains sont les seuls animaux capables de se reconnaître eux-mêmes dans un miroir (à l'exception peut-être de quelques grands singes). Quand bien même cela serait vrai, en quoi ce prétendu fait importe-t-il d'un point de vue moral ? Il se

1. Les idées évoquées ici sont développées dans G.L. Francione, *Introduction to Animal Rights*, *op. cit.*, p. 111-127.

peut que ma chienne de type berger soit incapable de se reconnaître dans un miroir, mais elle peut faire un bond de six mètres à partir d'une position assise – chose dont je suis assurément incapable, pas plus d'ailleurs qu'aucun autre être humain pour autant que je sache. Les oiseaux peuvent voler sans être dans un avion; aucun être humain ne peut le faire. Les poissons peuvent respirer sous l'eau sans l'aide d'un tuba ou d'un réservoir d'air; aucun être humain ne peut le faire. La théorie de la similitude des esprits commet une pétition de principe morale en ce sens qu'elle présuppose que *nos* aptitudes sont moralement d'une plus grande valeur que *leurs* aptitudes. Bien entendu, rien ne justifie une telle assertion, si ce n'est le fait que c'est *nous* qui le disons et qu'il est dans *notre* intérêt de le faire.

Allons plus loin et admettons que, après examen, il apparaisse que telle ou telle caractéristique cognitive, située au-delà du plan de la seule sensibilité, fait effectivement défaut à tous les animaux non humains; ou encore que telle ou telle caractéristique cognitive ne soit en la possession des animaux qu'à un degré moindre ou sous une autre forme que celle sous laquelle elle se laisse observer chez les êtres humains. L'existence d'une telle différence rend-elle le moins du monde légitime la façon dont nous traitons d'ordinaire les êtres non humains en les réduisant au statut de choses? Il se peut que les différences qui existent entre les êtres humains et les êtres non humains soient pertinentes à certains égards. Nul n'irait affirmer, par exemple, que les animaux doivent apprendre à conduire des automobiles ou doivent suivre des cours à l'université. Mais on ne voit pas pourquoi ces différences devraient avoir une *quelconque* incidence sur la question de savoir s'il est légitime de se nourrir de chair animale ou d'en tirer profit dans le cadre d'expérimentations médicales, et elles n'ont effectivement pas à le faire.

Transposons ce raisonnement dans les situations où seuls des êtres humains sont impliqués, et la même conclusion s'imposera avec évidence. Quelle que soit la caractéristique que l'on retienne comme étant propre à l'homme, des variations importantes pourront être observées d'une personne à l'autre, allant d'une simple différence de degré à l'absence totale de ladite caractéristique. Il se peut que certains êtres humains souffrent, sous ce rapport, d'une déficience en tous points analogue à celle que nous attribuons aux êtres non humains. Sans nier qu'il puisse y avoir des situations où il importe de la prendre en considération, qui admettra que l'existence même de cette déficience nous autorise à réduire les êtres humains qui en sont affectés au rang d'esclaves, ou encore à les traiter comme de vulgaires objets interchangeables dénués de toute valeur inhérente ?

Prenez par exemple cette caractéristique cognitive que constitue la conscience de soi. Il semble bien que *tout* animal sensible en tant que tel ne puisse pas ne pas avoir conscience de lui-même, en ce sens où la condition d'un être sensible est par essence celle d'un être qui reconnaît que c'est dans *son* existence, et non pas dans celle d'un autre, qu'il fait l'épreuve de la douleur ou de l'angoisse. Le biologiste Donald Griffin a fait valoir que, pour autant que les animaux puissent accéder à la conscience de quoi que ce soit, alors « le corps propre de l'animal et ses propres actions doivent tomber prioritairement dans le champ de sa conscience perceptive »[1]. Mais, dira-t-on, une chose est d'avoir conscience de son propre corps, autre chose est d'avoir conscience de soi, et c'est bien cette dernière forme de conscience que nous sommes enclins à dénier aux animaux parce que nous

1. D.R. Griffin, *Animal Minds : Beyond Cognition to Consciousness*, Chicago, University of Chicago Press, 2001, p. 274.

considérons qu'« ils ne peuvent pas se former une idée d'eux-mêmes et la réfléchir en se disant "C'est *moi* qui cours, c'est *moi* qui grimpe à cet arbre, c'est *moi* qui chasse ce papillon, etc." »[1]. Mais selon Griffin, quand un animal perçoit consciemment un autre animal en train de courir, de grimper ou de faire la chasse à un papillon, l'identité de celui qui accomplit toutes ces actions doit aussi lui apparaître en toute conscience. Et s'il est vrai que l'animal est capable d'avoir une conscience perceptive de son propre corps, il devient alors difficile de nier qu'il soit également capable corollairement de se reconnaître lui-même comme étant celui qui est en train de courir, de grimper ou de faire la chasse à un papillon[2].

Il en résulte que « si les animaux sont doués d'une conscience perceptive, alors on ne peut leur dénier toute forme de conscience de soi qu'au prix d'une restriction arbitraire et injustifiée »[3]. Comme je l'ai expliqué ailleurs, « lorsqu'un chien ressent une douleur, cette expérience est nécessairement accompagnée du vécu psychique qui lui indique que "c'est dans *mon* existence que cette douleur m'atteint". Pour que la douleur existe en tant que telle, une forme de conscience – quelqu'*un* – doit nécessairement la percevoir comme quelque chose qui se produit dans son existence, et doit nécessairement préférer vouloir s'y soustraire »[4].

On fera peut-être remarquer que cette définition de la conscience de soi est trop lâche, qu'il convient de la resserrer autour de la capacité spécifiquement humaine à éprouver « des

1. D.R. Griffin, *Animal Minds*, *op. cit.*, p. 274.

2. D.R. Griffin, *ibid.*

3. D.R. Griffin, *ibid.*

4. G.L. Francione, « Animals – Property or Persons? », art. cit., p. 128 [repris dans G.L. Francione, *Animals as Persons: Essays on the Abolition of Animal Exploitation*, *op. cit.*, p. 25-66].

états de conscience [...] dont l'existence et le contenu se prêtent à une saisie réflexive effectuée en toute conscience (c'est-à-dire, qui se prêtent à une description accomplie sous la forme de nouveaux actes de pensée, lesquels se prêtent eux-mêmes à une saisie réflexive au moyen d'autres actes de pensée ultérieurs) »[1]. Mais dans ce cas-là, il faut bien voir qu'une telle forme de conscience réflexive, dont sont généralement capables les êtres humains normaux d'âge adulte, fait défaut à de nombreux êtres humains, à commencer par tous ceux qui souffrent de déficience mentale aggravée. Or il se peut que ces différences soient pertinentes à certains égards, comme, par exemple, lorsqu'il s'agit de décider d'autoriser une personne gravement attardée à conduire un véhicule motorisé. Mais on ne voit pas pourquoi cette différence cognitive devrait avoir une quelconque incidence sur la question de savoir s'il est légitime de tirer profit de ces êtres humains dans le cadre d'expériences biomédicales douloureuses. En effet, quelle que soit la caractéristique que l'on retienne comme étant propre à l'homme, des variations importantes pourront être observées d'une personne à l'autre, allant d'une simple différence de degré à l'absence totale de ladite caractéristique. Dans ce dernier cas de figure, il se peut qu'il y ait des situations où il importe de prendre en considération l'existence d'une telle différence, mais elle perd toute pertinence pour le problème de savoir s'il est légitime de traiter un être humain sensible comme une chose dont tous les intérêts fondamentaux peuvent être ignorés pour notre plus grand profit.

Ainsi qu'il a été dit précédemment, Bentham a à la fois sorti bruyamment par la porte l'idée d'une corrélation entre le

1. P. Carruthers, *The Animal Issue : Moral Theory in Practice*, Cambridge, Cambridge UP, 1992, p. 182.

statut moral des êtres non humains et la possession d'un esprit semblable au nôtre, et fait entrer par la fenêtre la même idée, sous une forme légèrement modifiée, en déclarant que nous pouvons légitimement continuer à tirer profit des animaux et à les tuer parce qu'ils n'ont pas d'intérêt dans la poursuite de leur propre existence.

Il est remarquable que Peter Singer, qui a coédité le projet sur les grands singes anthropoïdes, fasse exactement la même chose. D'une part, il énonce que la sensibilité est seule requise comme critère de considération morale et que, à ce titre, il nous appartient de prendre la souffrance animale au sérieux; et d'autre part, il déclare qu'il nous est permis de tirer profit des animaux étant donné que les animaux n'ont pas le sens de ce que peut réserver l'avenir et n'ont aucun intérêt dans la poursuite de leur propre existence – à l'exception peut-être des grands singes[1]. Selon

1. Voir P. Singer, *Animal Liberation*, New York, New York Review, 2e éd. 1990, p. 18-21, p. 228-230 [trad. fr. L. Rousselle et D. Olivier, *La libération animale*, Paris, Grasset, 1993, p. 37-38, p. 343-344]; G.L. Francione, *Introduction to Animal Rights*, *op. cit.*, p. 135-146 (où il est question de la position de Singer). L'idée selon laquelle les animaux n'ont pas d'intérêt dans la poursuite de leur propre existence, et donc que l'usage des animaux n'est pas en soi problématique, est avancée par d'autres théoriciens aussi bien. Voir G.L. Francione, « Equal Consideration and the Interest of Nonhuman Animals in Continued Exitence: A Reply to Professor Sunstein », University of ChicagoLegal Forum, 2006, p. 231-252 (où sont discutées les idées de C.R. Sunstein, lesquelles se situent elles-mêmes dans le prolongement de celles de Bentham et de Singer) [repris dans G.L. Francione, *Animals as Persons: Essays on the Abolition of Animal Exploitation*, *op. cit.*, p. 148-169]. Voir aussi M.C. Nussbaum, « Beyond "Compassion and Humanity": Justice for Nonhumans Animals », dans C.R. Sunstein et M.C. Nussbaum (eds.), *Animal Rights: Current Debates and New Directions*, *op. cit.*, p. 299, p. 314-215 (qui reprend à son compte l'idée utilitariste selon laquelle c'est le traitement des animaux et non pas leur usage qui soulève le problème moral prioritaire dans le cadre d'une

Singer, « un animal peut se débattre contre une menace à sa vie » [1], mais cela ne signifie pas que l'animal peut « saisir qu'il a "une vie" dans un sens qui implique de comprendre ce que représente exister dans le temps » [2]. Il conclut qu'« en l'absence d'une forme ou d'une autre de continuité mentale, il n'est pas facile d'expliquer pourquoi la perte subie par l'animal tué ne serait pas, d'un point de vue impartial, compensée par la création d'un nouvel animal dont la vie serait également agréable » [3]. À l'instar de Bentham, Singer défend donc l'idée que ce n'est pas tant l'usage en lui-même des animaux qui soulève un problème moral, que la souffrance des animaux liée à cet usage. Il affirme qu'il est possible d'appliquer le principe d'égale considération des intérêts – en vertu duquel nous devrions traiter des intérêts semblables de façon équivalente – aux intérêts des êtres non humains en souffrance, et qu'il n'est pas nécessaire, en vue de le faire, d'abolir le statut de propriété des êtres non humains.

Si l'on en croit Bentham et Singer, dire que les animaux n'ont aucun intérêt dans la poursuite de leur propre existence, c'est tout bonnement prendre acte d'un fait. Mais ce fait repose en vérité sur une compréhension hautement problématique de ce qu'est la conscience de soi. Tout être sensible est nécessairement conscient de soi [4]. Tout être sensible possède nécessairement un intérêt dans la poursuite de sa propre existence puisque la sensibilité est essen-

pratique où les animaux sont tués pour répondre à une demande de consommation alimentaire) [trad. fr. H.-S. Afeissa dans ce volume, p. 223-268].

1. P. Singer, *Animal Liberation*, *op. cit.*, p. 228 [trad. fr. *La libération animale*, *op. cit.*, p. 343].

2. P. Singer, *ibid.*, p. 229 [trad. fr., *ibid.*].

3. P. Singer, *ibid.*, p. 229 [trad. fr., *ibid.*].

4. Voir ci-dessus le texte référencé dans les notes 29-32 [note 1, p. 209 et notes 1-3, p. 210].

tiellement le moyen de cette fin qu'est la poursuite de l'existence. Par conséquent, dire d'un être non humain qu'il est doué de sensibilité mais qu'il n'a pas d'intérêt dans la poursuite de sa propre existence, et qu'il ne préfère pas, ne veut ni ne désire vivre, est une proposition pour le moins étrange [1].

Selon la thèse défendue conjointement par Bentham et Singer, un être, qu'il soit humain ou non humain, ne peut être dit avoir un intérêt dans la poursuite de sa propre existence qu'à la condition d'avoir le sentiment du parcours biographique qui est le sien, et de pouvoir faire de son existence l'objet d'une conscience réflexive. Quoi qu'il en soit de ce dernier point, il n'y a aucune relation de dépendance entre cet état mental et le problème de savoir s'il est légitime de traiter un individu comme une simple ressource offerte à l'usage que les autres peuvent en avoir. Nous savons, par exemple, qu'il y a des êtres humains qui sont sujets à des amnésies globales transitoires et qui perdent tout sens du passé ou du futur, mais qui ont en revanche un sentiment très prégnant d'eux-mêmes dans le contexte des relations qu'ils soutiennent avec les objets environnants ou les événements dont ils sont contemporains. En ce sens, l'on peut bien dire d'eux qu'ils ont conscience d'eux-mêmes, même si cette forme de conscience réflexive diffère de celle d'un être humain adulte ne souffrant d'aucune amnésie. Il se peut que cette différence soit pertinente à certains égards, et qu'il y ait des situations où il importe de la prendre en considération. Il se peut, par exemple, que nous ne souhaitions pas inscrire à l'université un individu dénué de tout

1. Voir G.L. Francione, *Introduction to Animal Rights*, *op. cit.*, p. 137-138. Ajoutons qu'il est en fait pratiquement impossible d'expliquer une grande partie du comportement animal sans supposer qu'ils ont le sens de ce que peut réserver l'avenir. Voir *ibid.*, p. 139-140.

sentiment de son propre parcours biographique, parce qu'un tel individu serait probablement incapable de recevoir une instruction. Qui nierait, cependant, que de tels êtres humains aient un intérêt dans la poursuite de leur propre existence ? Le fait d'être sujet à une amnésie globale transitoire est sans pertinence pour le problème de savoir s'il est légitime de traiter ces personnes comme de simples objets interchangeables dont les intérêts fondamentaux peuvent être sacrifiés pour notre plus grand profit.

En résumé, la théorie de la similitude des esprits fait fondamentalement fausse route. Dans le meilleur des cas, elle ne fera rien d'autre que contribuer à l'apparition de nouvelles hiérarchies spécistes au sein desquelles il se peut que certains êtres non humains passent d'un groupe électif à un autre (tels les grands singes ou les dauphins)[1], sans rien changer à la situation de tous les autres êtres non humains qui continueront d'être traités comme des choses qui, comme telles, ne peuvent se voir reconnaître des intérêts moralement significatifs. La théorie de la similitude des esprits n'explique pas pour quelle raison la sensibilité ne peut pas être retenue au titre de critère suffisant de considération morale, mais elle se contente de présupposer que la possession de telle ou telle caractéristique qui est censée être l'apanage des êtres humains est une condition sine qua non d'intégration au sein de la communauté morale.

1. Voir par exemple *Project R&R : Release and Restitution for Chimpanzees in U.S. Laboratories*, disponible à l'adresse suivante www.releasechimps.org (où l'on pouvait lire, avant que cette phrase ne soit retirée du site Internet, qu'« aucune autre espèce n'occupe la position unique des chimpanzés – une espèce qui a tant de choses pour elle qu'elle semble en être "humaine" »). Le *Projet R&R* est une campagne lancée par la société d'anti-vivisection de Nouvelle Angleterre.

L'ESCLAVAGE HUMAIN ET LA PROPRIÉTÉ ANIMALE

Si ce qui précède est correct, alors il convient de renoncer tout bonnement à la théorie de la similitude des esprits en ses diverses variantes, en y incluant celles de Bentham et de Singer, et de privilégier la théorie qui n'exige rien d'autre que la sensibilité au titre de critère d'intégration plénière au sein de la communauté morale. Or l'implication immédiate de cette dernière théorie est qu'il nous faut apprendre à ne plus traiter les êtres non humains à la manière de choses dont nous serions les propriétaires. Ainsi que je l'ai dit dans mon livre intitulé *Introduction to Animal Rights*, même si les êtres humains ne sont pas à l'abri de toute souffrance dans les diverses circonstances de la vie, la loi les protège contre la souffrance qui résulterait du fait d'être traité comme de simples ressources offertes à l'usage que les autres peuvent en avoir. C'est bien pourquoi nous reconnaissons à tout être humain – et ce, indépendamment des caractéristiques particulières qui peuvent être les siennes – un droit fondamental à ne pas être traité comme une chose dont les autres seraient les propriétaires[1]. C'est bien pourquoi nous considérons l'esclavage humain – même pratiqué avec « humanité » – comme inadmissible.

Il est remarquable que Bentham se soit opposé à l'esclavage humain, en partie sans doute, conformément à ce que j'ai cherché à montrer ailleurs, parce qu'il semble avoir compris que cette institution reposait sur le refus d'appliquer le principe d'égale considération des intérêts aux esclaves, que l'on a toujours une bonne raison de tenir pour inférieurs à leurs propriétaires[2]. Mais

1. Voir G.L. Francione, *Introduction to Animal Rights*, *op. cit.*, p. 90-96.

2. Voir G.L. Francione, *Introduction to Animal Rights*, *op. cit.*, p. 130-50 (où il est question des idées de Bentham sur l'esclavage et de leur application aux êtres non humains). De la même manière, Singer avance l'idée selon laquelle nous ne

Bentham n'a pas su reconnaître que le problème se posait dans les mêmes termes au sujet de la propriété animale. Dans la mesure où les êtres non humains ont un intérêt dans la poursuite de leur propre existence, le fait de tirer profit de ces derniers dans des conditions auxquelles nous ne voudrions pas soumettre des êtres humains revient purement et simplement à nier que le principe d'égale considération des intérêts puisse s'appliquer dans ce cas particulier.

Ajoutons que, lorsqu'il en va de l'intérêt qu'ont les animaux à ne pas souffrir, l'application de ce principe, qui est déjà des plus délicates en temps normal compte tenu de la nécessité d'effectuer des comparaisons interspécifiques[1], devient un véritable casse-tête lorsque les animaux sont considérés comme des êtres qui n'ont aucun intérêt dans la poursuite de leur propre existence, et plus encore lorsqu'ils sont tenus pour des choses dont les êtres humains ont la propriété. Le statut de propriété des animaux fonctionne à la manière de ce que j'ai appelé ailleurs une « épée à

devrions pas traiter les êtres humains normaux d'âge adulte comme des objets interchangeables. Voir *ibid.*, p. 141. Bentham et Singer, en tant qu'utilitaristes, s'abstiennent de parler de droits moraux, mais il est remarquable que l'un et l'autre se comportent à la façon d'utilitaristes de la règle (par opposition aux utilitaristes de l'acte) dès lors qu'il est question de traiter les êtres humains à la façon de ressources mises exclusivement à la disposition des autres.

1. Voir G.L. Francione, *Introduction to Animal Rights*, *op. cit.*, p. 143. En fait, il se peut que de telles comparaisons soient impossibles. Par exemple, John Stuart Mill, également d'obédience utilitariste, a défendu l'idée selon laquelle les plaisirs que procure l'intellect humain ont une valeur bien plus grande que les sensations auxquelles sont sujets les êtres non humains. Selon Mill, « il vaut mieux être un homme insatisfait qu'un porc satisfait ». J. Stuart Mill, *Utilitarianism*, dans *The Basic Writings of John Stuart Mill : On Liberty, The Subjection of Women, and Utilitarianism*, New York, The Modern Library, 2002, p. 233, p. 242 [*L'utilitarisme*, trad. fr. G. Tanesse, Paris, Champs-Flammarion, 1988, p. 54].

double tranchant maniée contre leurs intérêts »[1], dans la mesure où, d'une part, il nous empêche de percevoir les intérêts des animaux comme étant essentiellement semblables aux nôtres, tout en subordonnant, d'autre part, leurs intérêts aux intérêts qui sont les nôtres, alors même que les intérêts en question sont reconnus comme étant de même nature. Ce qui se comprend fort bien : aussi longtemps que les animaux figureront dans la sphère de la propriété privée, les bonnes raisons de ne pas leur accorder un traitement analogue à celui que l'on réserve aux propriétaires ne manqueront pas.

Abstraction faite des préjugés proprement spécistes, il n'y a aucune raison de ne pas reconnaître que l'intégration plénière au sein de la communauté morale exige que nous condamnions l'esclavage des êtres non humains avec la même fermeté que celle avec laquelle nous avons condamné l'esclavage des êtres humains. Pareille position impliquerait de notre part que nous abolissions – et que nous ne nous contentions pas seulement de réguler – l'exploitation des êtres non humains, et que nous cessions de faire naître des animaux domestiques en vue de servir de moyens à des fins humaines[2].

CONCLUSION

La théorie de la similitude des esprits n'énonce au fond rien de bien nouveau. C'est elle qui inspire depuis longtemps déjà les

1. G.L. Francione, « Animals – Property or Persons? », art. cit., p. 122 [repris dans G.L. Francione, *Animals as Persons: Essays on the Abolition of Animal Exploitation*, *op. cit.*, p. 25-66].

2. L'idée selon laquelle la domestication ne peut pas être justifiée est développée dans G.L. Francione, *Introduction to Animal Rights*, *op. cit.*, p. 153-154.

diverses tentatives visant à corréler les caractéristiques cognitives à la personnalité morale; c'est elle encore qui a fourni les principaux arguments permettant de justifier l'exclusion des êtres non humains hors de la communauté morale. Nous nous berçons de l'illusion d'avoir su rompre avec cette façon de voir les choses, et croyons nous être hissés à des vues plus généreuses du jour où nous avons accepté le principe selon lequel la capacité à souffrir est la seule caractéristique exigible pour l'obtention d'une considération morale et juridique. Mais la même théorie a tôt fait de réapparaître dans le discours de ceux qui ont fait valoir que les êtres non humains, à la différence des êtres humains, n'ont pas d'intérêt dans la poursuite de leur propre existence. La persistance de cette idée explique pour quelle raison nous n'avons pas su abroger les dispositions législatives faisant des animaux la propriété des êtres humains, et pour quelle raison nous nous sommes montrés incapables d'appliquer le principe de considération égale des intérêts dans des contextes juridiques et moraux. Nous avons beau déclarer à qui veut l'entendre que nous prenons au sérieux les intérêts des animaux, nous continuons en fait à les traiter comme rien de plus que des choses.

Il ne s'agit certes pas de nier l'intérêt scientifique de l'enquête visant à déterminer si les êtres non humains ont des esprits semblables ou identiques au nôtre, mais il importe de comprendre qu'un tel programme de recherche est tout simplement sans pertinence d'un point de vue moral. Il n'y a qu'une seule manière de prendre vraiment au sérieux les intérêts des êtres non humains – et c'est de reconnaître que la sensibilité est le seul critère pertinent de considération morale[1].

1. Taimie Bryant repousse elle aussi la théorie de la similitude des esprits, et déclare ne pas croire que l'existence de telle ou telle caractéristique commune

Pareille affirmation exige de notre part que nous allions plus loin que Bentham, et que nous cessions d'attribuer aux êtres non humains le statut de propriété dans la mesure où ce geste d'appropriation prolonge d'une certaine manière la théorie de la similitude des esprits, et conduit pratiquement à ne jamais prendre au sérieux les intérêts des animaux, sans même parler d'accorder une

constitue une condition nécessaire de la considération morale ou juridique. Voir T. Bryant, « Similarity or Difference as a Basis for Justice : Must Animals Be Like Humans to Be Legally Protected from Humans ? », *Law & Contemporary Problems*, 2006, n° 70. Il existe toutefois entre nos deux approches des différences importantes. Taimie Bryant ne se contente pas de nier, comme je le fais, que des caractéristiques cognitives situées au-delà du seul plan de la sensibilité soient requises pour l'obtention de la considération morale, elle considère comme étant au moins aussi problématique l'idée que je défends selon laquelle il conviendrait de lier la considération morale à la seule sensibilité. Selon elle, une théorie fondée sur la sensibilité ne peut suffire à assurer la protection des êtres non humains, parce que les évaluations de la sensibilité sont aussi sujettes à être manipulées, en sorte que la sensibilité dont sont doués les êtres non humains finira toujours par apparaître comme étant d'une nature qualitativement différente de celle des êtres humains. Cette soi-disant différence servira alors à exclure les animaux de la communauté morale tout aussi efficacement que l'ont fait les différences qualitatives hypothétiques d'ordre cognitif. Bien qu'on ne puisse nier qu'une telle manipulation soit toujours possible, la théorie que je défends en est protégée dans la mesure où j'ai expressément déclaré qu'il suffit qu'un être soit doué de sensibilité pour se voir reconnaître des intérêts, et qu'il suffit que ces intérêts soient moralement significatifs pour conférer à cet être un droit à ne pas être traité exclusivement comme une ressource offerte à l'usage que peuvent en avoir les êtres humains. Aux yeux de Bryant, la sensibilité n'est pas nécessaire parce que nous pouvons créer un système d'obligations qui ne dépend pas de la question de savoir si les entités à l'endroit desquelles nous nous reconnaissons des obligations sont ou non douées de sensibilité. Elle considère que les obligations qui nous incombent concernent non seulement les êtres sensibles, mais encore les entités qui ne sont pas douées de sensibilité – et c'est sur ce dernier point que j'entre en désaccord avec elle. Selon moi, nous ne pouvons pas avoir d'obligation à l'endroit d'un être qui n'a pas d'intérêt. Or une entité qui n'est pas douée de sensibilité ne peut pas avoir d'intérêt.

égale considération à leurs intérêts. Le mieux est encore d'oublier la théorie de la similitude des esprits. Cette dernière n'est rien d'autre qu'un encouragement à envisager la relation entre les êtres humains et les êtres non humains de manière confuse, et qu'un prétexte servant à pérenniser l'oppression spéciste dont sont victimes les êtres non humains. Les défenseurs des animaux doivent concentrer leurs efforts sur la promotion du véganisme et l'abrogation par étapes progressives des dispositions législatives faisant des êtres non humains la propriété des êtres humains [1].

1. On trouvera une discussion du changement que nous appelons de nos vœux, tant au plan individuel qu'au plan social, dans G.L. Francione, *Rain Without Thunder*, *op. cit.*, p. 147-219. Je développe dans ces pages l'idée selon laquelle un défenseur des animaux qui reprendrait à son compte la cause abolitionniste ou le combat pour la reconnaissance des droits des animaux se doit d'adopter un mode de vie conforme au véganisme. Au plan social, j'ai fait campagne en faveur d'une éducation abolitionniste et organisé des boycotts de consommateurs. Pour autant que les défenseurs des animaux admettent que les modifications apportées à un ensemble de dispositions législatives font partie intégrante du changement social, ils devraient s'attacher à faire promulguer des textes limitant progressivement les droits de propriété sur des êtres non humains.

MARTHA C. NUSSBAUM

PAR-DELÀ LA « COMPASSION » ET L'« HUMANITÉ » JUSTICE POUR LES ANIMAUX NON HUMAINS*

> « Il est certainement mal de faire souffrir les animaux [...]. La capacité qu'ont les animaux à éprouver du plaisir et de la douleur ainsi que leurs formes de vie conduisent de toute évidence au devoir de compassion et d'humanité à leur égard. Je n'essaierai pas d'analyser ces croyances qui sont mûrement réfléchies. Elles sortent du domaine de la théorie de la justice et il semble impossible

* Martha C. Nussbaum, « Beyond "Compassion and Humanity" : Justice for Non-Humans Animals », dans C.R. Sunstein et M.C. Nussbaum (eds.), *Animal Rights : Current Debates and New Directions*, Oxford, Oxford UP, 2004, p. 299-320. La présente traduction a été établie par Hicham-Stéphane Afeissa. N.B. : la principale difficulté de traduction porte sur le terme d'« *entitlement* ». Plusieurs solutions, toutes plus ou moins satisfaisantes, s'offraient à nous : « habilitation », « dotation » ou encore « droit ». Ne souhaitant pas utiliser trois termes différents là où l'auteure n'en utilise qu'un, notre choix s'est porté sur le terme de « droit », à la fois plus commode à employer, et plus proche que les deux autres du concept d'« *entitlement* ». Sauf à quelques rares exceptions signalées entre parenthèses, le terme de « droit » renverra donc toujours à celui d'« *entitlement* ». Quant au doublet « *contractualist* »/« *contractarianism* », il a été traduit par le doublet « contractualiste »/« néo-contractualiste ».

d'élargir la doctrine du contrat afin de les y inclure naturellement. »

J. Rawls, *Théorie de la justice*[1].

« En conclusion, nous considérons que les animaux de cirque [...] sont logés dans des cages exiguës, sujets à la peur, la faim, la souffrance, pour ne rien dire de la manière de vivre indigne qui leur est imposée, sans qu'aucun répit leur soit laissé, et la notification qui fait l'objet de contestation a été élaborée conformément aux [...] valeurs de la vie humaine, [et] à la philosophie de la constitution [...]. Bien que n'étant pas des *homosapiens* [*sic*], ces êtres ont le droit de mener une existence digne et d'être traités avec humanité, à l'abri de toute cruauté et de toute torture [...]. Par conséquent, ce n'est pas seulement notre devoir fondamental de témoigner de la compassion à nos amis du règne animal, mais aussi de reconnaître et de protéger leurs droits. [...] Si les êtres humains ont un titre à se voir attribuer des droits fondamentaux, pourquoi les animaux n'en auraient-ils pas ? »

Nair contre l'État de l'Inde,
Haute Cour du Kerala, juin 2000.

« AVOIR LE DROIT DE MENER UNE VIE DIGNE »

En 55 avant Jésus-Christ, l'homme d'État romain Pompée organisa un combat entre les êtres humains et les éléphants.

1. J. Rawls, *A Theory of Justice* (1971), trad. fr. C. Audard, *Théorie de la justice*, Paris, Seuil, 1997, p. 550-551.

Encerclés au sein de l'arène, les animaux ont fini par perdre tout espoir de s'enfuir. Selon Pline l'Ancien, ils « supplièrent le peuple, cherchant à gagner sa compassion par des attitudes impossibles à décrire, comme s'ils se lamentaient sur leur sort en gémissant ». Le public, pris de pitié, entra en courroux et se leva d'un seul bloc pour maudire Pompée, au sentiment – écrit Cicéron – que les éléphants avaient quelque chose en commun (*societas*) avec les êtres humains [1].

Nous autres, êtres humains, partageons ce monde et ses ressources en nombre limité avec les autres créatures intelligentes. Ces créatures sont capables de mener une vie digne, comme le dit la Haute Cour du Kerala. Il est difficile de savoir précisément ce que nous entendons par là, mais il est assez clair que les conditions de vie des animaux de cirque dont parle cet arrêt de justice – où les animaux sont serrés les uns contre les autres dans des cages étroites et immondes, où ils sont affamés, terrorisés, battus, où ils reçoivent juste les soins nécessaires pour les rendre présentables le lendemain sous le chapiteau – ne correspondent pas à une « vie digne ». La façon dont les êtres humains agissent avec les animaux en leur déniant la possibilité de mener une existence digne semble constituer une affaire relevant de la justice, et une affaire qui revêt un caractère impératif (nous répondrons plus bas à ceux qui contestent cette affirmation). Il n'y a aucune raison immédiatement évidente de penser que les notions de justice fondamentale, de droit et de loi ne

1. Cet incident est raconté par Pline l'Ancien, *Histoire naturelle*, VIII, 7, 20-21 [nous traduisons le texte que donne M.C. Nussbaum qui diffère légèrement de la version disponible en français], Cicéron, *Lettres familières*, VII, I, 3; voir aussi Dion Cassius, *Histoire romaine*, XXXIX, 38, 2-4. Voir ce que dit sur ce point R. Sorabji, *Animal Minds and Human Morals : The Origins of the Western Debate*, New York, Cornell UP, 1993, p. 124-125.

peuvent pas être étendues au-delà de la barrière spécifique, comme le dit sans détour la Haute Cour de justice indienne.

Toutefois, si l'on veut avoir quelque espoir de mener à bien pareille extension, il importe de déterminer clairement quel type d'approche théorique peut se révéler le plus adéquat. La thèse que je défends ici est que l'approche par les capacités (*capabilities approach*) que j'ai développée – laquelle vise à offrir un cadre pour penser les problèmes de justice fondamentale et de droit, et pour élaborer les principes politiques fondamentaux[1] –, fournit une meilleure aide théorique dans ce domaine que celle que peuvent fournir les approches néo-contractualistes et utilitaristes de la question des droits des animaux, parce qu'elle est capable de reconnaître une grande variété de types de dignité animale et de besoins correspondants d'épanouissement.

LE NÉO-CONTRACTUALISME KANTIEN : DEVOIRS INDIRECTS, DEVOIRS DE COMPASSION

Les vues personnelles de Kant au sujet des animaux sont fort peu prometteuses. Il déclare que tous les devoirs envers les animaux sont seulement des devoirs indirects envers l'humanité, en ceci que (comme il le croit) la façon d'agir avec cruauté ou avec bienveillance avec les animaux renforce les tendances à se

1. Sur ce point, voir mon livre *Women and Human Development*, Cambridge, Cambridge UP, 2000 [trad. fr. C. Chaplain, *Femmes et développement humain. L'approche des capabilités*, Paris, Éditions Antoinette Fouque, 2008], et « Capabilities as Fundamental Entitlements : Sen and Social Justice », *Feminist Economics*, 2003, n° 9, p. 33-59. Cette approche a été élaborée en premier lieu par Amartya Sen dans le champ de l'économie, et il s'en sert d'une manière assez différente, sans reprendre à son compte de manière précise une théorie normative de la justice.

comporter de façon semblable avec les êtres humains. La justification du traitement décent des animaux repose donc chez lui sur une hypothèse empirique fragile concernant la psychologie des êtres humains. Il ne peut pas concevoir que les êtres auxquels, selon lui, la conscience de soi fait défaut, et qui ne sont pas capables de réciprocité morale, puissent éventuellement être les objets d'un devoir moral. De manière plus générale, il ne peut pas voir qu'un tel être est susceptible d'avoir une dignité, une valeur intrinsèque.

L'on peut toutefois bien se réclamer du néo-contractualisme – et même, d'une certaine manière, du kantisme – sans reprendre à son compte ces vues étroites. John Rawls souligne que nous avons des devoirs directs envers les animaux, qu'il appelle des « devoirs de compassion et d'humanité »[1]. Mais pour lui ce n'est pas une affaire de justice, et il déclare explicitement que la théorie du contrat ne peut pas être étendue pour permettre d'examiner ces problèmes, parce que font défaut aux animaux ces caractéristiques des êtres humains « qui font qu'ils doivent être traités selon les principes de justice »[2]. Seules les personnes morales, définies par référence aux « deux pouvoirs moraux », sont des sujets de justice.

Rawls est conduit dans une certaine mesure à cette conclusion par sa conception toute kantienne de la personne, laquelle consiste à mettre vivement l'accent sur la rationalité et la capacité à choisir moralement. Mais la structure même de la théorie néo-contractualiste qu'il défend l'aurait de toute façon probablement conduit à adopter cette conclusion, même en l'absence de cette option résolue en faveur de la rationalité. L'idée d'un contrat ou

1. J. Rawls, *Théorie de la justice*, *op. cit.*
2. J. Rawls, *ibid.*, p. 543.

d'un marché impliquant à la fois les êtres humains et les animaux non humains a quelque chose de fantastique, dans la mesure où elle ne suggère pas clairement de scénario nous permettant de mieux comprendre de quoi il s'agit. Bien que la position originaire de Rawls, à l'instar de l'état de nature dans les théories néo-contractualistes antérieures [1], ne soit pas supposée renvoyer à une situation historique réelle, elle est supposée être une fiction cohérente pouvant nous aider à mieux penser. Cela signifie qu'elle doit au moins décrire de façon réaliste les pouvoirs et les besoins qui sont ceux des parties contractantes, ainsi que les conditions fondamentales dans lesquelles les unes et les autres se rencontrent. Il n'existe aucune fiction comparable concernant notre décision de passer un contrat avec les autres animaux qui serait tout aussi cohérente et utile. Bien que nous partagions un monde dont les ressources sont en nombre limité avec les animaux, et bien qu'il y ait en un sens un état de rivalité entre les animaux comparable à la rivalité dans l'état de nature, l'asymétrie de pouvoir entre les êtres humains et les animaux non humains est trop grande pour imaginer que le contrat soit un contrat réel. Nous ne pouvons pas plus imaginer que le contrat soit vraiment conclu à l'avantage des deux parties, car si nous voulons nous protéger nous-mêmes contre les incursions des animaux sauvages, il nous suffit de les tuer, et c'est bien ce que nous faisons. La condition que mentionne Rawls, selon laquelle aucune des parties contractantes ne doit être assez forte pour dominer ou pour tuer les autres, n'est donc pas satisfaite en l'occurrence. Le fait que les animaux soient omis de la théorie de la justice est ainsi une implication directe de

1. Rawls fait lui-même la comparaison : voir *Théorie de la justice*, *op. cit.*, p. 38. L'analogue de l'état de nature qu'il propose est l'égalité des parties dans la position originaire.

l'idée même de faire reposer les principes fondateurs de la justice sur un contrat conclu à l'avantage des parties contractantes (en termes équitables) à partir d'une situation où celles-ci se tiennent les unes par rapport aux autres sur un pied d'égalité.

Pour dire la même chose autrement, toutes les théories contractualistes ont tendance à confondre deux questions qu'il aurait fallu disjoindre : qui élabore les principes ? Et pour qui les principes sont-ils élaborés ? C'est de cette manière que la rationalité peut en venir à constituer un critère d'appartenance à la communauté morale : la procédure fait l'hypothèse que les individus choisissent des principes *pour eux-mêmes*. Mais l'on pourrait imaginer les choses autrement, et inclure dans le groupe de ceux pour lesquels les principes de justice sont élaborés de nombreuses créatures qui ne participent pas et ne peuvent pas participer à leur élaboration.

Toutefois, nous n'avons pas encore montré que la conclusion de Rawls est fausse. J'ai dit que le fait de malmener les animaux et de les traiter avec cruauté soulève des problèmes de justice, mais je n'ai pas vraiment défendu cette affirmation contre l'alternative que propose Rawls. Que signifie exactement de dire que ce sont là des problèmes de justice, plutôt qu'une affaire de « compassion » et d'« humanité » ? Le sentiment de compassion suppose l'idée selon laquelle une créature différente de nous souffre de manière significative, sans que nous puissions être blâmés et tenus pour responsables (en tout cas pas directement) de la souffrance qu'elle endure [1]. Le sentiment de compassion n'implique pas l'idée qu'il y a quelqu'un qui doit être blâmé pour cette souffrance. L'on peut

1. Voir l'analyse que j'en propose dans *Upheavals of Thought : The Intelligence of Emotions*, Cambridge, Cambridge UP, 2001, chap. 6 ; jusqu'ici, l'analyse n'est pas sujette à controverse, récapitulant une longue tradition allant dans ce sens.

éprouver de la compassion pour la victime d'un crime, mais l'on peut bien aussi avoir de la compassion pour quelqu'un qui est en train de mourir de maladie (c'est-à-dire, dans une situation où la vulnérabilité à la maladie n'est la faute de personne). Je considère que l'« humanité » est une idée semblable. Par conséquent, la compassion omet l'élément essentiel du blâme prononcé à l'encontre de celui qui a mal agi. C'est le premier problème.

Mais supposons à présent que nous n'en restions pas là, et que nous disions que les devoirs de compassion impliquent la pensée qu'il est *mal* de causer de la souffrance aux animaux. Autrement dit, le devoir de compassion ne serait pas seulement un devoir d'éprouver de la compassion, mais un devoir qui, découlant de la compassion dont on est soi-même capable, commande de s'abstenir d'accomplir les actes qui provoquent la souffrance pour laquelle nous éprouvons une compassion. Je pense que Rawls pourrait lui-même avancer cette proposition, bien qu'il ne nous dise nulle part en quoi consistent les devoirs de compassion. Il faut toutefois se demander ce qui est en jeu dans la décision que nous faisons nôtre de tenir le fait de maltraiter les animaux, non pas seulement pour un comportement moralement condamnable, mais pour un comportement moralement condamnable en un sens tout à fait spécifique, en tant qu'il soulève des questions de justice.

Il est difficile de répondre à cette question, dans la mesure où la justice est une question très débattue, et dans la mesure où il existe différents types de justice (éthique, politique, etc.). Mais il semble que ce que nous voulons dire le plus souvent lorsque nous appelons « injuste » un acte qui nous paraît condamnable est que la créature qui pâtit de cet acte a le droit de ne pas être traitée de cette manière, et un droit qui revêt un caractère particulièrement impératif ou qui est d'un type particulièrement fondamental (puisque nous ne croyons pas que tous les exemples de malveillance, d'incurie, etc., constituent autant d'exemples d'injustice, même si nous croyons que les personnes ont le droit (*right*) d'être traitées avec bienveillance, etc.). La sphère de la justice est la sphère des droits fondamentaux. Lorsque je dis que le fait de maltraiter les animaux est injuste, je veux dire par là non seulement qu'il est mal *de notre part* de les traiter de cette manière, mais aussi qu'ils ont le droit (*right*), un droit moral (*moral entitlement*), de ne pas être traité de cette manière. C'est injuste *à leur endroit*. Je pense que le fait de considérer les animaux comme des êtres actifs qui ont un bien qui leur est propre et qui ont le droit de le poursuivre naturellement, nous conduit à tenir pour injustes les torts qui leur sont faits. Ce qui manque dans l'approche de Rawls, ainsi que dans celle de Kant (quoique de manière plus subtile), est l'intuition que l'animal est lui-même un agent et un sujet, une créature avec laquelle nous vivons et interagissons. Comme nous allons le montrer, l'approche par les capacités traite les animaux comme des agents à la recherche d'une manière de vivre susceptible de les épanouir; cette idée fondamentale, me semble-t-il, constitue l'une de ses grandes forces.

L'UTILITARISME ET L'ÉPANOUISSEMENT DES ANIMAUX

L'utilitarisme a contribué plus qu'aucune théorie morale à la reconnaissance des droits des animaux. Bentham et Mill en leur temps, et Peter Singer à notre époque, ont courageusement pris les devants en libérant la pensée morale des chaînes d'une conception étroitement spéciste de la valeur et du droit. Cette avancée a assurément été rendue possible par le radicalisme des pères fondateurs, et par leur scepticisme à l'égard de la moralité conventionnelle, par leur volonté de suivre un argument éthique où qu'il mène. Ce sont là les mérites durables de la position utilitariste. L'utilitarisme ne commet pas non plus l'erreur de confondre la question « Qui bénéficie de la justice ? », avec la question « Qui élabore les principes de justice ? ». La justice est recherchée pour le compte de tous les êtres sensibles, même si la plupart d'entre eux ne peuvent pas participer à l'élaboration de ces principes.

C'est donc dans un état d'esprit de conciliation que ceux qui s'intéressent aux droits des animaux adresseront quelques remarques critiques à l'approche utilitariste. Cette dernière présente en effet certaines difficultés, sous les deux formes qu'elle a revêtues. Pour reprendre les analyses éclairantes que Bernard Williams et Amartya Sen ont proposées de la position utilitariste, l'on peut estimer que trois éléments indépendants entrent dans sa composition : le *conséquentialisme* (le bon choix est celui qui produit les meilleures conséquences d'ensemble) ; le *classement par sommation* (les utilités de différentes personnes sont combinées par addition les unes aux autres pour produire un total unique) ; et l'*hédonisme* ou toute autre théorie substantielle du bien (telle que la théorie de la satisfaction des préférences)[1]. Le conséquentialisme en lui-même est celui qui pose le moins de difficultés, puisque l'on peut toujours modifier la façon dont le bien-être (ou le bien) est évalué, de telle sorte à inclure dans le calcul des paramètres importants auxquels les utilitaristes le plus souvent n'accordent guère d'attention : l'existence de biens pluriels et hétérogènes, la protection des droits (*rights*), et même des engagements personnels ou des biens relatifs à l'agent. Toute théorie morale se laisse dans une certaine mesure « conséquentialisée », c'est-à-dire reformulée de telle sorte que les choses qui font l'objet d'une évaluation par la théorie s'interprètent à la lumière

1. Voir A. Sen et B. Williams, introduction à *Utilitarianism and Beyond*, Cambridge, Cambridge UP, 1982, p. 3-4.

du calcul des conséquences produites[1]. Même si l'idée selon laquelle une forme compréhensive de conséquentialisme pourrait fournir le meilleur cadre d'élaboration des principes politiques dans une société pluraliste libérale appelle, à mon avis, bien des réserves, je n'en dirai rien ici, pour me tourner sans plus tarder vers les deux autres aspects de l'approche utilitariste qui posent des problèmes bien plus évidents[2].

Voyons donc ce qu'il en est de la thèse utilitariste de l'agrégation des utilités, ou de ce que l'on appelle habituellement le classement par sommation. L'idée selon laquelle les principes de justice doivent être évalués en fonction des résultats qu'ils produisent ne demande pas simplement d'additionner les uns aux autres tous les biens qui font sens par rapport au calcul. Les principes de justice sont susceptibles d'être évalués d'une autre manière. Par exemple, il se peut que l'on fasse valoir que chaque personne, pour son propre compte, et toutes ensemble ont un droit indéfectible à jouir de certains biens clés à partir d'un certain seuil. Il se peut aussi que l'on accorde une attention particulière,

1. Voir mon commentaire dans *Goodness and Advice*, Princeton, Princeton UP, 2000, où je discute les travaux de Sen et de quelques autres allant dans le même sens.

2. Pour le dire en quelques mots, mes réserves sont les mêmes que celles que fait valoir Rawls dans *Political Liberalism*, New York, Columbia UP, 1996 [trad. fr. C. Audard, *Libéralisme politique*, Paris, PUF, 1995]. Ce dernier fait remarquer qu'il est contraire au libéralisme que les principes politiques contiennent une quelconque conception compréhensive de ce qui est bien. Les principes politiques doivent bien plutôt être liés à un ensemble partiel de normes morales endossé à des fins politiques, en abandonnant aux citoyens la tâche de compléter ce schéma moral en accord avec leur propre conception compréhensive de la valeur, qu'elle soit de type religieux ou de type séculier. Par conséquent, je pourrais tout à fait reprendre à mon compte, comme fondement des principes politiques, un conséquentialisme politique partiel, mais pas un conséquentialisme compréhensif.

comme le faisait Rawls, à la situation de ceux qui sont les moins bien lotis, en refusant toute inégalité qui se révèle incapable d'améliorer la position de ces personnes. Ces manières de considérer le bien-être insistent sur le fait que les personnes doivent être traitées comme des fins ; elles refusent que le bien-être extrêmement élevé de certaines personnes soit payé au prix, si l'on ose dire, de celui des autres. Même le bien-être de la société comme totalité ne nous autorise pas à tenir un individu pour quantité négligeable, comme le dit Rawls.

Comme chacun sait, l'utilitarisme refuse de reprendre à son compte l'idée de l'insubstituabilité et celle de l'inviolabilité des personnes. L'intérêt qu'il porte au classement par sommation de tous les plaisirs et de toutes les douleurs (ou de toutes les préférences de satisfaction et de toutes les frustrations) qui font sens par rapport au calcul le met dans l'impossibilité de supprimer par avance les conséquences fâcheuses qu'un tel calcul pourrait engendrer à l'endroit d'une classe ou d'un groupe d'individus donné. L'esclavage, le fait pour certains individus d'être subordonnés à d'autres leur vie durant, le traitement extrêmement cruel infligé à certains êtres humains ou à certains animaux non humains – aucune de ces éventualités n'est écartée par la théorie de la justice qui est au cœur de l'utilitarisme, laquelle considère toutes les satisfactions comme pouvant être englobées au sein d'un système unique. Si de tels résultats peuvent être invalidés, ils le seront par un examen empirique du bien-être total ou du bien-être moyen. Ces questions échappent notoirement à toute détermination (et tout particulièrement lorsque le nombre d'individus qui naîtront n'est pas connu avec exactitude, comme je le dirai plus bas). Mais même s'il en allait autrement, il semble que la meilleure raison de s'opposer à l'esclavage, à la torture et à la subordination de certains individus à d'autres durant toute leur vie puisse être puisée dans des considérations de justice, et non pas dans un calcul empirique du bien-être total ou du bien-être moyen. En outre, si nous examinons de plus près la satisfaction des préférences, nous devons nous confronter au problème des préférences adaptatives. Car s'il est des manières de maltraiter les individus qui engendrent toujours de la souffrance (la torture, la privation de nourriture), il est des manières de subordonner les individus qui répondent au désir le plus intime de ceux que l'on subordonne – moyennant quoi les opprimés se font alors les complices du pouvoir qui les soumet. Les expériences de Martin Seligman, par exemple, montrent que les chiens qui ont été conditionnés de telle sorte à solliciter une assistance en toute chose ont des difficultés immenses à apprendre à agir de leur propre initiative, si tant est qu'ils en soient jamais capables [1].

Les conceptions du bien qui prédominent au sein de l'utilitarisme – à savoir l'hédonisme de Bentham et la théorie de la préférence-satisfaction de Singer – sont elles aussi problématiques. Le plaisir est un concept notoirement difficile à déterminer. Est-ce un sentiment unique, ne variant qu'en intensité et en durée, ou les différents plaisirs sont-ils tout aussi qualitativement distincts les uns des autres que le sont les activités qui leur sont associées ? Mill, à la suite d'Aristote, penchait pour la dernière opinion, mais si l'on accorde ce point, la version de l'utilitarisme que l'on défend est alors très différente de la version standard, laquelle est résolument liée à l'idée de l'homogénéité du bien [2].

Cette dernière thèse donne lieu à des erreurs particulièrement graves lorsqu'on considère les principes politiques fondamen-

1. M. Seligman, *Helplessness : On Development, Depression, and Death*, New York, Freeman, 1975.

2. Je tombe d'accord sur ce point avec Thomson (lequel songe lui-même surtout à Moore) : voir *Goodness and Advice*, *op. cit.*

taux qui en découlent. En effet, chaque droit fondamental a son originalité, et la disparition d'un droit ne peut en aucune manière être compensée, pour ainsi dire, par l'attribution d'un grand nombre d'autres droits. Imaginons que nous disions à un citoyen : nous vous retirerons votre liberté d'expression tous les mardis entre 15h et 16h, en échange de quoi nous vous donnerons chaque jour deux fois plus de bien-être fondamental, en vous garantissant une protection de la santé deux fois plus efficace. Voilà bien l'exemple même d'une conception erronée de ce que sont des droits politiques fondamentaux. Déclarer que tel droit est un droit fondamental, c'est dire que ce droit a une importance pour tous et pour toujours, en tant qu'il en va de la justice dans ce qu'elle a de plus fondamental. Le seul moyen d'établir ce point de manière suffisamment claire est de préserver l'originalité qualitative de chaque élément au sein de notre liste de droits fondamentaux.

Après avoir demandé au partisan de l'hédonisme d'admettre l'existence d'une pluralité de biens incommensurables les uns aux autres, qui ne se laissent pas ordonner le long d'une unique échelle quantitative, il est naturel de lui demander en outre si le plaisir et la douleur sont les seules choses dont nous ayons à nous soucier. Car même si l'on pense que le plaisir est étroitement lié à l'activité (et n'est donc pas simplement une sensation passive), le fait de promouvoir le plaisir au rang de fin unique a pour conséquence de laisser de côté une bonne part de la valeur que nous attachons à des activités de types variés. Il semble qu'il y ait d'autres choses susceptibles d'être valorisées dans la vie d'un animal que le seul plaisir, telles que la liberté de mouvement et l'accomplissement physique, et aussi le sacrifice altruiste pour les membres de sa famille ou de son groupe. La tristesse qu'éprouve un animal à l'occasion de la perte d'un enfant ou d'un parent, ou à l'occasion de la souffrance d'un ami humain, semble également pouvoir être valorisée, en tant qu'elle constitue le signe d'un attachement qui, en soi-même, est une bonne chose. Il existe aussi des plaisirs de mauvais aloi, tels que ceux que le public des spectacles forains peut parfois éprouver – à tel point que l'on se demande même si de tels plaisirs devraient être inclus positivement dans le calcul social. Il se peut que les plaisirs que se procurent certains animaux aux dépens des autres puissent être tenus pour des plaisirs du même type.

L'utilitarisme de la préférence se tire-t-il mieux d'affaire ? Nous avons déjà identifié quelques-uns des problèmes qu'il pose, à commencer par le problème des préférences mal informées ou malveillantes, et celui des préférences adaptatives (de soumission). En outre, l'utilitarisme de la préférence de Singer, lequel définit la *préférence* en termes de choix conscient, ne laisse aucune place pour les privations dont l'animal ne prend jamais conscience en tant que telles. Et il est sûr que les animaux élevés dans des mauvaises conditions ne peuvent pas imaginer ce que pourrait être une vie meilleure qu'ils ne connaîtront jamais, en sorte qu'ils ne sauront jamais que leur manière de vivre n'est pas celle qui était le plus susceptible de les épanouir. En revanche, ils peuvent éprouver de la souffrance, et de cela l'utilitarisme peut parler. Mais la perspective utilitariste n'a rien à dire sur l'ensemble des privations, lié à des activités de types variés pouvant être valorisées, que les animaux n'éprouvent pas en tant que tels.

Pour finir, il apparaît que toutes les approches utilitaristes sont au plus point vulnérables sur la question des nombres. L'industrie de la viande porte à l'existence un nombre incalculable d'animaux qui n'auraient jamais vu le jour si ce n'est aux fins de servir cette industrie. Selon Singer, cette naissance de nouveaux animaux ne constitue pas en soi une mauvaise chose ; on peut même estimer qu'il est probable qu'elle augmente la somme totale d'utilités sociales, dont il faudra soustraire par la suite la souffrance que ces animaux subissent. Outre le fait que l'on se demande quel peut bien le résultat d'un tel calcul, il n'est pas même sûr qu'il faille accorder le point selon lequel la naissance de ces animaux constituerait en soi une bonne chose, dans la mesure où les animaux ne sont mis au monde que pour servir d'instruments à la rapacité des êtres humains.

Ainsi donc, les grands mérites de l'utilitarisme vont de pair avec de très sérieuses difficultés.

TYPES DE DIGNITÉ, TYPES D'ÉPANOUISSEMENT : ESSAI D'EXTENSION DE L'APPROCHE PAR LES CAPACITÉS

L'approche par les capacités, dans sa forme actuelle, trouve son point de départ dans l'idée de la dignité humaine et dans celle d'une vie qui soit à sa mesure. Je vais m'efforcer de montrer à présent que cette approche peut être étendue de sorte à fournir un cadre plus adéquat pour penser les droits des animaux. L'intuition morale fondamentale qui sous-tend cette approche a trait à la dignité d'une forme de vie qui possède à la fois des besoins profonds et un certain nombre de capacités; son objectif fondamental est de répondre aux besoins de telle sorte à rendre possible une riche pluralité d'activités de vie. En accord avec Aristote et Marx, ce type d'approche souligne qu'il y a quelque chose de tragique lorsqu'une créature vivante dispose de capacités innées ou « fondamentales » à l'exercice de certaines fonctions qui sont tenues, au terme d'une évaluation, pour importantes et bonnes en soi, sans jamais pouvoir réellement les mettre en œuvre. Il y a là une forme de gaspillage. Les manquements qui peuvent être enregistrés dans l'éducation des femmes, dans la protection efficace de la santé, dans l'extension de la liberté d'expression et la liberté de conscience à tous les citoyens – tous ces manquements sont tenus pour responsables d'une sorte de mort prématurée, la mort d'une forme d'épanouissement considérée comme digne de respect et d'émerveillement. L'idée selon laquelle un être humain devrait avoir l'opportunité de s'épanouir d'une manière qui lui est propre, pourvu que cela ne se fasse pas aux dépens des autres, est inscrite au cœur même de la justification que l'approche par les capacités donne des droits politiques fondamentaux.

Comme je l'ai dit, la norme à laquelle cette approche se réfère est évaluative; il ne s'agit pas de tirer les normes de l'examen de ce qu'est en fait la nature. Les problèmes délicats que soulève un tel exercice d'évaluation dans le cas des animaux non humains seront discutés dans la section suivante. Mais si nous estimons que ce qui est bien pour une créature correspond à ses possibilités d'épanouissement, et donc que ce qui est bien pour un être humain est inscrit dans la définition de ses capacités mêmes, nous avons par là même une forte raison morale de promouvoir l'épanouissement des animaux, en écartant les obstacles qui pourraient s'y opposer.

La dignité et l'émerveillement : le point de départ intuitif

La même attitude qui préside à la façon dont nous considérons les pouvoirs humains doit guider notre approche dans le cas de toutes les formes de vie. En effet, une attitude plus générale sous-tend le respect que nous avons pour les pouvoirs humains, et celle-ci a peu de choses à voir avec le type de respect qui anime l'éthique kantienne. Selon Kant, seules l'humanité et la rationalité sont dignes de respect et constituent des objets d'émerveillement; le reste de la nature n'est rien d'autre qu'un ensemble d'instruments. Par opposition, l'approche par les capacités estime, à la suite de ce biologiste qu'était Aristote (lequel reprochait à ses élèves de négliger l'étude des animaux), qu'il y a quelque chose de magnifique et de merveilleux dans toutes les formes complexes de vie animale.

L'approche par les capacités ne se contente pas de reprendre à son compte l'esprit scientifique d'Aristote; il lui est également nécessaire d'intégrer une perspective morale sur les fonctions de la vie qui ne doivent pas être entravées, sur la dignité des organismes vivants qui ne doit pas être bafouée. Mais au fond ces deux attitudes sont intimement liées, car l'émerveillement que l'on éprouve en examinant un organisme complexe suggère à lui tout seul que le fait pour cet organisme de s'épanouir en devenant ce qu'il est constitue en soi une bonne chose. Et cette idée conduit naturellement à juger que toute activité ayant pour effet d'empêcher un tel épanouissement est moralement condamnable. Cette idée plus complexe se situe au cœur de l'approche par les capacités.

Je pense par conséquent que l'approche par les capacités est bien placée, d'un point de vue intuitif, pour dépasser les théories des partisans du néo-contractualisme et de l'utilitarisme. Elle dépasse l'approche néo-contractualiste dans son point de départ – un émerveillement fondamental pour les êtres vivants, et un désir de les voir vivre et s'épanouir dans un monde où s'épanouit aussi la multiplicité des autres créatures. Elle dépasse le point de départ intuitif de l'utilitarisme parce qu'elle s'intéresse non pas seulement au plaisir et à la souffrance, mais aux formes complexes de vie. Elle veut voir chaque chose s'épanouir pour ce qu'elle est en elle-même.

Par qui et à l'intention de qui ? Les buts de la coopération sociale

Pour un néo-contractualiste, comme nous l'avons vu, la question de savoir « qui élabore les lois et les principes ? » est considérée comme ayant nécessairement la même réponse que la question de savoir « À l'intention de qui les lois et les principes sont-ils élaborés ? ». Cette confusion est une conséquence directe de la façon dont la théorie néo-contractualiste se représente les buts de la coopération sociale. Mais de toute évidence il n'y a aucune raison de lier ces deux questions de cette manière. L'approche par les capacités, telle qu'elle a été développée jusqu'ici pour le cas des êtres humains, considère le monde tel qu'il est et se demande comment procéder pour que la justice y règne. La justice est l'un des objectifs essentiels que poursuit ce type d'approche. Ses partisans sont censés prendre en compte tout ce qu'il peut y avoir de brutalité et de misère dans ce monde, mais aussi tout le bien et la bonté qu'il contient, et se demander comment procéder pour faire advenir un monde où un ensemble de droits très importants, inhérents à l'idée même de dignité humaine, puisse être protégé. L'effort qu'ils font de prendre en compte le monde dans sa totalité, et non pas seulement des individus qui sont grosso modo égaux entre eux, les rend à même de se sentir directement (et non par dérivation) concernés par le sort de ceux qui souffrent d'infirmité mentale. Cette caractéristique explique qu'il soit relativement aisé d'étendre l'approche par les capacités pour y inclure les relations entre les êtres humains et les animaux.

Tâchons d'expliquer à présent en quoi consiste cette extension. Le but de la coopération sociale, par analogie et par extension, est de pouvoir vivre les uns avec les autres de façon décente dans un monde où de nombreuses espèces cherchent à s'épanouir. (La coopération elle-même pourra revêtir par ailleurs des formes multiples et complexes.) L'objectif général de l'approche par les capacités, où les principes politiques ont pour mission de mettre en forme les relations entre les êtres humains et les animaux, est que, conformément aux idées intuitives de la théorie, aucun animal ne devrait se voir retirer la chance de pouvoir mener une existence épanouissante, et que tous devraient avoir l'opportunité de pouvoir s'épanouir. Par égard pour ce monde qui contient de multiples formes de vie, il nous appartient moralement d'être attentifs aux divers types d'épanouissement et de veiller à ce que les efforts effectués en ce sens ne soient pas entravés ou mis en échec.

Une telle approche semble supérieure au néo-contractualisme parce qu'elle prescrit des obligations directes de justice à l'endroit des animaux; elle ne les fait pas dériver des devoirs que nous avons envers les êtres humains, elle ne les rend pas postérieurs à ceux que nous avons envers les êtres humains. Cette approche est en outre capable de défendre la thèse que les animaux sont des sujets qui ont des droits touchant leur propre épanouissement, qu'ils sont donc des sujets de justice, et non pas seulement des objets de compassion. Cette approche est également supérieure à l'utilitarisme parce qu'elle respecte chaque créature individuelle, en refusant d'agréger les biens de différentes vies et de différents types de vie. Aucune créature n'est utilisée à la façon d'un moyen pour les fins que poursuivent les autres, ou pour la société dans son ensemble. L'approche par les capacités refuse également d'agréger en procédant par recoupement des diverses composantes de chaque vie et de chaque type de vie. Ainsi, à la différence de l'utilitarisme, elle peut ne pas perdre de vue le fait que chaque espèce a une forme de vie différente et qu'elle poursuit des fins différentes; en outre, au sein d'une même espèce donnée, chaque vie poursuit des fins multiples et hétérogènes.

Quelle est sa compréhension ?

Dans le cas des êtres humains, l'approche par les capacités ne procède pas au moyen d'une conception pleinement compréhensive du bien, en raison du respect qu'elle a pour les diverses manières selon lesquelles les personnes choisissent de vivre leur vie dans une société pluraliste. Elle vise à garantir certains droits centraux tenus pour implicitement présents dans l'idée même d'une vie digne, mais elle met au centre de son attention les capacités (et non pas les fonctions), dont elle fournit une petite liste. Dans le cas de la relation entre les êtres humains et les animaux, la nécessité de restreindre la perspective se fait sentir avec plus de force encore, puisque les animaux ne participeront pas directement à l'élaboration des principes politiques, et par conséquent ne pourront pas non plus les réviser au fil du temps si ces derniers se révèlent inadéquats.

Et pourtant, il est possible de contrebalancer cette façon de voir : les êtres humains affectent profondément les opportunités d'épanouissement des animaux, et l'on n'imagine guère ce que pourrait bien être une espèce que l'on pourrait tout simplement laisser à elle-même pour qu'elle puisse s'épanouir à sa guise. L'espèce humaine domine les autres espèces comme nul individu ou comme nulle nation n'a jamais dominé d'autres êtres humains. Le respect des opportunités d'épanouissement des autres espèces suggère ainsi que la loi humaine doit inclure des engagements politiques positifs solides en faveur de la protection des animaux, même si la manière la plus respectueuse de le faire aurait été – si les êtres humains n'avaient pas interféré si profondément avec les façons de vivre des animaux – de les laisser tout simplement vivre la vie qu'ils se sont choisie.

L'espèce et l'individu

Qu'est-ce qui devrait figurer au centre de ces engagements ? Il semble qu'ici, tout comme dans le cas des êtres humains, la créature individuelle devrait être mise au centre de l'attention.

L'approche par les capacités n'attache aucune importance aux grands nombres comme tels; ce qui l'intéresse, c'est le bien-être des créatures existantes et le tort qui leur est fait lorsque leurs pouvoirs sont gaspillés.

Quant à la continuation des espèces, le fait qu'un certain nombre d'entre elles soit en voie d'extinction ne poserait guère de problème de justice (bien que cela puisse avoir une certaine importance esthétique ou toute autre sorte d'importance morale) s'il apparaissait que cette extinction était due à des facteurs n'ayant rien à voir avec l'action humaine sur les créatures individuelles. Mais en fait c'est bien parce que les êtres humains tuent les membres individuels de différentes espèces, et parce qu'ils dégradent leurs environnements naturels, que certaines d'entre elles sont en voie de disparition. Les torts qui sont faits aux espèces se produisent donc au travers des torts qui sont faits aux individus, et ce tort individuel devrait être mis au centre de l'attention morale dans le cadre de l'approche par les capacités.

Les niveaux de complexité importent-ils ?

Presque toutes les théories morales des droits des animaux soutiennent qu'il existe des distinctions moralement pertinentes parmi les formes de vie. Une chose est de tuer un moustique, autre chose est de tuer un chimpanzé. La question qui s'impose est la suivante : quel type de différence est pertinent du point de vue de la justice fondamentale ? Singer, à la suite de Bentham, pose le problème en termes de sensibilité. Les animaux de différents genres peuvent endurer une souffrance physique, et il est toujours mal de faire souffrir un être sentant. S'il existe des animaux non sensibles ou des animaux qui le sont à peine – et il semble que tel soit le cas des crustacés, des mollusques, des éponges, et des autres créatures qu'Aristote appelle « stationnaires » –, alors il n'y a que peu de mal, voire pas du tout, à les tuer. En outre, parmi les créatures sentantes, il y en a certaines qui peuvent endurer une souffrance supplémentaire du fait de leur capacité cognitive : certains animaux sont capables de prévoir et de penser à leur propre mort, et d'autres auront des intérêts conscients, sensibles dans la poursuite de leur vie qui seront frustrés par la mort. La mise à mort indolore d'un animal qui ne prévoit pas sa propre mort ou qui n'a pas d'intérêt conscient dans la poursuite de sa propre vie n'est pas en soi une mauvaise chose, selon Singer et Bentham, car tout le mal consiste, selon eux, dans la frustration des intérêts, entendus comme formes de choix effectués en conscience[1]. Singer ne dit donc pas que certains animaux sont intrinsèquement plus dignes d'estime que d'autres. Il dit simplement que, si nous lui accordons que tout le mal réside dans la sensibilité, la forme de vie de la créature limite les conditions sous lesquelles elle est susceptible de souffrir des torts qui lui sont faits.

De la même manière, James Rachels, dont la théorie n'accorde aucun privilège particulier à la sensibilité, défend l'idée que le niveau de complexité d'une créature est en relation avec le type de tort qui peut lui être fait[2]. Pour un être doué de sensibilité, le type de tort pertinent est déterminé par la douleur ; le type spécifique pertinent de douleur dépend du type spécifique de sensibilité (par exemple la capacité à imaginer sa propre mort). La réduction de la liberté n'est un tort pertinent qu'en relation avec la capacité à être libre ou à vivre de manière autonome. Il n'y aurait

1. P. Singer, « Animals and the Value of Life », dans T. Regan (ed.), *Matters of Life and Death: New Introductory Essays on Moral Philosophy*, New York, Random House, 1980, p. 356.

2. J. Rachels, *Created from Animals : The Moral Implications of Darwinism*, New York, Oxford UP, 1990.

aucun sens à déplorer qu'un vermisseau soit privé d'autonomie, ou que le droit de vote ait été retiré à un lapin.

Que peut-on dire sur ce problème du point de vue de l'approche par les capacités? Il me semble que nous ne devrions pas suivre Aristote en disant qu'il y a un ordonnancement naturel des formes de vie, certaines d'entre elles étant plus dignes de notre protection et de notre émerveillement que d'autres. Cette façon de voir peut bien avoir une certaine importance évaluative sous d'autres rapports, mais il me paraît douteux qu'il faille la prendre en compte pour poser les problèmes de justice.

La théorie de Rachels se révèle meilleure guide ici. Dans la mesure où l'approche par les capacités considère que l'épanouissement des capacités (innées) fondamentales revêt une signification morale – en entendant par « capacités fondamentales » celles qui sont tenues, au terme d'une évaluation, à la fois pour bonnes en elles-mêmes et centrales (voir ci-après la section consacrée à l'évaluation des capacités des animaux) –, elle estimera aussi qu'un tort a été fait aux animaux lorsque ces capacités ont été contrariées ou gaspillées. Les formes plus complexes de vie ont des capacités plus complexes susceptibles d'être gaspillées, et c'est pourquoi elles peuvent subir de plus grands torts et de types différents. Le niveau de vie est pertinent non pas parce qu'il confère une valeur spécifique différentielle *per se*, mais parce que le type et le degré de tort qu'une créature peut subir varient avec la forme de vie qui est la sienne.

Cela étant dit, je crois que l'approche par les capacités devrait reprendre à son compte la sagesse de la théorie utilitariste. La sensibilité n'est pas la seule chose qui compte du point de vue de la justice fondamentale, mais il semble raisonnable de considérer que la sensibilité détermine une condition minimale de l'appartenance à la communauté des êtres dont les droits sont fondés en justice. Par conséquent, tuer une éponge ne semble pas poser de problème de justice fondamentale.

L'espèce importe-t-elle ?

Pour les utilitaristes, et pour Rachels également, l'espèce à laquelle appartient une créature n'a aucune pertinence morale. Seules sont moralement pertinentes les capacités de la créature individuelle : Rachels baptise cette théorie du nom d'« individualisme moral ». Les partisans de l'utilitarisme aiment à comparer les singes aux jeunes enfants et à des adultes qui souffrent d'infirmité mentale. Par opposition, l'approche par les capacités, avec son insistance sur certaines fonctions caractéristiques et sur les formes de vie, semble attacher une importance à l'appartenance à une espèce en tant que telle. De quel type d'importance s'agit-il ?

Il est certain qu'il y a beaucoup à apprendre des travaux qui portent sur le continuum de la vie. Les capacités empiètent sur les barrières spécifiques et s'entrecroisent ; il se peut qu'un chimpanzé ait de plus grandes capacités d'empathie et de pensée perspective qu'un enfant en bas âge ou qu'un enfant autiste plus âgé. Certaines des capacités dont les hommes prétendent parfois avoir l'apanage de manière arrogante sont très largement partagées par le règne animal. Mais il semble que ce soit une erreur d'en conclure que l'appartenance à une espèce n'a aucune pertinence morale et politique. Un enfant qui souffre d'infirmité mentale est en fait très différent d'un chimpanzé, bien que, à certains égards, les capacités de l'un et de l'autre puissent être largement comparables. Mais la vie de cet enfant est tragique comme ne peut pas l'être celle d'un chimpanzé : certaines formes d'épanouissement lui sont interdites du fait des infirmités dont il souffre – infirmités dont on attend de la science qu'elle les prévienne ou qu'elle les guérisse dans la mesure du possible. Il y a quelque chose de gâché et de disharmonieux dans son existence, tandis que la vie d'un chimpanzé peut bien être parfaitement épanouie. Sous le double rapport de la vie sociale et de la vie politique, les fonctions de cet enfant sont entravées du fait de ces infirmités, comme ne peuvent pas l'être celles du chimpanzé au milieu d'une communauté de chimpanzés eu égard aux capacités cognitives qui sont les siennes.

Tout cela compte lorsqu'il s'agit de poser des problèmes de justice fondamentale. Il est crucial qu'il soit inscrit dans la culture politique d'un pays dont certains des enfants souffrent à la naissance de trisomie 21 qu'un effort important doit être fait en vue de les faire bénéficier pleinement des avantages de la citoyenneté auxquels ils peuvent prétendre, sous la forme de protection de la santé, de l'éducation et de la rééducation de la culture publique. Et il en va ainsi parce que ces enfants ne peuvent pas s'épanouir autrement qu'en devenant les êtres humains qu'ils sont. L'option de s'épanouir en devenant des chimpanzés bienheureux ne leur est pas ouverte. Mais d'autre part, il me semble que les efforts coûteux visant à enseigner le langage à un chimpanzé, aussi intéressants et instructifs qu'ils puissent être, ne relèvent pas de la sphère des problèmes de la justice fondamentale. Un chimpanzé s'épanouit d'une manière qui lui est propre, il communique avec sa propre communauté de manière parfaitement adéquate et ce depuis des siècles.

En résumé, la norme spécifique (dûment évaluée) nous indique quel est le point de repère approprié permettant de juger si une créature donnée dispose d'opportunités d'épanouissement convenables.

ÉVALUER LES CAPACITÉS DES ANIMAUX : PAS DE CULTE DE LA NATURE

Dans le cas des êtres humains, la théorie des capacités ne cherche pas à tirer des normes directement de certains faits de la nature humaine. Il importe de savoir quelles sont les capacités innées des êtres humains, et ce savoir est précieux car il nous informe sur ce que sont nos opportunités et sur les dangers qui nous guettent. Mais nous devons commencer par évaluer les pouvoirs innés des êtres humains, en triant le bon gain de l'ivraie, en nous demandant quels sont les pouvoirs qui sont au centre de l'idée même de l'épanouissement d'une vie humaine décente, d'une vie digne. Par conséquent, une évaluation, et même une évaluation morale, est requise depuis le départ pour mener à bien l'approche par les capacités. Bien des choses susceptibles de se rencontrer dans la vie humaine ne figurent pas sur la liste des capacités.

Toute théorie faisant allusion à la forme de vie d'une espèce en particulier et à la manière dont elle s'épanouit court le risque de donner une version romantique de la nature, c'est-à-dire de suggérer que tout entrerait dans l'ordre si les êtres humains cessaient d'interférer avec le cours naturel des choses. Ce risque est particulièrement manifeste lorsque nous passons de la considération des êtres humains – sur le comportement desquels il semble inévitable de se prononcer moralement – à celle des animaux, car dans ce cas l'évaluation morale est beaucoup plus difficile à articuler. L'on trouve sous la plume de certains environnementalistes une image de la nature harmonieuse et pleine de sagesse, où les êtres humains apparaissent comme des gaspilleurs, vivant au-dessus de leurs moyens, qui se porteraient bien mieux s'ils apprenaient à vivre en accord avec l'harmonie naturelle. Cette image de la nature a déjà été critiquée avec beaucoup de finesse par John Stuart Mill dans son grand essai sur la « Nature », où ce dernier fait remarquer que la nature, loin d'être moralement normative, est en fait violente, dépourvue de norme morale, prodigue, pleine de conflits, impitoyable avec les êtres humains comme avec les animaux[1]. Une représentation semblable de la nature se retrouve au cœur d'un grand nombre de théories écologiques modernes, lesquelles mettent l'accent sur l'absence de régularité et d'équilibre dans la nature[2], faisant valoir, entre autres, que nombre des écosystèmes naturels qui font l'objet de notre admiration ne fonctionnent en fait comme ils le font qu'à la faveur de diverses interventions des êtres humains.

Par conséquent, une perspective étrangère à toute évaluation, qui se contenterait d'extraire des normes directement de l'observation des manières de vivre caractéristiques des animaux, ne peut pas nous être d'une grande utilité en vue de promouvoir le bien des animaux. Nous avons bien plutôt besoin d'une évaluation soigneuse à la fois de la « nature » et des changements possibles qui peuvent s'y produire. Le respect de la nature ne devrait pas signifier, et ne peut pas signifier, que la nature doit être laissée à elle-même; il implique au contraire des arguments normatifs soigneusement élaborés concernant les objectifs susceptibles d'être réalisés.

Dans le cas des êtres humains, le domaine primordial dans lequel cherche à intervenir toute théorie politique en vue d'inhiber certaines des tendances qui traversent de part en part la vie humaine (sans toujours réussir à le faire), c'est le domaine des torts

1. [N.d.T.] J.S. Mill, « On Nature », dans *Three Essays on Religion* (1874), trad. fr. E. Reus, *La Nature*, Paris, La découverte, 2003.

2. D.D. Botkin, « Adjusting Law to Nature's Discordant Harmonies », *Duke Environmental Law and Policy Forum*, 1996, n° 7, p. 25-37.

susceptibles d'être faits aux autres. Les animaux font bien sûr subir de nombreux torts à la fois aux membres de leur propre espèce et, bien plus fréquemment, aux membres des autres espèces.

Dans les deux cas, les partisans de l'approche par les capacités auront fortement tendance à dire que de telles capacités ne font pas partie de celles qui devraient être protégées par les principes politiques et sociaux. Mais si nous retirons de la liste de telles capacités, comment pouvons-nous prétendre promouvoir l'épanouissement des formes de vie ? Même si l'approche par les capacités ne reprend pas à son compte l'idée typiquement utilitariste selon laquelle tout le bien repose dans la sensibilité, on voit mal comment l'on peut dire qu'une créature qui éprouve une frustration à voir ses capacités de prédation inhibées s'épanouit dans le mode de vie qui est le sien. On peut attendre d'un être humain qu'il apprenne à s'épanouir sans commettre d'homicide, et même, souhaitons-le, en cessant d'être celui qui met à mort le plus grand nombre d'animaux. Mais le lion auquel la possibilité d'exercer ses capacités de prédation n'est pas accordée semble grandement en souffrir.

L'approche par les capacités peut toutefois nous aider à y voir plus clair en proposant de distinguer deux aspects de la capacité en question. La capacité à tuer des petits animaux, définie comme telle, ne doit pas être valorisée, et les principes politiques peuvent l'omettre (et même l'inhiber dans certains cas, comme nous le verrons dans la section suivante). Mais la capacité à exercer sa nature de prédateur en vue de ne pas éprouver de sentiments de frustration pourrait bien se voir reconnaître une valeur si l'état de frustration est très douloureux. Les conservateurs de zoo ont appris à faire cette distinction. Après avoir noté qu'ils ne donnaient pas assez d'exercice aux animaux prédateurs dont les capacités de prédation ne recevaient pas leur dû, ils ont été confrontés au problème des torts qu'ils faisaient subir aux animaux plus petits du seul fait d'autoriser les prédateurs à exercer leurs capacités. Devaient-ils offrir à un tigre une tendre gazelle en guise de casse-croûte? Les conservateurs du zoo du Bronx ont découvert qu'il était possible de donner satisfaction au tigre en attachant un ballon assez large à une corde dont la résistance et le poids symbolisent la gazelle. Partout où les animaux prédateurs vivent sous le contrôle et dans la dépendance des êtres humains, des solutions de ce genre paraissent les mieux fondées d'un point de vue moral.

POSITIF ET NÉGATIF, CAPACITÉ ET FONCTIONNEMENT

Dans le cas des êtres humains, l'on distingue traditionnellement entre les devoirs positifs et les devoirs négatifs. Il importe de mettre en doute cette distinction. Les morales traditionnelles soutiennent que nous avons un devoir inconditionnel de nous abstenir de toute agression et de toute fraude, mais nous n'avons aucun devoir correspondant de mettre un terme à la faim et à la maladie dans le monde, ou de faire des dons d'argent pour contribuer à la cessation de ces maux [1].

L'approche par les capacités met en doute cette distinction. Toutes les capacités humaines exigent d'être positivement soutenues, et ce soutien implique le plus souvent une démarche allant en ce sens de l'État. Cela vaut aussi bien de la protection de la propriété privée et de la sécurité personnelle que de la protec-

1. Voir la critique que j'ai adressée à ce genre d'idées dans « Duties of Justice, Duties of Materail Aid: Cicero's Problematic Legacy », *Journal of Political Philosophy*, 1999, n° 7, p. 1-31.

tion de la santé; cela vaut encore aussi bien des libertés politiques et civiles que de la garantie d'un logement pour tous.

Dans le cas des animaux, à la différence de celui des êtres humains, il peut sembler à première vue que la distinction entre des devoirs positifs et des devoirs négatifs peut recevoir un bon sens. Il semble assez sensé de dire que la communauté humaine a l'obligation de s'abstenir de faire subir des torts insignes aux animaux, mais qu'elle n'est pas tenue pour autant de protéger le bien-être des animaux, au sens où elle aurait l'obligation de leur garantir une nourriture appropriée, un abri et des soins de santé. Pour ce qui est du reste, à savoir l'épanouissement au sein d'une forme de vie, il appartient aux animaux d'y pourvoir par eux-mêmes.

Cette idée ne manque pas de vraisemblance. Si nos principes politiques se contentaient d'exclure les nombreuses formes de tort insignes que les animaux subissent, ils auraient assurément déjà beaucoup fait. Mais l'idée que nous discutons – et la distinction dont elle est solidaire – ne peut pas être pleinement reçue. Tout d'abord, de très nombreux animaux vivent sous le contrôle direct des êtres humains : les animaux domestiques, les animaux de ferme, et les membres des espèces sauvages qui sont détenus en captivité dans des zoos ou dans d'autres lieux. Les êtres humains sont directement responsables de l'alimentation et de la santé de ces animaux comme il est clairement dit même dans nos systèmes juridiques actuels pourtant défectueux [1]. Il ne semble pas que la manière de vivre des animaux dans la nature « sauvage » soit affectée par les êtres humains, mais il peut difficilement en être ainsi dans notre monde actuel. Les êtres humains

1. Les lois ne couvrent pas tous les animaux, et en particulier elles ne couvrent pas les animaux qui vont être utilisés pour fournir de la viande ou des fourrures.

affectent en profondeur les habitats des animaux, déterminant les opportunités de se nourrir, de se mouvoir en liberté, et d'autres aspects d'une forme de vie épanouissante.

Ainsi, bien que nous puissions continuer de défendre l'idée selon laquelle l'une des modalités primordiales selon lesquelles doit s'exercer la responsabilité des êtres humains envers les animaux consiste de leur part à s'abstenir de commettre toute une gamme d'actions à leurs dépens (nous reviendrons dans un instant sur ce point), il est impossible d'en rester là. La question demeure de savoir quelle est la portée de nos devoirs, et comment il convient de mettre en balance de tels devoirs avec le respect approprié de l'autonomie d'une espèce.

Dans le cas des êtres humains, l'une des façons dont l'approche par les capacités entend respecter l'autonomie est de mettre au centre de l'attention la capacité, et non pas le fonctionnement, comme but politique légitime. Mais le traitement paternaliste (qui privilégie le fonctionnement plutôt que la capacité) est garanti partout où la capacité de choix et d'autonomie de l'individu est compromise (ainsi des enfants et des personnes souffrant de graves infirmités mentales). Ce principe suggère que le paternalisme est généralement approprié lorsque nous considérons le cas des animaux non humains. Toutefois, cette conclusion doit être liée à celle que nous avons tirée précédemment, à savoir à l'idée selon laquelle l'autonomie de l'espèce, dans la poursuite de l'épanouissement, est partie intégrante du bien des animaux non humains. Comment, dès lors, ces deux principes peuvent-ils être combinés, et peuvent-ils l'être de manière cohérente ?

Je pense qu'ils peuvent être combinés si nous adoptons un type de paternalisme attentif aux différentes formes d'épanouissement que poursuivent les différentes espèces. Il ne sert à rien de dire que nous devrions laisser les tigres s'épanouir d'une manière qui leur est propre, étant donné que les activités humaines affectent partout dans le monde les possibilités qu'ont les tigres de s'épanouir. Si l'on ne perd pas de vue ce dernier point, alors la seule alternative décente à l'option qui consisterait à recommander de laisser les tigres à eux-mêmes est de mettre en place des mesures politiques attentives à la façon dont les tigres s'épanouissent, aux types d'habitats que leur épanouissement exige, et qui entreprennent ensuite de créer de tels habitats. Dans le cas des animaux domestiques, un paternalisme intelligent encouragerait l'entraînement, la discipline, et même – lorsque cela semble approprié – un entraînement intensif visant à porter à leur degré d'excellence les aptitudes particulières d'une race (telles que les aptitudes des chiens de la race des Border Collie, ou celles des chevaux de saut d'obstacles). Mais les animaux, à l'instar des enfants, conserveront certains droits, qu'ils détiennent quoique leurs maîtres humains puissent en penser. Ils ne sont pas purement et simplement les objets de l'usage que les êtres humains en ont et du contrôle que ces derniers exercent sur eux.

VERS DES PRINCIPES POLITIQUES FONDAMENTAUX : LA LISTE DES CAPACITÉS

Il est temps à présent de voir si nous pouvons vraiment nous servir de l'approche par les capacités qui a été mise en œuvre dans le cas des êtres humains pour esquisser quelques-uns des principes politiques fondamentaux appelés à guider la législation et les politiques publiques animalières. La liste dont j'ai défendu l'utilité dans le cas des êtres humains est la suivante :

Les capacités humaines centrales

1. *La vie.* Avoir les moyens de vivre jusqu'à la fin une vie humaine d'une durée normale ; ne pas mourir prématurément, ou

avant que la vie soit diminuée au point qu'elle ne vaille plus la peine d'être vécue.

2. *La santé physique.* Avoir les moyens de jouir d'une bonne santé, y compris la santé reproductive; avoir une alimentation convenable; avoir un logement décent.

3. *L'intégrité physique.* Avoir les moyens de se déplacer librement d'un endroit à l'autre; avoir les moyens d'être protégé contre les agressions violentes, y compris les abus sexuels et la violence domestique; avoir la possibilité de jouir d'une sexualité satisfaisante et du choix en matière de reproduction.

4. *Les sens, l'imagination et la pensée.* Avoir les moyens d'utiliser ses sens, d'imaginer, de penser et de raisonner – et de le faire d'une façon « véritablement humaine » grâce à une éducation adaptée comprenant l'alphabétisation ainsi qu'une formation littéraire et scientifique élémentaire, mais en aucune façon limitée à celles-ci. Avoir les moyens d'utiliser l'imagination et la pensée pour éprouver des sensations ou produire des œuvres qui soient l'expression personnelle de son choix, en matière de religion, de littérature, de musique, etc. Avoir les moyens de faire fonctionner son esprit dans un cadre où sont garanties la liberté d'expression dans les domaines politique et artistique et la liberté de la pratique religieuse. Avoir les moyens de faire des expériences agréables et d'éviter la souffrance inutile.

5. *Les sentiments.* Avoir les moyens d'éprouver de l'attachement pour des objets et des personnes extérieurs à nous-mêmes; d'aimer ceux qui nous aiment et se soucient de nous, de nous attrister de leur absence; en général, d'aimer, d'être affligés, d'éprouver du désir, de la gratitude et une juste colère. Ne pas avoir un développement affectif altéré par une crainte et une anxiété excessives. (Défendre cette capacité implique de prendre fait et cause pour les formes d'association humaine dont il est

possible de montrer qu'elles jouent un rôle crucial dans notre développement.)

6. *La raison pratique.* Avoir les moyens de se forger une conception du bien et de s'engager dans une réflexion critique sur la façon de conduire sa vie. (Ce qui implique la protection de la liberté de conscience et des pratiques religieuses.)

7. *L'affiliation.* a) Avoir les moyens de vivre avec les autres et d'être ouverts à eux, de montrer de la sollicitude envers les autres êtres humains, de nous engager dans diverses formes d'interaction sociale; d'être capables d'imaginer la situation de quelqu'un d'autre. (Protéger cette capacité signifie protéger les institutions qui forment et encouragent de telles formes d'attachement, et aussi protéger la liberté de réunion et d'expression politique.) b) Avoir les bases sociales pour le respect de soi-même et l'absence d'humiliation; avoir les moyens d'être considéré comme un être plein de dignité dont la valeur est égale à celle des autres. (Ce qui implique d'être protégé contre la discrimination fondée sur la race, le sexe, l'orientation sexuelle, la religion, la caste, l'appartenance ethnique ou l'origine nationale.)

8. *Les autres espèces.* Avoir les moyens de vivre en se souciant des animaux, les plantes et de la nature, et en relation avec eux.

9. *Le jeu.* Avoir les moyens de rire, de jouer, de s'adonner à des activités récréatives.

10. *Le contrôle de son propre environnement.* a) Politique. Avoir les moyens de participer de manière effective aux choix politiques qui gouvernent notre vie; avoir le droit (*right*) de participer à la vie politique, à ce que la liberté de parole et d'association soit protégée. b) Matériel. Avoir les moyens de détenir des biens (tant fonciers que meubles), et avoir des droits (*rights*) de propriété sur une base d'égalité avec les autres; avoir le droit (*right*) de chercher un emploi sur une base d'égalité avec les

autres; ne pas subir de perquisition ni de saisie injustifiées. Avoir les moyens de travailler, sur le lieu où nous sommes employés, comme un être humain, en faisant usage de notre raison pratique et en étant capable de nouer des relations significatives faites de reconnaissance mutuelle avec les autres travailleurs.

Bien que les droits des animaux soient propres à l'espèce à laquelle ils appartiennent, les catégories les plus générales de la liste que nous venons de détailler, pour peu qu'on les modifie comme il convient de le faire, offrent un support bien commode pour élaborer quelques-uns des principes politiques fondamentaux.

1. *La vie*. Dans le cadre de l'approche par les capacités, tous les animaux ont le droit de poursuivre leur vie, qu'ils aient un intérêt conscient à le faire ou pas. Tous les animaux sensibles disposent d'un droit bien établi à l'encontre de la tuerie gratuite dans le contexte de la chasse. La mise à mort des animaux en vue de fournir des produits de luxe tels que des fourrures tombe également dans cette catégorie, et devrait donc être interdite. D'autre part, un paternalisme modéré et respectueux peut justifier la pratique de l'euthanasie dans le cas des animaux âgés en souffrance. Les cas les plus difficiles à traiter se situent entre ceux que nous venons de citer : à savoir, le cas de la prédation entre animaux soumis au contrôle des êtres humains et celui de l'abattage des animaux à des fins alimentaires. La raison pour laquelle ces cas sont si difficiles à traiter tient à ce que les animaux mourront de toute façon dans la nature, et la plupart du temps de manière bien plus douloureuse. Il vaut peut-être mieux permettre la prédation sans douleur que de laisser l'animal se faire déchiqueter dans la nature sauvage ou de le laisser mourir de faim en raison de la surpopulation. Pour ce qui est de l'abattage des animaux à des fins alimentaires, l'approche par les capacités tombe d'accord avec

les partisans de l'utilitarisme pour dire que la torture des animaux vivants n'est pas acceptable. Quid en revanche des animaux qui ont été élevés en plein air et qui sont tués de manière réellement indolore après avoir mené une vie saine? La mise à mort des animaux extrêmement jeunes ne laisserait pas d'être problématique. Mais si l'on met en balance ces différentes considérations, il n'apparaît pas qu'il faille interdire complètement l'abattage des animaux à des fins alimentaires.

2. *La santé physique*. L'un des droits centraux des animaux est le droit à la vie saine. Là où les animaux sont placés directement sous le contrôle des êtres humains, les mesures politiques que cet état de fait entraîne sont assez claires : à savoir des lois interdisant les traitements cruels et l'abandon ; des lois interdisant le confinement et les mauvais traitements infligés aux animaux dans l'industrie alimentaire et vestimentaire ; des lois interdisant le traitement brutal ou cruel des animaux de travail (en y incluant les animaux de cirque) ; des lois réglant l'administration des zoos et des aquariums des musées océanographiques, exigeant qu'une alimentation appropriée soit donnée aux animaux et qu'un espace de vie convenable leur soit alloué. Nombre de ces lois existent déjà, bien qu'elles ne soient pas bien appliquées. L'asymétrie frappante dans la pratique contemporaine tient à ce que les animaux élevés à des fins alimentaires ne bénéficient pas de la même protection que les autres. Il importe de mettre un terme à cette situation.

3. *L'intégrité physique*. Ce point est étroitement lié au précédent. Dans le cadre de l'approche par les capacités, les animaux ont des droits directs à l'encontre de toute violation de leur intégrité physique, que cette dernière prenne la forme d'une agression violente, d'un abus ou de toute autre forme de tort (occasionnant de la souffrance ou pas) qui peut leur être fait. De ce point de vue, il conviendrait probablement d'interdire la

pratique consistant à enlever les griffes des chats, au nom de l'argument selon lequel une telle pratique empêche les chats de s'épanouir d'une manière qui leur est propre, quand bien même cette opération pourrait être indolore et ne causer aucune douleur ultérieurement. En revanche, les formes d'entraînement qui ont pour effet de porter les capacités qui appartiennent de manière caractéristique à un animal à leur point d'excellence, bien qu'impliquant de soumettre l'animal à une certaine discipline, ne devraient pas être interdites.

4. *Les sens, l'imagination et la pensée.* Chez les êtres humains, cette capacité suscite toute une gamme de droits : droit de recevoir une éducation appropriée, droit à la liberté de parole et à l'expression artistique, droit de pratiquer la religion de son choix. Elle inclut également un droit plus général à avoir des expériences qui procurent du plaisir et à se soustraire à celles qui engendrent une douleur qui peut être évitée. Parvenus à ce stade, il est facile de voir où les remarques qui viennent d'être faites nous conduisent : à des lois interdisant le traitement brutal, cruel et abusif des animaux, et à des lois leur garantissant l'accès à des sources de plaisir, telles que la liberté de se mouvoir au sein d'un environnement qui stimule et flatte les sens. Bien que les corollaires de cette capacité que, dans le cas des êtres humains, nous interprétons en termes de liberté n'aient pas d'analogue bien précis dans le cas des animaux, nous pouvons néanmoins proposer des analogues appropriés à chaque type particulier d'animal, en posant la question de savoir quels sont les choix et les domaines de liberté qui semblent être les plus importants pour lui. Une telle réflexion nous conduirait assurément à condamner le confinement dans des espaces exigus et à soumettre à une rigoureuse régulation la façon dont les animaux en tous genres ont accès, dans les lieux où ils sont détenus, à l'espace, à l'ombre et à la lumière, et la façon dont une multiplicité d'opportunités leur est

offerte pour exercer une large gamme de leurs activités caractéristiques. Ici encore, l'approche par les capacités semble supérieure à l'utilitarisme dans sa capacité à reconnaître de tels droits, car bien peu d'animaux manifesteront un intérêt conscient pour l'octroi de ce genre de bénéfices.

5. *Les sentiments.* Les animaux éprouvent toute une gamme de sentiments. Tous les animaux ou presque font l'expérience de la peur. Bien des animaux peuvent être sujets à la colère, le ressentiment, la gratitude, la tristesse, l'envie et la joie. Un petit nombre – ceux qui sont capables d'une pensée perspective – est sujet à la compassion[1]. À l'instar des êtres humains, ils ont le droit de vivre une vie leur donnant l'opportunité de développer des liens affectifs avec les autres, de les aimer et de prendre soin d'eux, et de ne pas voir ces liens étouffés en raison d'un isolement forcé ou de procédés visant délibérément à les terroriser. Nous comprenons tous bien ce que cela signifie dans le cas de nos animaux domestiques, mais curieusement nous n'étendons pas cette compréhension aux animaux que nous considérons comme « sauvages ». Il n'y a pas si longtemps, les conservateurs de zoos ne prenaient nullement en compte les besoins émotionnels ; quant aux animaux de laboratoire, ils étaient traités avec beaucoup de négligence sous ce rapport, étant enfermés et confinés au mépris de leurs capacités à vivre une vie affective décente[2].

6. *La raison pratique.* Dans chaque cas, il nous faut nous demander dans quelle mesure la créature a la capacité de se fixer des objectifs, d'élaborer des projets et d'organiser sa vie. Dans la

1. Sur tous ces points, voir mon livre déjà cité *Upheavals of Thought*, *op. cit.*, chap. 2.

2. Voir S. Wise, *Rattling the Cage : Toward Legal Rights for Animals*, Cambridge, Perseus, 2000, chap. 1.

mesure où cette capacité existe bel et bien, elle doit être protégée et encouragée, et ce soutien implique plusieurs des mesures politiques dont il a déjà été question dans le point n° 4 : un espace suffisant pour pouvoir se mouvoir, des opportunités d'exercer toute une gamme d'activités.

7. *L'affiliation.* Dans le cas des êtres humains, cette capacité comporte deux dimensions : une dimension interpersonnelle (être capable de vivre avec les autres et en direction d'eux), et une dimension davantage publique, centrée sur le respect de soi et la volonté de ne pas être exposé à l'humiliation. Il me semble que ces deux dimensions sont également pertinentes dans le cas des animaux non humains. Les animaux ont droit à ce que des opportunités leur soient données de développer des liens affectifs (comme dans le point n° 5) et de nouer des relations de formes précises. Ils ont aussi le droit de soutenir des relations mutuellement gratifiantes, et non pas tyranniques, avec les êtres humains – là où ces derniers font partie du paysage. Dans le même temps, ils ont le droit de prendre place dans la culture d'un monde public qui les respecte et les traite comme des êtres dignes. Ce droit n'implique pas seulement de les mettre à l'abri de toute humiliation dont ils pourraient souffrir. L'approche par les capacités va ici bien au-delà de l'utilitarisme en soutenant que les animaux ont le droit que soient prises en leur faveur des mesures politiques internationales leur accordant des droits (*rights*) politiques et le statut juridique d'êtres dignes, que cette attribution fasse sens pour eux ou pas.

8. *Les autres espèces*. Si les êtres humains ont le droit d'« être capables de vivre en se souciant des animaux, des plantes, du monde naturel, et de tisser des relations avec eux », alors les autres animaux y ont également droit, avec les membres des autres espèces que la leur, y compris l'espèce humaine, et le reste du monde naturel. Cette capacité, lorsqu'elle est considérée du

double point de vue de l'homme et de l'animal, appelle à former graduellement un monde interdépendant, où toutes les espèces pourront tisser des relations de coopération et d'entraide. La nature ne fonctionne pas ainsi, et ne fonctionnera jamais ainsi. Aussi cette capacité demande-t-elle, de manière très générale, que le juste supplante progressivement le naturel.

9. *Le jeu.* Cette capacité est de toute évidence centrale à la vie de tous les animaux sensibles. Elle implique plusieurs des mêmes mesures politiques dont il a déjà été question : octroi d'un espace approprié, de la lumière suffisante, de la stimulation sensorielle nécessaire dans les lieux où vivent les animaux, et, par-dessus tout, de la présence des membres des autres espèces.

10. *Le contrôle de son propre environnement.* Dans le cas des êtres humains, cette capacité a deux dimensions : une dimension politique et une dimension matérielle. La première est définie dans les termes d'une citoyenneté active et des droits (*rights*) à la participation politique. Dans le cas des animaux non humains, il est important que nous vivions dans une culture politique qui est telle qu'elle s'engage à respecter les animaux et à les traiter avec justice. Mais il est également important que les animaux aient des droits directs, de sorte à permettre à celui qui veille sur eux de soutenir une action en justice pour défendre leurs droits (comme cela se fait avec les enfants). Quant à la seconde dimension de la capacité que nous examinons ici, l'analogue des droits (*rights*) de propriété, dans le cas des animaux, c'est le respect auquel nous sommes tenus de l'intégrité territoriale de leurs habitats, que ce soit au sein de l'espace domestique ou dans la nature sauvage.

Existe-t-il des capacités des animaux qui ne seraient pas couverts par cette liste convenablement détaillée ? Il ne me semble pas, bien que, conformément, à l'esprit de l'approche par les capacités, il nous faut dire que la liste est ouverte, sujette à recevoir des compléments ou des amendements.

De manière générale, l'approche par les capacités suggère que les différents pays doivent inclure dans leurs constitutions ou dans d'autres textes législatifs fondateurs un engagement envers les animaux en tant que sujets de justice politique, et un engagement à veiller à ce que les animaux soient traités avec dignité. Une telle constitution pourrait bien recouper quelques-uns des principes très généraux de la liste des capacités que nous venons de dresser. Quant au reste du travail à effectuer pour protéger les droits des animaux, il pourrait être pris en charge par des législations ponctuelles et par des cours de justice exigeant l'entrée en vigueur de la loi là où elle n'est pas encore appliquée. Mais dans le même temps, de nombreux problèmes couverts par l'approche par les capacités ne peuvent pas être traités par les législations nationales isolément les unes des autres, et supposent au contraire une coopération internationale. Nous avons également besoin d'accords internationaux par lesquels la communauté internationale s'engage à assurer la protection des habitats des animaux et à éradiquer les pratiques de cruauté à leur endroit.

LE CARACTÈRE INDÉPASSABLE DU CONFLIT

Dans le cas des êtres humains, nous sommes souvent confrontés au problème du conflit entre une capacité et une autre. Mais si la liste des capacités et de ses seuils est convenablement élaborée, il nous faut dire que l'existence de conflit entre une capacité et une autre est le signe que quelque chose ne va pas dans la société[1]. Nous devrions nous concentrer sur la gestion à long terme susceptible de faire advenir un monde où toutes les capacités peuvent être garanties à tous les citoyens.

Le monde dans lequel nous vivons est fait de conflits perpétuels et souvent tragiques, entre le bien-être des êtres humains et celui des animaux. Certains mauvais traitements infligés aux animaux peuvent être éliminés sans qu'il y ait de perte conséquente pour le bien-être humain : c'est le cas par exemple des animaux confinés et élevés de façon brutale pour leur fourrure ou pour la consommation de leur viande. L'usage des animaux pour la nourriture est d'une manière générale un cas beaucoup plus complexe, car personne ne sait vraiment quel serait l'impact environnemental du passage à l'alimentation totalement végétarienne : un tel régime fournit-il à l'homme les protéines dont il a besoin ? n'y a-t-il aucun risque à l'imposer dans le monde entier à des enfants en pleine croissance ? Le problème que posent les animaux de laboratoire est encore plus délicat.

Bien des choses peuvent être faites pour améliorer la vie des animaux de laboratoire sans pour autant mettre un arrêt aux recherches utiles. Comme l'a montré Steven Wise, les primates dont on se sert à des fins d'expérimentation médicale vivent souvent dans des conditions sordides et dans l'isolement. Le sort qui leur est fait est moralement inacceptable, et il n'y a aucune nécessité à cela. Il est tout à fait possible de mettre un terme à cette situation sans pour autant suspendre les travaux de recherche médicale. Certaines des recherches qui sont conduites ne sont pas nécessaires et peuvent cesser – par exemple, il semble que

1. Voir mon article « The Costs of Tragedy : Some Moral Implications of Cost-Benefit Analysis », dans D. Adler et E.A. Posner (eds.), *Cost-Benefit Analysis*, Chicago, University of Chicago Press, 2001, p. 169-200.

certaines entreprises cosmétiques aient cessé de tester leurs produits sur des lapins tout en garantissant le même niveau de qualité. Mais il y a des recherches bien plus importantes, dont les conséquences sur la vie et la santé des êtres humains et des autres animaux sont décisives, qui infligeront de la souffrance, rendront malades et conduiront à la mort certains animaux, même dans les conditions les meilleures.

Je n'appelle pas de mes vœux l'arrêt de ces recherches. Je demande a) que l'on examine la question de savoir si la recherche est réellement nécessaire en relation avec une capacité humaine importante; b) que l'on privilégie autant que possible l'usage des animaux sensibles dont le degré d'organisation biologique est moindre, au nom de l'argument selon lequel ils souffriront moins des torts que leur feront subir les recherches auxquelles ils prendront part; c) que l'on améliore les conditions des animaux de laboratoire, en y incluant des soins palliatifs terminaux lorsque les animaux ont contracté une maladie fatale, ainsi que des interactions à la fois avec les êtres humains et avec d'autres animaux; d) de faire disparaître toute trace de la brutalité psychologique avec laquelle les animaux de laboratoire sont trop souvent traités; e) de déterminer les thèmes de recherche avec beaucoup de soin et de sérieux, de sorte qu'aucun tort ne soit fait à un animal pour des motifs futiles; et f) de s'efforcer en permanence de développer des méthodes expérimentales qui n'ont pas ces conséquences fâcheuses (par exemple la simulation sur ordinateur).

Par-dessus tout, cela implique qu'une discussion publique ait lieu en permanence sur ces questions, allant de pair avec la reconnaissance que de tels usages des animaux dans le contexte de la recherche scientifique sont tragiques, et qu'ils violent des droits fondamentaux. Une telle reconnaissance publique est loin d'être vaine. Elle proclame ce qui est moralement vrai, et confirme ainsi la dignité des animaux et notre propre culpabilité à leur endroit. Elle conforte les dispositions consistant à se comporter de façon bienveillante avec les animaux, lorsque rien n'exige que nous agissions autrement. Finalement, elle nous pousse à chercher à faire advenir un monde où la recherche pertinente pourrait en fait être effectuée d'une autre manière.

VERS UNE JUSTICE GLOBALE

Il est devenu bien évident depuis longtemps déjà que la recherche d'une justice globale requiert l'inclusion de nombreuses personnes et de nombreux groupes qui n'avaient pas été auparavant tenus pour des sujets de justice à part entière, en tous points égaux aux autres : les pauvres ; les membres de minorités religieuses, ethniques ou raciales ; et plus récemment, les femmes, les infirmes, et les habitants de pays éloignés du nôtre.

Mais une justice véritablement globale requiert non seulement que nous prenions en compte, par-delà les continents, les membres de notre espèce qui ont un droit à mener une vie décente, mais aussi les autres êtres sensibles avec la vie desquels notre propre vie est inextricablement et diversement entremêlée. Les approches néo-contractualistes traditionnelles de la théorie de la justice n'ont pas posé ces problèmes comme des problèmes de justice – et en fait, elles ne pouvaient pas le faire. Les approches utilitaristes l'ont fait courageusement, et il faut leur en savoir gré. Mais au final, ainsi que j'ai cherché à le dire, l'utilitarisme a trop tendance à tout homogénéiser – les vies des uns et des autres, et les diverses composantes de chaque vie –, de sorte qu'il se révèle peu capable d'élaborer une théorie adéquate de justice animale. L'approche par les capacités trouve, quant à elle, son point de départ dans un émerveillement – qui est pleinement consonant avec certaines dispositions morales – devant chaque forme de vie animale, et offre à ce titre un modèle plus à même de rendre justice à la complexité de la vie des animaux et à leurs efforts en vue de s'épanouir. Un tel modèle semble être une partie importante d'une théorie de la justice véritablement globale.

LA COMMUNAUTÉ DES ÊTRES HUMAINS ET DES ANIMAUX

INTRODUCTION

Il faudrait pouvoir raconter l'histoire des relations entre les êtres humains et les animaux en adoptant, autant que faire se peut, le point de vue des animaux, car ce ne sont pas seulement les communautés humaines qui se sont transformées au contact des animaux en passant d'un régime de chasse, de pêche et de trappage à un régime pastoral et agricole, ce sont aussi bien les animaux eux-mêmes, lesquels ont appris à répondre aux signaux sociaux qui leur étaient adressés et à nouer des relations individuelles avec les êtres humains en prenant une part active au sein de leurs communautés.

Au centre de ces processus de transformation réciproque se situe la domestication, en entendant par là un processus historique complexe où les degrés de l'action domesticatrice s'échelonnent sur un continuum allant de la sauvagerie à la domestication totale en passant par l'apprivoisement et les domestications partielles[1].

1. La définition du concept de domestication constitue en soi un sujet de controverse, selon que l'on met l'accent sur les notions de propriété, de contrôle et de domination, ou sur celles de coopération, d'échange et de symbiose. Pour avoir un aperçu des travaux portant sur ce sujet, voir le livre récent de R. Cassidy et M. Mullin (eds.), *Where the Wild Things Are Now. Domestication Reconsidered*,

Les communautés humaines n'ont ainsi jamais cessé d'intégrer des compagnons non humains – comme animaux d'élevage, de travail, de compagnie ou de divertissement – qui leur ont apporté à la fois leur *subsistance* et leur *substance* même, c'est-à-dire non seulement la matière et l'énergie mais le sens et l'intelligibilité, les groupes humains se maintenant dans l'existence et se différenciant les uns des autres du fait même de cette cohabitation avec les animaux [1].

Tout se passe comme si l'humain était un être qui ne pouvait se développer qu'en créant des agencements avec d'autres êtres vivants, en constituant des formes d'association qui ne sont pas seulement fonctionnelles, mais aussi symboliques, qui ne se réduisent pas à un échange de services, mais aussi d'informations et d'affects. Ce sont ces formes de sociabilité multiples que philosophes et éthologues ont cherché à décrire récemment sous le nom de « communautés hybrides » ou de « communautés mixtes », lesquelles renvoient toujours à des agencements personnalisés entre des animaux bien identifiés et des humains particuliers, et non de façon globale entre un groupe humain et un groupe animal [2].

Oxford-New York, Berg International, 2007, qui donne également de riches indications bibliographiques.

1. Nous empruntons à Françoise Armengaud cette distinction, tout en refusant d'y voir, avec elle, deux modalités d'« exploitation » des animaux, mais plutôt deux façons de vivre à leurs côtés. Voir F. Armengaud, « Au titre du sacrifice : l'exploitation économique, symbolique et idéologique des animaux », dans B. Cyrulnik (éd.), *Si les lions pouvaient parler. Essais sur la condition animale*, *op. cit.*, p. 856-887. Plus proche de la position que nous adoptons, voir J. Porcher, *Éleveurs et animaux : réinventer le lien*, Paris, PUF, 2002.

2. À notre connaissance, Arne Naess est le premier à s'être servi de cette expression dans « Self-Realization in Mixed Communities of Humans, Bears, Sheep, and Wolves », *Inquiry*, 1979, n° 22, p. 231-241. Elle a été reprise par Mary

Les textes qui ont été retenus dans cette section s'interrogent sur les conditions de la vie partagée des êtres humains avec les animaux individuels et les espèces animales, en examinant ce phénomène sous l'angle de ses conditions de possibilité (psychologiques et même phylogénétiques) tant du point de vue des êtres humains que de celui des animaux, sous l'angle aussi des différentes normes morales qui ont vocation à régler les rapports des communautés humaines avec les animaux (sauvages, domestiques ou de compagnie), sous l'angle enfin des modalités selon lesquelles il est possible de conceptualiser certaines formes de relation, qui ont des dimensions aussi bien économiques qu'affectives, entre les communautés humaines et les communautés animales (et, parmi celles-ci, tout particulièrement les animaux d'élevage).

Mary Midgley, dans le texte par lequel s'ouvre cette section, part du constat selon lequel les communautés humaines ont toujours inclus des animaux, et elle cherche à mettre au jour les « capacités », de quelque type qu'elles puissent être, qui ont rendu possible la formation des communautés mixtes. En l'absence de toute « sympathie » entre les êtres humains et les animaux, répond-elle, on ne voit comment de telles associations auraient pu naître. Il faut supposer que les hommes sont capables de comprendre et de partager les sentiments et les humeurs des animaux avec lesquels ils vivent, au point de pouvoir même se représenter, par un effort de l'imagination, la façon dont les choses leur apparaissent et les affectent. Il faut porter à leur crédit

Midgley, Donna Haraway, J. Baird Callicott, et a également trouvé un emploi sous la plume de Philippe Descola, Bruno Latour, Dominique Lestel, Vinciane Despret et Catherine et Raphaël Larrère.

cette faculté mi-intellectuelle mi-affective qui consiste à pouvoir « se rendre attentif » et à « prêter égard »[1].

Réciproquement, il faut supposer les animaux capables de comprendre les signaux par lesquels ils sont appelés à s'intégrer dans une autre communauté que leur communauté d'origine, ainsi que la capacité à tirer de ces signaux un certain nombre de « conséquences pratiques et émotionnelles », par exemple en inhibant leurs tendances à l'agressivité ou en répondant à une invitation à jouer. Une manière de communication interspécifique se mettrait ainsi en place : les animaux répondraient aux « signaux » ou aux « messages » que leur adressent les êtres humains en se rendant sensibles à cet appel et en adaptant leur comportement, tandis que réciproquement les êtres humains apprendraient à éprouver par empathie les sentiments qui affectent les animaux et à agir en conséquence. Mary Midgley propose de comprendre la relation qui s'établit entre les humains et les non humains comme étant moins d'ordre intellectuel ou cognitif – même si cette composante est bel et bien présente dans la mesure où le message demande à être « déchiffré » et « interprété » –, que d'ordre affectif, et c'est pourquoi elle retient le terme clé de « sympathie », en référence, très certainement, à Hume et aux penseurs des Lumières écossaises (Hutcheson, Smith) et anglaises (Shaftesbury)[2], mais également à Spinoza dont la présence nous paraît être attestée à travers l'idée d'une « puissance d'être affecté » à laquelle l'auteur fait allusion à plusieurs reprises en évoquant « le plus grand pouvoir de la sympathie humaine »

1. Les deux peuvent se dire en anglais au moyen d'une seule expression, dont Mary Midgley fait grand usage dans ce texte : « *to attend to* ».

2. Sur ce point, voir le récent dossier de textes réunis dans la *Revue du MAUSS*, « L'homme est-il un animal sympathique ? Le contr'Hobbes », 2008, n° 31.

comme critère de distinction entre les êtres humains et les animaux, et origine phylogénétique de leur différenciation.

Le second texte, écrit par J. Baird Callicott, s'inscrit explicitement dans le prolongement du premier, dont il reprend à son compte l'idée séminale selon laquelle nous formons avec les animaux domestiques une communauté mixte d'être sociaux ayant coévolué et vivant au sein d'une seule et même société où les différents membres éprouvent les uns pour les autres certains sentiments, lesquels favorisent en retour et conditionnent la sociabilité – tels la sympathie, la compassion, la confiance, l'amour, etc. Toutefois, à la différence de Midgley, Callicott s'efforce de tirer profit de cette « observation perspicace » pour développer une théorie morale permettant de fonder les normes en fonction desquelles devront être réglées les diverses communautés mixtes au sein desquelles les êtres humains sont appelés à évoluer.

Pour y parvenir, Callicott tente de combiner la théorie humienne des sentiments moraux, dont s'inspire Midgley, avec la théorie leopoldienne de la communauté biotique en vue de fonder une éthique animale dont les intérêts soient compatibles avec ceux d'une éthique environnementale. Callicott propose de distinguer trois types fondamentaux de « communautés » disposées les unes par rapport aux autres à l'intérieur de cercles concentriques, accompagnées des obligations corollaires qui varient en fonction de la place qu'occupent les uns par rapport aux autres les membres des diverses communautés : le premier cercle, autour duquel s'enrouleront tous les autres, correspond à la communauté que nous formons avec les membres de notre famille, avec nos amis, nos voisins, nos concitoyens, nos compatriotes, nos compagnons d'humanité; le second correspond à la communauté que nous formons avec ces êtres hybrides que sont les animaux de compagnie, les animaux domestiques ou de jardins zoologiques, les animaux d'élevage, etc., qui ne sont pas membres à proprement parler des communautés sociales humaines, mais qui n'évoluent pas non plus au sein d'écosystèmes naturels; le troisième correspond à la communauté que nous formons avec un certain nombre d'espèces animales et végétales, avec les écosystèmes qui composent la biosphère et l'écosphère considérées dans leur totalité. L'éthique de la communauté mixte pourra ainsi déboucher sur une condamnation sans appel de l'élevage industriel dans la mesure où ce dernier viole «cette sorte de contrat social implicite noué entre l'homme et l'animal qui est le fruit d'une longue évolution».

Mais que faut-il entendre exactement par un tel «contrat social» ou «contrat domestique»? L'expression a-t-elle une valeur métaphorique ou bien demande-t-elle à être prise au pied de la lettre? Dans ce dernier cas, quel sens y a-t-il à mobiliser la théorie du contrat pour conceptualiser les relations que les êtres humains peuvent être amenés à entretenir avec les animaux? Telles sont les questions que pose, dans le dernier essai de cette section, Clare Palmer, en confrontant terme à terme les différents modèles de contrat domestique qui ont été élaborés à ce jour avec le modèle néo-contractualiste dont ils se rapprochent le plus.

Bien que son analyse soit largement défavorable à l'idée même d'un contrat domestique, l'objectif que poursuit l'auteur n'est pas tant de réfuter cette idée que de la rectifier, en vue de mettre au jour la part de vérité qu'elle contient. L'approche contractualiste de la domestication tient pour fondamentale l'idée selon laquelle le processus historique de domestication a pour effet d'engendrer des responsabilités envers les animaux – responsabilités qui n'existent pas envers les animaux qui sont restés étrangers à ce processus. Partant de cette intuition très juste en elle-même, l'erreur des théoriciens du contrat domestique a été de croire, selon Clare Palmer, que l'on peut réellement en déduire des obligations morales. « Les obligations spécifiques des êtres humains à l'endroit des animaux domestiques », écrit-elle, « ne sont pas plus fondées sur le fait que, à un moment donné du passé, les êtres humains ont conclu un contrat gagnant-gagnant avec les animaux sauvages, que sur le fait qu'une telle association coopérative est, en toute hypothèse, celle qui satisfait le mieux les intérêts individuels des uns et des autres. » La domestication gagnerait bien plutôt à être comprise, selon elle, comme un certain type de relations entre les êtres humains et les animaux (parmi d'autres types de relations possibles), « lequel – en raison même des dépendances et des vulnérabilités qu'elle crée – peut aussi engendrer certaines obligations morales ». Pour ces raisons, l'auteur recommande de substituer au langage du *contrat* celui de la *relation* pour décrire la façon dont les obligations sont engendrées, et de privilégier, en éthique animale, une approche de type relationnel[1].

Indications bibliographiques

BERSNTEIN M., « Contractualism and Animals », *Philosophical Studies*, 1997, n° 86, p. 49-72.

CALLICOTT J.B., *In Defense of the Land Ethic : Essays in Environmental Philosophy*, Albany, SUNY Press, 1989.

– *Beyond the Land Ethic : More Essays in Environmental Philosophy*, Albany, SUNY Press, 1999.

DESCOLA P., *Par-delà nature et culture*, Paris, Gallimard, 2006.

FELLENZ M.R., *The Moral Menagerie : Philosophy and Animal Rights*, Urbana-Chicago, University of Illinois Press, 2007.

1. Cette thèse est développée dans un livre paru en 2010 intitulé *Animal Ethics : A Relational Approach*, New York, Columbia UP. Nous remercions l'auteure de nous en avoir aimablement communiqué le manuscrit.

FRANKLIN A., *Animals and Modern Cultures : A Sociology of Human-Animal Relations in Modernity*, London, Sage Publications, 1999.

GOFFI J.-Y., *Qu'est-ce que l'animalité ?*, Paris, Vrin, 2004.

HADLEY J., « Critique of Callicott's Biosocial Moral Theory », *Ethics and the Environment*, 2007, n° 12, p. 67-78.

HARAWAY D., *Primate Visions : Gender, Race, and Nature in the World of Modern Science*, London, Routledge, 1989.

– *When Species Meet*, Minneapolis, University of Minneapolis Press, 2008.

– *Des singes, des cyborgs et des femmes. La réinvention de la nature*, trad. fr. O. Bonis, Paris, J. Chambon, 2009 (1re éd. 1991).

HARGROVE E.C., *The Animal Rights/Environmental Ethics Debate. The Environmental Perspective*, Albany, SUNY Press, 1992.

JAMIESON D., « Animal Liberation is an Environmental Ethic », *Environmental Values*, 1998, n° 7, p. 41-47.

LARRÈRE C. et R., « Animal Rearing as Contract ? », *Journal of Agricultural and Environmental Ethics*, 2000, n° 12, p. 51-58.

– « L'animal, machine à produire : la rupture du contrat domestique », dans F. Burgat et R. Dantzer (éds.), *Les animaux d'élevage ont-ils droit au bien-être ?*, Paris, INRA, 2001, p. 9-24.

– « Actualité de l'animal-machine », *Les Temps modernes*, 2005, n° 630-631, p. 143-163.

LATOUR B., « A Well-Articulated Primatology : Reflections of a Fellow-Traveler », dans S.C. Strum et L.M. Fedigan (eds.), *Primate Encounters : Models of Science, Gender, and Society*, Chicago, Chicago UP, 2000, p. 358-381.

LESTEL D., *Les origines animales de la culture*, Paris, Flammarion, 2001.

– *L'animal singulier*, Paris, Seuil, 2004.

– *Les amis de mes amis*, Paris, Seuil, 2007.

MIDGLEY M., *Beast and Man : The Roots of Human Nature*, London, Routledge, 1979.

– *Animals and Why They Matter*, Athens, The University of Georgia Press, 1983.

– « The Origins of Ethics », dans P. Singer (ed.), *A Companion to Ethics*, Oxford, Blackwell, 1991, p. 3-13.

– « Bridge Building at Last », dans A. Manning et J. Serpell (eds.), *Animals and Human Society: Changing Perspectives*, London, Routledge, 1994, p. 188-194.

– « Should We Let Them Go? », dans F.L. Dolins (ed.), *Attitudes to Animals: Views in Animal Welfare*, Cambridge, Cambridge UP, 1999, p. 152-163.

PALMER C., « The Idea of the Domesticated Animal Contract », *Environmental Values*, 1997, n° 6, p. 411-425.

– « Placing Animals in Urban Environmental Ethics », *Journal of Social Philosophy*, 2003, n° 34, p. 64-78.

– « Colonization, Urbanization, and Animals », *Philosophy and Geography*, 2003, n° 6, p. 47-58.

PLANHOL X. de, *Le paysage animal. L'homme et la grande faune : une zoogéographie historique*, Paris, Fayard, 2004.

TAYLOR A., « Electric Sheep and the New Argument from Nature », dans J. Castricano (ed.), *Animal Subjects: An Ethical Reader in a Posthuman World*, Waterloo, Wilfried Laurier UP, 2008, p. 177-193.

VARNER G.E., *In Nature's Interests? Interests, Animal Rights, and Environmental Ethics*, Oxford, Oxford UP, 1981.

WESTRA L., « Ecology and Animals : Is There a Joint Ethic of Respect ? », *Environmental Ethics*, 1989, n° 11, p. 215-230.

MARY MIDGLEY

LA COMMUNAUTÉ MIXTE*

UNE SCÈNE BIEN REMPLIE

Toutes les communautés humaines ont inclus des animaux. Parmi ceux qui en ont toujours fait partie, il faut mentionner en premier lieu les chiens, avec lesquels notre association semble être proprement immémoriale – presque symbiotique. Mais au-delà de ces derniers, une très grande variété d'autres créatures, allant des rennes aux belettes et des éléphants aux cormorans, a également été domestiquée, et ce depuis la nuit des temps.

C'est bien sûr dans une large mesure afin de nous être utile que les animaux ont été intégrés à nos communautés – pour nous aider aux labours ou faciliter le transport des personnes et des marchandises, pour nous fournir de la viande, du lait, de la laine, du cuir, des plumes et des œufs, pour éradiquer les vermines, pour traquer le gibier et pêcher le poisson. Dans de telles conditions, l'on aurait pu raisonnablement s'attendre à ce que les relations

* Mary Midgley, « The Mixed Community », dans M. Midgley, *Animals and Why They Matter*, Athens, The University of Georgia Press, 1983, p. 112-124. La présente traduction a été établie par Hicham-Stéphane Afeissa.

d'exploitation que les hommes ont entretenu avec les animaux ne favorisent guère la formation de liens affectifs et personnels. En toute innocence, l'on aurait pu croire que les hommes tendraient à considérer leurs animaux comme de simples machines. À reprendre dans ce contexte la distinction kantienne entre les *personnes* et les *choses*, entre les sujets et les objets, n'y avait-il pas fort à parier que les animaux domestiques, devant être rangés sous l'une ou l'autre catégorie, aient donc dû être perçus de façon non équivoque comme des choses ?

Mais en fait si les hommes avaient perçu les animaux de cette manière, leur domestication n'aurait probablement jamais pu être menée à bien. En effet, même avec la meilleure volonté du monde, les animaux n'auraient pas pu réagir comme de simples machines. Ils ont été apprivoisés, non pas seulement par peur de la violence, mais parce qu'ils ont montré qu'ils étaient capables de nouer des relations individuelles avec ceux qui les ont apprivoisés, en comprenant les signaux sociaux qui leur étaient adressés. Ils ont appris à obéir aux êtres humains à titre personnel. Et si les animaux ont été capables de le faire, ce n'est pas seulement parce que les personnes qui les ont apprivoisés sont des êtres sociaux, c'est parce qu'eux aussi le sont.

Toutes les créatures qui ont été domestiquées avec succès étaient à l'origine de nature sociale. Elles ont transféré vers les êtres humains la confiance et la docilité que, à l'état sauvage, elles auraient pu développer à l'égard de leurs parents et, à l'âge adulte, à l'égard des chefs de meute ou de troupeau. Il y a d'autres créatures, peut-être tout aussi intelligentes, qu'il est tout à fait impossible d'apprivoiser, tout simplement parce qu'elles n'ont pas la capacité innée de répondre aux signaux sociaux qui leur sont adressés au sein de leur propre espèce, et qui par conséquent ne peuvent pas non plus percevoir ceux qui leur parviennent de l'extérieur.

Prenons par exemple le cas tout à fait remarquable des nombreuses espèces de chat sauvage. L'on sait que même leurs plus jeunes chattons ne se laissent pas du tout apprivoiser. Entre toutes les espèces de chat, les chats égyptiens, qui sont les ancêtres de tous nos chats domestiques, se distinguent par leur haut degré de sociabilité. Il semble que les chats d'Égypte n'aient été domestiqués qu'aux environs de 1600 avant J.C., pour devenir dès lors extrêmement populaires[1]. Sauf à supposer qu'ils aient attendu tout ce temps avant d'être découverts par les hommes – ce qui serait tout de même assez curieux –, on est tenté de penser qu'une sorte de mutation a dû se produire en eux les rendant plus réceptifs.

Mais, comme chacun sait, les chats sont et demeurent des êtres dont la sociabilité et la docilité sont toutes autres que celles des chiens. Les forains ont compris depuis longtemps qu'il était vain d'essayer de dresser des chats. De la même manière, il existe des différences importantes, sous le rapport de leur nature sociale comme sous celui de leur apparence physique, entre les chevaux, les mules, les ânes, les chameaux, etc. Les espèces, comme les individus, réagissent diversement au dressage; les uns et les autres ne peuvent pas être traités comme autant de machines interchangeables. Les personnes qui réussissent à dresser les animaux ne le font pas du haut de cette supériorité abstraite et quelque peu magique qui est censément la leur, mais plutôt en entrant dans un rapport d'interaction sociale avec eux – en leur prêtant attention et en s'efforçant de comprendre comment les choses apparaissent du point de vue qui est le leur. Le fait d'ignorer ou de ne pas croire en l'existence de ce point de vue

1. M. Beadle, *The Cat, its History, Biology and Behaviour*, New York, Collins & Harvill Press, 1977, p. 66.

aurait pour effet de faire échouer leur tentative. La présupposition ordinaire sur laquelle repose la domestication des animaux a toujours été que, pour reprendre la formule de Thomas Nagel, cela fait un effet d'être une chauve-souris[1], ou encore d'être un cheval ou un âne – ou plutôt d'être *ce* cheval ou *cet* âne. Par opposition, rien ne correspond au fait d'*être* une pierre, ou le dernier modèle de chez Ford ou un avion à réaction. Il n'y a pas d'être qui pourrait faire ce type d'expérience, et c'est pourquoi la mécanique n'a pas à lui prêter une quelconque attention.

L'EXPLOITATION REQUIERT LA SYMPATHIE

Telle a été, me semble-t-il, la présupposition ordinaire sur laquelle a toujours reposé la domestication des animaux. Les behaviouristes modernes ont toutefois estimé que cette présupposition était fausse, et ils ont entrepris en conséquence de la soumettre à la critique. Parvenue à ce stade, je tiens à souligner que l'opinion qu'ils expriment, aussi sophistiquée soit-elle, est toute récente, et que ce n'est pas celle qui a été reçue tout au long des siècles au cours desquels les animaux ont été domestiqués.

Si nous demandons à un fermier indien s'il croit que le bœuf qu'il est en train de battre est capable de ressentir les coups, il est probable qu'il réponde : « Bien entendu qu'il en est capable, sinon pourquoi le ferai-je ? ». Tout bon cavalier doit savoir répondre à son cheval en prenant en compte sa singularité; il doit être

1. Th. Nagel, « What Is It Like to Be a Bat? », dans *Mortal Questions*, Cambridge, Cambridge UP, 1979 [trad. fr. P. Engel et Cl. Engel-Tiercelin, « Quel effet cela fait, d'être une chauve-souris? », dans *Question mortelle*, Paris, PUF, 1983].

capable de suivre le cours de ses sentiments; il doit pouvoir se servir de son imagination pour comprendre de quelle manière les choses peuvent l'affecter, l'effrayer, l'attirer – comme devrait le faire celui qui chercherait à contrôler des êtres humains. L'on donne généralement un nom propre aux chevaux et aux chiens, et l'on s'attend à ce que ces derniers comprennent ce qui leur est dit. En revanche, l'idée ne viendrait à l'esprit de personne d'en faire autant avec les pierres, les marteaux ou les avions à réaction. Le traitement des animaux domestiques n'a jamais été impersonnel. Certes, nous pouvons bien dire que ces derniers ne sont pas à proprement parler des « personnes », parce que ce mot sert généralement à désigner les *Homo sapiens* – exception faite de la sainte Trinité. Mais ils ne sont certainement pas davantage considérés comme de simples choses. Ils sont précisément des animaux, c'est-à-dire des êtres doués d'un point de vue qui leur est propre et qui, pour cette raison même, ressortissent beaucoup plus à la catégorie de personne qu'à celle de chose.

Ce point vaut d'être souligné car il met en évidence la surprenante capacité des hommes à prêter attention aux humeurs et aux réactions des membres des autres espèces, et même, dans une certaine mesure, à les comprendre. Bien sûr une telle capacité a des limites, comme en témoigne l'insensibilité de cœur de certains d'entre nous, mais, dans ce cas, il est remarquable qu'elle n'affecte pas seulement les relations avec les animaux, et qu'elle se manifeste également dans la sphère des relations interhumaines. Selon les circonstances, il n'est pas toujours très facile de répondre à la question de savoir si celui qui inflige une souffrance a bien conscience de ce qu'il fait. Il se peut que la personne à laquelle l'on reproche son insensibilité de cœur ne *sache* réellement pas ce qu'elle fait, pour la bonne raison qu'elle ne veut pas le savoir; elle ne prête aucune attention à ce genre de chose. Mais elle pourrait le savoir pour peu qu'elle veuille bien se rendre à l'évidence.

Une fois encore, ce qui vaut ici des relations avec les animaux vaut des relations interhumaines. La surexploitation des bœufs ou des chevaux ne se justifie généralement pas d'une autre manière que le travail forcé des esclaves – personne n'a de doute sur le fait que ce sort ne leur est pas indifférent, ni sur le fait qu'ils sont pleinement capables de s'en rendre compte, mais tout cela est fort peu de chose eu égard aux intérêts en jeu.

Le traitement réservé aux animaux domestiques ressemble encore à celui des esclaves en ceci qu'il couvre une gamme extrêmement variée d'attitudes. D'ordinaire, ces dernières ne sont pas toutes marquées au coin d'une sorte de dédain uniforme et immuable – de cette indifférence qui ne manquerait pas de se manifester si l'on supposait que les créatures sont réellement dénuées de toute sensibilité, ou si l'on était tout à fait incapable de se faire une idée des sentiments qui peuvent bien être les leurs. En fait, l'indifférence est traversée par des élans de tendresse et aussi de cruauté, et ces derniers mêmes supposent que l'on porte au crédit de la victime des sentiments bien précis, sans quoi il n'y aurait aucun sens à lui faire subir un mauvais traitement. (Quel plaisir y a-t-il à se défouler sur un coussin ?)

Les éleveurs de cochons sont généralement assez fiers de leurs animaux et ils ont avec eux des rapports d'affection durant toute leur vie; il leur arrive même de pleurer sincèrement leur perte – mais cela ne les empêchera pas de les manger. De la même manière, les chevaux, les moutons, les rennes et les bestiaux des Massaï peuvent être l'objet de bien des égards, ils peuvent être considérés comme de précieux compagnons et être entourés de soin à titre personnel, ils peuvent faire partie de la maisonnée et y occuper une place que n'occupera jamais une quelconque machine ou un trésor inanimé[1]. Mais il reste que, en certaines occasions appropriées, ces animaux seront tués ou serviront à leurs dépens les objectifs que les êtres humains peuvent être amenés à poursuivre.

Il faut remarquer que les animaux ne sont pas les seuls à être ainsi soumis à la discrétion des hommes, mais que les êtres humains en situation de dépendance sont souvent traités de la même manière, de sorte que l'on peut difficilement nier que nous soyons réellement capables d'éprouver de la sympathie à l'endroit des animaux. Il est clair que nous ne pouvons pas agir à notre guise avec les autres personnes humaines, et que les relations que nous entretenons avec elles sont constamment sujettes à une régulation morale. Nous savons que nous ne devons pas manger nos grands-mères ou nos enfants au motif qu'ils nous importunent. La contrainte que fait peser cette restriction se fait bien moins sentir dès lors qu'il en va des animaux ; le caprice des hommes s'y donne plus volontiers libre cours. Mais cela ne signifie pas pour autant que l'on tienne les animaux pour dénués de conscience. Bien au contraire, la croyance en l'existence d'une sensibilité animale est essentielle, elle est même ce qui rend possible toute exploitation des animaux.

L'INVRAISEMBLANCE DU SCEPTICISME

Le point qui vient d'être établi est d'une grande importance parce qu'il fournit un argument puissant à l'encontre de l'idée

1. Voir le conte très touchant de Polyphème et de son bélier dans l'*Odyssée*, IX, v. 447-460. Polyphème, rappelons-le, n'est pas précisément une personne sentimentale.

des behaviouristes selon laquelle les sentiments subjectifs des animaux nous sont tout à fait cachés, non seulement en ce sens où ils ne peuvent pas nous concerner, mais encore en ce sens où il se pourrait bien que ces sentiments n'existent même pas. C'est à cette idée que l'on donne fréquemment une expression en disant que la croyance en l'existence de sentiments subjectifs des animaux est une croyance indûment *anthropomorphique*. La notion d'anthropomorphisme est très intéressante; nous y reviendrons plus tard[1]. Mais nous pouvons faire remarquer dès à présent qu'il serait tout de même stupéfiant s'il apparaissait, après analyse, que ceux dont les activités ont dépendu depuis des siècles de leur collaboration avec les animaux aient pu être victimes d'une illusion sentimentale – laquelle aurait attendu les métaphysiciens, qui peuvent très bien de leur côté n'avoir jamais rencontré de leur vie ces animaux, pour être dissipée d'un seul coup.

L'on sait par exemple que les éléphants ne coopèrent pleinement que sous le commandement de cornacs avec lesquels ils vivent en relation étroite, et qui ont noué avec eux des rapports durables et personnels. Chaque cornac se rapporte à son éléphant, non comme à un tracteur, mais plutôt comme l'on se rapporte à un oncle fondamentalement bienveillant, quoiqu'un peu fatigant, dont les humeurs changeantes doivent être comprises et prises en compte, comme on le ferait avec celles d'un collègue de travail. S'il existait un moyen moins coûteux et plus rapide de travailler avec des éléphants, les forestiers Sri Lankais l'auraient certainement découvert depuis le temps. Il ne s'agit pas de nier que, parmi les nombreuses croyances des cornacs au sujet des éléphants, il puisse y en avoir certaines qui soient fausses et « anthropomor-

1. [N.d.T.] Voir le chapitre 11 (non traduit), qui fait immédiatement suite à celui-ci, intitulé « What is Anthropomorphism ? ».

phiques » – il se peut qu'ils interprètent mal certains comportements inhabituels des éléphants en les rapportant à un modèle de comportement humain inadéquat. Mais s'ils commettaient la même erreur d'interprétation avec les sentiments quotidiens les plus courants que sont susceptibles d'éprouver les éléphants – tels que les sentiments de satisfaction, de contrariété, d'effroi, d'excitation, de fatigue, d'irritation, de méfiance ou de colère –, alors non seulement ils auraient été hors course, mais le plus souvent ils seraient même morts dans l'exercice de leur métier. Et le vocabulaire auquel ils ont généralement recours afin de décrire et de comprendre de tels sentiments est le même que celui qui permet de décrire les sentiments humains.

Pour prendre un autre exemple, peut-être moins dépaysant, voici un témoignage tiré des mémoires d'une aveugle qui a appris à marcher avec l'aide d'un chien. L'éleveur qui s'est chargé de dresser le chien lui donne le conseil suivant :

> Ne cesse pas de parler ou Emma va croire que tu t'es endormie [...]. Tu dois éveiller sans arrêt son intérêt. C'est une chienne et il y a toutes sortes d'odeurs intéressantes alentour qui flattent son odorat, toutes sortes de choses qui passent et repassent que tu ne peux pas voir. Si tu cesses de lui parler, elle sera plus distraite et ne repérera pas un réverbère [1].

C'est un très bon exemple, parce qu'il est bien évident qu'il n'est pas question ici d'attribuer aux animaux de manière indue une sensibilité humaine. Si l'on interrogeait l'éleveur – dont les intérêts sont bien entendu purement pratiques – sur le point de savoir ce qui fait la spécificité de la sensibilité du chien, il serait sans doute bien en peine de le dire, parce qu'il a besoin pour

1. S. Hocken, *Emma and I*, London, Sphere Books, 1978, p. 33.

pouvoir travailler avec ses chiens de supposer qu'ils sont doués de sensibilité. Et pour y parvenir, il est naturellement et légitimement conduit à utiliser les mêmes mots (« intérêt », « distraction », « elle va croire que tu t'es endormie ») que ceux qu'il utiliserait dans une situation analogue impliquant des êtres humains. La grande différence entre l'espèce humaine et l'espèce canine n'affecte en rien la rigueur de son langage.

Ce cas n'est bien sûr pas le seul où l'approche behaviouriste achoppe sur des difficultés. La possibilité même d'attribuer des sentiments subjectifs aux autres êtres humains, aussi bien qu'aux animaux, lui pose des problèmes majeurs. Je ne vois guère de raison de penser que ce problème doive être formulé en termes très différents lorsqu'il en va des animaux, encore moins lorsque le sentiment examiné est en lui-même très fort, ou encore lorsque les espèces considérées nous sont très familières. L'accusation générale d'« anthropomorphisme » portée contre toute tentative d'attribution de sentiments *quelconques* aux animaux (et non pas seulement contre l'attribution de sentiments que les animaux ne sont pas susceptibles d'éprouver) n'a probablement pas d'autre but que de brouiller les pistes.

QUE SONT LES ANIMAUX DE COMPAGNIE ?

Avant d'en arriver à ce vaste sujet, il nous faut examiner un aspect du problème qui pourrait sembler encore plus remarquable et inattendu à un observateur complètement ignorant des affaires humaines. Les relations entre les êtres humains et les animaux ne se ramènent pas toutes à des relations d'exploitation : une affection réelle, individuelle, peut naître entre eux. Pour ne pas prêter le flanc aux critiques qui voient dans la possession d'animaux de compagnie la marque d'une perversion caractéristique de l'opulence des temps modernes, l'exemple, très ancien et fort respectable, sur lequel je vais m'appuyer est puisé dans l'Ancien Testament. Le prophète Nathan, lit-on dans les Livres de Samuel, se rendit chez le roi David et lui tint ce discours en forme de parabole :

> Il y avait deux hommes dans la même ville, l'un riche et l'autre pauvre. Le riche avait petit et gros bétail en très grande quantité. Le pauvre n'avait rien du tout, si ce n'est une petite brebis qu'il avait achetée. Il la nourrissait, et elle grandissait près de lui et près de ses fils, mangeant de son pain, buvant à sa coupe et dormant dans son sein ; elle était pour lui comme une fille [1] !

Il faut retenir de cette fable plusieurs choses :

1) L'homme est *pauvre*. Il n'est donc pas question des caprices d'un homme riche.

2) Il n'est pas sans enfant; ses enfants partagent le domicile familial avec la brebis.

3) La relation qui est décrite entre le pauvre, ses enfants et la brebis est considérée comme étant parfaitement normale.

Nathan tourne sa fable de telle sorte à inspirer au roi David une certaine sympathie à l'endroit du propriétaire de la brebis. Lorsqu'il poursuit en racontant de quelle manière l'homme riche a tué la brebis pour la préparer en vue d'une fête, David s'enflamme de colère et s'écrie : « Par la vie de Yahvé ! Il est digne de mort, l'homme qui a fait cela ! », Nathan a tout loisir de lui répondre : « Cet homme, c'est toi ! », et d'appliquer la fable à la façon dont David a traité Urie le Hittite. Mais qu'aurait bien pu dire Nathan si David lui avait répondu que ce sont des choses qui peuvent se produire dès lors que, comme c'est le cas de cet homme

1. II Samuel XII, 3.

pauvre, l'on a la faiblesse, par sentimentalisme, de s'attacher à des animaux de compagnie au lieu que d'adopter des orphelins? De toute évidence, Nathan ne courait pas le moindre risque de s'attirer pareille réplique. David sait aussi bien que Nathan ce que la brebis pouvait signifier pour le pauvre, même dans une société où ces animaux étaient tués en permanence. L'ambivalence paradoxale de la relation des bergers et des chasseurs aux animaux trouve très souvent une expression dans les métaphores du Christ. Le bon berger est celui qui n'hésite pas à donner sa vie pour ses brebis, c'est celui qui va chercher chaque brebis égarée et l'entourer de ses soins – et pourtant l'agneau pascal sera mangé au dernier repas, car tel est, de manière générale, le destin de presque tous les moutons des Hébreux. D'un point de vue économique, c'est même la raison principale de l'élevage de ces animaux.

La flexibilité du comportement parent-enfant

L'ambivalence qui vient d'être évoquée restera désespérément incompréhensible à tous ceux qui demanderont, en reprenant à leur compte la distinction rudimentaire que propose Kant entre les choses et les personnes : « mais les brebis sont-elles des personnes ou des choses ? ». La situation ne devient intelligible que si l'on parvient au contraire à étendre grandement la palette des possibilités. Notre carte conceptuelle demande à être refondue.

Comment peut-on réussir à l'agrandir? Pour commencer, il faut se laisser guider par la remarque contenue dans la fable de Nathan, selon laquelle la brebis était pour le pauvre « comme une fille ». L'amour de ce dernier pour sa brebis était de même nature que celui que l'on porte à ses enfants – *non pas* parce que lui-même n'avait pas d'enfants et était de ce fait incapable de faire la différence au point de pouvoir se donner le change (à l'image de ces personnes qui enlacent tendrement un coussin), mais parce que la brebis qu'il nourrissait et qui grandissait près de lui et de ses enfants était une créature bien vivante, en demande d'affection et capable de répondre à la tendresse dont elle était entourée. Il n'y a là nulle perversion du désir, mais bien au contraire un sentiment parfaitement normal.

La demande de protection et d'affection qu'adressent les jeunes créatures sans défense peut tout à fait franchir les frontières interspécifiques. Il est vrai que, à l'état sauvage, les animaux ne remarquent même pas, habituellement, les jeunes créatures en dehors de celles de leur propre espèce, mais il suffit de les réunir ensemble dans un même espace, comme le sont les animaux en captivité, pour les voir répondre à leur demande de manière souvent remarquable : ils sont capables de les prendre en adoption. Même à l'état sauvage, il arrive de temps à autre que certains animaux en prennent d'autres à charge au point de les adopter complètement [1].

Quant aux animaux domestiques, il est frappant de voir qu'ils supporteront les brutalités que leur font subir des jeunes enfants, alors qu'ils ne les toléreraient certainement pas de la part d'adultes. Nous expliquera-t-on jamais d'où le chat tire le savoir qu'un bébé, beaucoup plus volumineux que lui, n'est en fait qu'un enfant – et qu'il est, en ce sens, analogue à un chaton ? Il est certain que le chat est sensible à certains signaux, et il se peut que ces signaux soient en partie d'ordre chimique. Au fond la question importe peu. Si nous-même étions mis en présence d'un bébé

1. Au sujet de l'adoption chez les éléphants, voir D. Sheldrick, *The Tsavo Story*, New York, Collins & Harvill Press, 1973.

éléphant, et si l'occasion nous était donnée de le regarder jouer et de jouer avec lui, nous serions capables de saisir la même chose.

Les signaux de jeu franchissent les barrières interspécifiques avec une grande facilité[1]. Plus remarquable encore que ce phénomène est peut-être l'ensemble stupéfiant de conséquences émotionnelles et pratiques que l'animal parvenu à l'âge adulte tire de ces signaux. Le chat par exemple se montre étonnamment tolérant, prompt à jouer et à témoigner de l'affection, et cette attitude nous semblerait extraordinaire si nous n'étions pas capables nous-mêmes de la partager spontanément. Ce serait bien sûr peine perdue que d'adresser ces mêmes signaux à une morue. Seules les espèces qui entourent de soins leurs propres enfants peuvent être sensibles à des signaux infantiles – et encore faut-il que l'écart qui s'ouvre entre les différentes espèces ne soit pas trop profond pour que le message puisse arriver à destination. Les oiseaux seront en général peu capables de déchiffrer les signaux infantiles humains; s'il est vrai que les corbeaux ont nourri le prophète Elie[2], c'est qu'il faut croire que ce dernier avait la bouche ouverte comme un oisillon. Mais lorsque le message parvient à traverser les barrières interspécifiques, sa capacité à produire une sorte de camaraderie (*fellowship*) est stupéfiante. Les adultes ne sont pas les seuls à être affectés par ces signaux, les jeunes le sont aussi bien, suscitant en eux l'espoir de trouver un camarade de jeu. Voyez avec quel empressement un bébé humain fonce tout droit en direction du chat, et comme ce dernier, surtout si c'est un chaton, le lui rend bien. C'est à qui sera le plus curieux et le plus joueur.

1. Voir « Play-Behaviour in Heigher Primates. A Review », par C. Loizos dans D. Morris (ed.), *Primate Ethology*, London, Weidenfeld & Nicolson, 1967.

2. [N.d.T.] Allusion à I Rois XVII, 1-7.

Cette attraction mutuelle semble être commune, une fois encore, à toutes les espèces relativement intelligentes qui se montrent capables de jouer. Dans des conditions ordinaires de vie sauvage, une telle tendance ne pourra pas contrebalancer celle, beaucoup plus forte, qui découle de l'empreinte propre à l'espèce d'appartenance (*species imprinting*), à moins que les camarades de jeu de sa propre espèce se soient faits exceptionnellement rares, comme cela peut arriver dans certains cas que Jane Goodall a décrits. En revanche, cela se produit fréquemment dans une communauté mixte humaine. Aucune des créatures qui y sont présentes ne possède une empreinte spécifique réellement exclusive de toutes les autres. Par voie de conséquence, la barrière interspécifique, aussi impressionnante qu'elle puisse paraître par ailleurs, fait songer à ces palissades de fer forgé qui ne semblent infranchissables que parce qu'elles sont très hautes. Sans doute le sont-elles pour des individus qui se sont habillés sur leur 31 et que l'on voit vaquer à leurs occupations officielles. Mais tout en bas, là où il y a plein de trous, la palissade n'a plus rien d'infranchissable. Le jeune *Homo sapiens*, tout comme les jeunes des autres espèces présentes dans la communauté mixte, fait à longueur de journée l'aller-retour en galopant. Puisque nous avons tous commencé par des êtres des enfants, il s'ensuit que nul d'entre nous, au fond de son cœur, ne voit le monde social comme étant composé exclusivement d'êtres humains.

LA RECHERCHE DE VARIÉTÉ DE L'ENFANT

Entendons bien : il ne s'agit pas seulement de dire que la plupart des êtres humains, ayant déjà fait la rencontre d'autres créatures plus tôt dans leur vie, ont par là même reçu une empreinte non humaine. Il s'agit de dire aussi que les enfants auxquels cette expérience n'a pas été offerte la recherchent le plus souvent de manière active. Nous avons le goût inné de vivre avec les animaux, comme nous avons celui de chanter et de danser. Même ceux dont le domicile n'a jamais accueilli le moindre animal de compagnie cherchent à en côtoyer un et se montrent sensibles à leur charme irrésistible. Ce fait semble trop évident pour mériter d'être mentionné, et il ne fait guère l'objet de contestation. Ceux-là mêmes qui sont les plus enclins à penser qu'il y a quelque chose de pervers et d'aberrant dans l'intérêt que les adultes portent aux animaux admettent bien volontiers que les enfants ne devraient toutefois pas s'en abstenir.

Mais, dira-t-on, si l'intérêt spontané que les enfants peuvent avoir pour les animaux doit être encouragé, cela signifie aussi bien que cet intérêt, comme tous les autres de cet âge, est destiné à être surmonté en grandissant. Un intérêt d'enfance prolongé à l'âge adulte n'est-il pas un signe avéré d'immaturité sentimentale ?

Il faut bien voir que, derrière cette idée, se cache l'idée plus générale de l'épreuve que constituerait, pour celui qui souffrirait d'immaturité, la relation aux animaux, en tant que ces derniers ne seraient rien autre chose que des modèles simplifiés des êtres humains. Par conséquent, il faut s'attendre à ce que celui qui est parvenu à se hisser graduellement au niveau des véritables relations sociales avec des êtres humains ne témoigne plus aucun intérêt aux animaux, de la même manière qu'un véritable joueur de golf se détournera à tout jamais des minigolfs.

Sans être tout à fait fausse, cette manière de voir devient toutefois rapidement trompeuse au-delà d'un certain point d'évidence. Car un animal n'est pas tout bonnement un être humain simplifié, et les enfants le savent bien. Aussi bon camarade que puisse être un animal, sa vie est radicalement étrangère, et c'est précisément cette étrangeté qui attire un enfant. Les animaux sont différents – voilà le point important.

Quant à l'immaturité supposée de ceux qui continuent de prêter attention aux animaux, il y a quelque chose de vrai dans cette idée – à savoir que nous devons d'abord et avant tout affronter la tâche qui consiste à apprendre à vivre avec les membres de notre espèce. Il arrive effectivement que ceux qui ne veulent pas le faire cherchent refuge auprès des animaux, ou se laissent absorber par certaines activités. Mais le fait même de porter un intérêt aux animaux ne prouve pas que l'on soit mû par ce type de mobiles, pas plus que n'est intrinsèquement suspect l'intérêt que l'on peut avoir pour des machines ou le goût que l'on peut nourrir pour la musique. L'expérience des animaux ne se substitue pas essentiellement à l'expérience des êtres humains, elle la complète – elle lui apporte quelque chose de plus qui est indispensable à la plénitude d'une vie humaine. La brebis de la fable de Nathan ne s'interpose pas entre le pauvre homme et ses enfants. Elle est bien plutôt pour eux comme une prime de plaisir qu'ils partagent ensemble et qui renforce le lien familial. (C'est assurément pour cette raison que Nathan précise que le pauvre homme n'est pas sans enfants.) Pourquoi l'amour porté à l'un empêcherait-il l'amour porté aux autres de s'épanouir – comme si le sentiment d'amour ou de compassion était une sorte de fluide rare demandant à être économisé, et non pas une capacité qui augmente avec l'usage que l'on en fait ? Et si l'on demande, en feignant de tout ignorer des affaires humaines, si les limites de l'usage naturel que les êtres humains peuvent faire de leur capacité d'amour et de compassion coïncident avec celles de la barrière interspécifique, un regard sur le monde qui nous entoure suffira à montrer qu'il n'en est rien. Dans la petite enfance, c'est à peine si cette barrière existe. Et même dans la vie ultérieure, il est bien rare qu'elle devienne absolue.

NÉOTÉNIE ET SYMPATHIE ÉLARGIE

Cette perméabilité aux émotions de la barrière interspécifique telle qu'elle est vécue par les êtres humains peut s'expliquer de deux manières.

La moins intéressante des deux a trait simplement à la sécurité. Les mères des animaux éprouvent souvent une certaine anxiété à l'idée de laisser leurs enfants jouer avec des étrangers, et elles ont bien raison parce que de réels dangers les guettent la plupart du temps. (L'on sait par exemple que les chimpanzés sont capables à l'occasion de dévorer des bébés babouins.) Par contraste, la vie que mènent les êtres humains est généralement suffisamment sûre pour autoriser des expériences plus aventureuses.

La seconde raison est plus profonde, et elle est liée à la différence d'intensité de la sympathie que les êtres humains sont capables d'éprouver et à leur plus grande curiosité. Cette ouverture avide au monde extérieur, dans ses aspects les plus frappants, et à la vie environnante, dont on ne trouve une trace chez les autres espèces que pendant l'enfance, perdure chez les êtres humains bien plus longtemps, et peut les accompagner leur vie durant. Les êtres humains sont capables de *néoténie* – c'est-à-dire qu'ils sont capables de prolonger certains caractères infantiles jusqu'à l'âge adulte, où ils peuvent continuer de les développer et d'en tirer parti. D'un point de vue évolutif, il se pourrait bien que cela soit la clé de leur développement exceptionnel. Les êtres humains conservent à l'âge adulte un certain nombre de caractéristiques physiques qui ne se trouvent chez les autres primates que chez les enfants ou les embryons – les plus remarquables d'entre toutes étant bien sûr le grand volume et le développement constant de leur cerveau. Ils conservent aussi certaines caractéristiques comportementales infantiles, telles que la tendance à jouer à toutes sortes de jeux, sans oublier celles qui les portent à imiter, à chanter, à danser, à fabriquer des objets pour le seul plaisir de le faire – ensemble d'habitudes sur lequel les arts sont fondés.

Parmi les autres espèces animales avancées, il arrive quelquefois que les adultes jouent les uns avec les autres, et ce fait est interprété à juste titre comme un signe d'intelligence de leur part. Toutefois, ceux-là mêmes qui s'y prêtent le font de manière bien plus occasionnelle que les êtres humains [1]. La véritable pierre angulaire de la persistance et de l'intensification de leurs facultés infantiles n'est probablement pas à chercher dans le jeu lui-même, mais dans la sympathie et dans la curiosité qui le sous-tendent.

L'homme est lui aussi mû par ces deux mobiles, mais il ne laisse pas l'habitude les contenir dans des bornes étroites; il s'efforce au contraire en permanence de les prolonger autant que faire se peut. Une telle curiosité insatiable est elle-même une caractéristique de l'enfance, qui prend assurément une autre signification dès lors qu'elle est prolongée dans la vie adulte, sans pour autant changer de nature : il s'agit d'une faculté conservée dont l'usage est constamment renouvelé, et non pas d'une faculté inédite.

La néoténie conduit à s'interroger, de manière générale, sur l'essence même de l'enfance – des caractères infantiles qui peuvent légitimement être conservés et prolongés dans la vie adulte, et ceux qui ne le peuvent pas. À en croire saint Paul, cette question n'est en fait guère mystérieuse : ainsi qu'il le dit,

1. L'existence d'un lien entre le jeu et les arts (et avec d'autres activités humaines hautement valorisées) a souvent été soulignée. Ce point est fort bien examiné dans le livre classique de J. Huizinga *Homo Ludens* (1938) [trad. fr. C. Seresia, *Homo Ludens. Essai sur la fonction sociale du jeu*, Paris, Gallimard, 1951]. J'en ai moi-même parlé dans un article intitulé « The Game Game », *Philosophy*, 1974, n° 49, repris dans une version abrégée dans mon livre *Heart and Mind*, London, Harvester Press, 1981.

« lorsque j'étais enfant, je parlais comme un enfant, je pensais comme un enfant ; mais maintenant que je suis devenu un homme, j'ai mis de côté toutes les choses de l'enfance »[1]. Cette position semble marquée au coin du bon sens. Mais le problème est que ceux qui la reprennent à leur compte ont souvent tendance à ranger dans la classe des « choses de l'enfance » dont il convient de se débarrasser les affaires absolument centrales de la vie. En fait, ils ont parfois cessé de trouver tout intérêt dans la vie elle-même parce qu'ils en ont exclu des dimensions entières sans lesquelles elle ne vaut plus la peine d'être vécue. Eric Berne se montre plus profond sur ce point en faisant remarquer que l'enfant en chacun de nous n'est jamais perdu, mais qu'il demeure actif au plus profond de notre être :

> L'Enfant constitue à beaucoup d'égards la partie la plus précieuse de la personnalité, et peut apporter à la vie individuelle exactement ce que le véritable enfant peut apporter à la vie familiale : le charme, le plaisir et l'esprit créateur. Si l'Enfant, au sein de l'individu, est troublé, en mauvaise condition, les conséquences risquent d'être fâcheuses ; mais il est possible et souhaitable d'y remédier[2].

La capacité à étendre sa sympathie bien au-delà de son groupe familier et de l'horizon social qu'il circonscrit est assurément l'une des composantes de cette spontanéité infantile. C'est par l'ouverture de cette fenêtre sur le monde extérieur qu'un intérêt pour les membres des autres espèces pénètre dans nos vies, non seulement durant l'enfance, mais encore, si du moins nous ne fermons pas hermétiquement la fenêtre, dans le cours ultérieur de

1. I Corinthiens, XIII, 11.

2. E. Berne, *Games People Play*, London, Penguin Books, 1968, p. 23-24 [trad. fr. L. Dilé, *Des jeux et des hommes. Psychologie des relations humaines*, Paris, Stock, 1975, p. 28].

la vie. C'est à cette ouverture à de nouvelles impressions et à la relative liberté qu'elle nous confère à l'égard de tout programme inné contraignant que nous devons également d'être culturellement plus malléables que les autres créatures, et plus à même, en vertu du processus de « pseudo-spéciation », de nous adapter aux manières de vivre très variées que nous inventons. C'est encore cette disposition qui nous rend capables de repousser sans arrêt les limites de notre curiosité, et de nous intéresser aux entités différentes, animées ou inanimées, qui composent notre monde environnant (les plantes et les pierres, mais aussi les étoiles, les rochers et l'eau), monde dont l'horizon s'élargit au-delà de la sphère sociale jusqu'à la dimension écologique, de sorte à faire de nous de véritables citoyens du monde. Une telle liberté aurait pu, en théorie, ne pas nous être donnée; nous aurions très bien pu être programmés depuis la naissance de manière à ne pouvoir prêter d'attention qu'aux faits et gestes des membres notre propre espèce. Mais le destin en a décidé autrement.

Jane Goodall fournit un exemple plutôt touchant de cette plus grande puissance de la sympathie humaine, lorsque celle-ci décrit l'effet d'une épidémie de polio sur un groupe de chimpanzés qu'elle étudiait. Un vieux chimpanzé, la jambe complètement paralysée par la maladie, en était réduit à se déplacer avec les bras. Il souffrait de solitude car ceux qui étaient en bonne santé l'évitaient soigneusement, quand ils ne l'attaquaient pas tout simplement, au même titre que tous les autres infirmes du groupe. Voyant deux de ses compagnons en train de se gratter l'un l'autre, il fit l'effort de se hisser dans l'arbre à leur hauteur dans l'espoir de pouvoir en profiter :

> Poussant un grand grognement de plaisir, il avança une main vers eux pour les saluer mais, avant même qu'il les eût touchés, ils bondirent un peu plus loin et, sans le moindre regard dans sa direction, ils recommencèrent à se gratter. Pendant deux bonnes

> minutes, le vieux McGregor les contempla sans bouger. Puis il redescendit péniblement au sol. Lorsque je le vis assis là tout seul, mes yeux s'embuèrent; relevant la tête vers les deux mâles qui s'épouillaient dans l'arbre, *je me sentis plus près de haïr un chimpanzé que je ne l'avais jamais été*[1].

Comme Jane Goodall le sait fort bien, il serait injuste de les détester, pour la bonne raison qu'ils sont incapables de réagir autrement. Les êtres humains sont bien sûr parfaitement capables d'agir de cette manière, et ils ne s'en privent pas. La vue d'un infirme les répugne; ils ne voient plus du tout en lui leur vieil ami, mais un être étrange et inquiétant. Les chimpanzés peuvent à l'occasion surmonter cette répulsion et entourer de soins leur compagnon malade – les loups, les éléphants, les dauphins et les baleines sont notoirement capables de le faire plus souvent qu'eux. Mais les êtres humains en sont encore plus capables, et cette capacité s'accroît avec l'usage qu'ils en font, au point de pouvoir franchir les barrières interspécifiques. Voilà pourquoi Jane Goodall et ses collègues n'ont pas seulement été indignés par ce qui arrivait au vieux chimpanzé Grégoire, ils ont entrepris tout ce qui était en leur pouvoir pour lui venir en aide.

Considérations évolutionnistes

Faut-il s'étonner de cette plus grande puissance à sympathiser, ou fallait-il s'y attendre de la part d'une espèce comme la nôtre? Jusqu'à présent, j'ai laissé cette question en suspens en considérant que, « en théorie » – c'est-à-dire avant toute investi-

1. J. Goodall, *In the Shadow of Man*, New York, Collins, 1971, p. 202 [trad. fr. *Les chimpanzés et moi*, Paris, Stock, 1971, p. 247-248]. C'est moi qui souligne.

gation –, il était fort possible qu'une espèce intelligente, pour autant que nous puissions le savoir, puisse se trouver isolée de toutes les autres sous le rapport émotionnel, et considérer les membres des autres espèces comme autant d'objets en mouvement, sans avoir aucun accès à leurs dispositions d'esprit. Mais cette hypothèse, consistant à envisager ce que pourrait bien être théoriquement une espèce prise isolément, est en fait très obscure et ne semble guère avoir de sens.

En effet, les questions biologiques ne se laissent pas examiner de cette manière. Demander « pourrait-il exister une espèce intelligente dénuée de toute sensibilité ? » ou « pourrait-il exister une espèce vivant dans une solitude totale ? » est à peine compréhensible. Répondre « non » à ces questions n'implique pas de se prononcer sur des possibilités de formes de vie qui nous sont complètement inconnues, mais plutôt de clarifier le sens que des concepts comme « intelligence » peuvent avoir pour nous ici et maintenant.

La difficulté qu'il y a à imaginer une espèce coupée des autres espèces environnantes est d'abord d'ordre pratique. Les espèces ne sont pas seulement capables de communiquer entre elles lorsque leurs territoires se jouxtent, elles savent encore tirer parti des multiples signaux inintentionnels qu'elles observent chez les autres, dont l'interprétation implique de leur part qu'elles soient capables de saisir les dispositions d'esprit sous-jacentes. Ainsi pour pouvoir chasser, mais aussi pour pouvoir se soustraire au danger de tomber entre les griffes des prédateurs et autres créatures menaçantes, il est d'une importance vitale de savoir reconnaître la peur, la colère, la suspicion, la tension que provoque le fait d'avoir empiété sur un territoire qui n'est pas le sien, et une demi-douzaine d'autres dispositions d'esprit. Des avertissements et des indications peuvent ainsi être lus en permanence à même la conduite de certaines créatures qui ne cherchent pas le moins du monde à en donner, pour peu que l'on sache les interpréter. C'est ce à quoi excellent ceux qui ont coutume de vivre dans la nature sauvage, et ils ont besoin de le faire. Ce qui apparaîtra aux yeux du citadin comme un groupe d'oiseaux stupides et virevoltants pourra peut-être constituer, selon les circonstances, pour celui qui sait interpréter ce type de comportement, l'indication que des prédateurs approchent, ou l'indication que de la nourriture se trouve dans les environs, ou encore que la migration est imminente, et donc que l'hiver est étonnamment en avance cette année – et toutes sortes d'autres choses importantes dont le citadin ne peut même pas avoir idée.

Si l'autochtone est capable d'interpréter de tels signes, c'est bien sûr d'abord et avant tout parce que l'expérience l'en a instruit, mais probablement aussi (comme nous allons le montrer brièvement) parce que les processus neurologiques des êtres humains n'ont pas assez divergé de ceux des oiseaux pour rendre toute interprétation sympathique impossible ou même difficile. Il aurait sans doute fallu que des changements physiques se produisent pour accuser la différence entre les uns et les autres, mais une telle divergence aurait été apparemment désavantageuse.

D'un point de vue évolutif, il semble que notre espèce se trouve elle-même bien placée pour occuper la position que l'Ancien Testament donne aux êtres humains[1], à savoir celui de gardien ou d'intendant, auquel Dieu a confié la responsabilité d'un ensemble de créatures dont il est en principe capable de prendre soin et qu'il est capable de comprendre. Ce rôle nous sied semble-t-il bien mieux que celui qu'ont imaginé les

1. Voir les textes réunis par J. Passmore dans *Man's Responsibility for Nature : Ecological Problems and Western Traditions*, New York, Scribner's Sons, 1974, dans le second chapitre de la première partie.

auteurs de science-fiction, présentant l'homme comme une sorte d'envahisseur qui exploite une planète complètement étrangère.

Ceux-là mêmes qui sont désireux de détourner l'attention que les êtres humains prêtent aux animaux ne chercheront généralement pas à nier la vérité de ce que nous venons de dire; ils diront simplement que cet état de fait est navrant.

LE STIGMATE DE LA SAUVAGERIE

Les auteurs qui ont critiqué les tentatives de communication interspécifique ne reprennent pas la plupart du temps à leur compte la ligne théorique des behaviouristes en disant que ces tentatives sont tout simplement impossibles. Ils ne doutent pas du succès de cette entreprise, mais ils doutent qu'elle soit au fond souhaitable. Ils estiment que la position qu'ils défendent est celle qui convient à un individu civilisé d'âge adulte, toute autre position leur apparaissant comme primitive et infantile. Ils recommandent l'indifférence à l'endroit des animaux – et en fait à l'endroit de toute la nature non humaine – comme condition de maturité émotionnelle.

Devrions-nous suivre ce conseil? On ne voit pas bien pourquoi il le faudrait. La maturité émotionnelle n'est pas nécessairement accomplie en limitant ses propres engagements émotionnels, pas plus qu'en rejetant les intérêts que nous avons en commun avec les enfants. L'insensibilité croissante est plutôt dans l'ensemble un mauvais signe. Les enfants et les « primitifs » n'ont pas besoin d'avoir toujours tort.

L'idée selon laquelle une approche adulte et civilisée ne peut pas manquer de déplacer de tels intérêts est remarquablement bien exprimée dans l'entrée « Animal » de l'ouvrage, au demeurant magistral, qu'est l'*Encyclopedia of Religion and Ethics*. Écrivant en 1908, l'auteur explique que :

> La civilisation ou plutôt peut-être l'éducation a emporté avec elle un sens de l'abîme qui s'ouvre entre l'homme et les animaux inférieurs. [...] Dans les étapes les plus primitives de la culture, que ce soit chez des races qui sont, dans l'ensemble, en dessous du niveau européen, ou dans les zones non cultivées des communautés civilisées, la distinction entre les hommes et les animaux n'est pas reconnue de manière adéquate, lorsqu'elle l'est [...]. Le sauvage [...] attribue à l'animal un ensemble beaucoup plus complexe de pensées et de sentiments, et une plus large gamme de savoirs et de pouvoirs, qu'il ne possède véritablement. [...] Il ne faut dès lors pas s'étonner si cette attitude à l'endroit de la création animale est de révérence plutôt que de supériorité [1].

Pour étayer les vues plus éclairées qui sont les siennes, l'auteur ne fournit pas le moindre argument tiré d'études zoologiques pour montrer que ceux qui ont noué des liens de familiarité avec les animaux connaissaient en fait moins de choses au sujet de leurs capacités que ceux qui ne l'ont pas fait. La population indigène a, bien sûr, souvent été détrompée sur des points particuliers, mais elle ne peut l'être qu'au moyen d'une enquête empirique. En fait, l'enquête éthologique, après avoir été vigoureusement mise sur pied au XXe siècle, a montré, sans que cela soit bien étonnant, que la perspective des citadins vivant en Occident sur toutes ces questions était en fait bien plus mal instruite que ne l'est la superstition des indigènes, et qu'elle a constamment attribué aux animaux un ensemble bien *moins* complexe de pensées et de sentiments, et une gamme bien plus petite de savoirs et de pouvoirs,

1. [N.d.T.] Mary Midgley a choisi, par courtoisie, de ne pas nommer l'auteur de ces lignes. Nous avons décidé de respecter ce choix.

qu'ils n'en possèdent vraiment. Le seul fait auquel l'auteur fait référence est que les animaux ne parlent pas. C'est vrai, mais il n'explique pas pourquoi le langage devrait être la seule qualité qui mérite le respect. Toutefois, il rend compte abondamment des erreurs des païens, comme suit :

> L'une des sources principales de respect à l'endroit des animaux est la croyance que certaines espèces sont l'incarnation de l'esprit des morts [...]. Une sorte d'alliance surgit dans la filiation entre certains humains et certaines espèces animales, dans laquelle quelques auteurs ont cherché le germe du totémisme.

De ce point de vue, le respect des animaux est compris comme une sorte de produit dérivé d'une fausse croyance en la réincarnation. Cette explication met la charrue avant les bœufs. La croyance en la réincarnation doit certainement être comprise comme une expression, ou une conséquence, de l'opinion avantageuse que l'on se faisait antérieurement de ces animaux en lesquels l'esprit des morts peut se réincarner. En fait, en dehors de ce qui est dit sur le langage, il ne semble pas qu'il y ait de base factuelle permettant de corriger les vues des primitifs.

Les véritables arguments sont plutôt d'ordre moral, mais ils ne bénéficient pas du soutien d'une argumentation qui le soit explicitement. La référence à la « civilisation » ou peut-être plutôt à l'« éducation », en tant qu'elle est censée pouvoir effectuer le changement de représentation que l'auteur juge désirable, ne semble pas être un appel à un quelconque savoir scientifique portant sur les animaux, mais plutôt à la tradition générale européenne dont il a été question plus tôt. De ce point de vue, la critique faite à l'encontre des primitifs et des enfants n'est pas qu'ils sont *ignorants* – qu'ils portent au crédit de l'animal des sentiments qu'en fait ils n'ont pas – mais qu'ils sont frivoles, qu'ils s'occupent de choses sans importance.

Dans cet essai, nous avons considéré la préférence naturelle, émotionnelle, que l'on a pour sa propre espèce à l'encontre des autres, préférence qui semble gouverner de nombreuses conduites critiquées pour leur « spécisme », et nous avons tout à la fois trouvé des raisons d'admettre son existence et de la traiter avec beaucoup de respect; mais nous n'avons pas eu pour autant le moindre motif de la concevoir comme une barrière sociale infranchissable, au point d'être séparés des autres espèces comme si elles ne comptaient plus pour nous. Sur la question empirique qui consiste à se demander si et dans quelle mesure les êtres humains sont naturellement aptes à prendre en compte les humeurs des autres espèces et à y répondre, nous avons établi que rien ne leur fait défaut sous ce rapport, et plus encore qu'ils sont plutôt mieux placés que d'autres créatures comparables, bien que toutes aient quelques dons en ce sens.

JOHN BAIRD CALLICOTT

LIBÉRATION ANIMALE ET ÉTHIQUE ENVIRONNEMENTALE : DE NOUVEAU ENSEMBLE*

Plus que tout autre chose, sans doute, mon article « Libération animale, une affaire triangulaire » a contribué à la brouille et au ressentiment entre les partisans d'une éthique individualiste du bien-être animal et ceux d'une éthique holistique écocentrique[1]. Je pense que cette brouille est regrettable parce qu'elle nous divise. Les spécialistes d'éthique du bien-être animal et ceux qui s'occupent d'éthique environnementale ont des préoccupations qui se recoupent.

D'un point de vue pratique, il serait certainement bien plus sage de faire cause commune face à un ennemi commun – à savoir

*J. Baird Callicott, « Animal Liberation and Environmental Ethics : Back Together Again », *Between the Species*, 1988, n° 5, p. 163-169, repris dans J. Baird Callicott, *In Defense of the Land Ethic*, Albany, SUNY Press, 1989, p. 49-59. La présente traduction a été établie par Hicham-Stéphane Afeissa et Catherine Larrère.

1. J. Baird Callicott, « Animal Liberation : A Triangular Affair », *Environmental Ethics*, 1980, n° 2, p. 311-338.

les forces destructives qui ravagent de nos jours le monde non humain – que de continuer à ferrailler les uns contre les autres.

Peu de temps après la formation de ce schisme, c'est-à-dire peu de temps après la publication d'« Une affaire triangulaire », Mary Anne Warren a posé les premiers jalons d'une réconciliation en montrant de quelle manière une éthique environnementale écocentrique et une éthique du bien-être animal pouvaient être « complémentaires » l'une de l'autre, non pas contradictoires [1].

L'approche que défend Warren est tout à fait pluraliste. Voici son argumentation. Les animaux, tout comme les êtres humains, ont des droits, mais ils ne jouissent pas des *mêmes* droits que les être humains, et ils ne jouissent pas de droits *égaux* à ceux des humains. Et, précise-t-elle dans son argumentation, les droits animaux et les droits humains ne sont pas fondés sur les mêmes capacités psychologiques. Une éthique environnementale holistique, suggère-t-elle, repose sur de tout autres fondements – la « valeur instrumentale » que les ressources naturelles peuvent avoir pour nous et pour les générations futures, et la « valeur intrinsèque » que nous découvrons (certains d'entre nous, du moins) intuitivement dans les plantes individuelles, les espèces, « les montagnes, les océans et tout le reste » [2].

Bref, Warren recommande un éclectisme moral tout ce qu'il y a de plus raisonnable. Les êtres humains ont des droits forts parce qu'ils sont doués d'autonomie; les animaux ont des droits plus faibles parce qu'ils sont doués de sensibilité; quant à l'environnement, il devrait être utilisé avec respect – même s'il se peut qu'il

1. M.A. Warren, « The Rights of the Nonhuman World », dans R. Elliott et A. Gare (eds.), *Environmental Philosophy: A Collection of Readings*, University Park, The Pennsylvania State UP, 1983, p. 109-131.

2. M.A. Warren, « The Rights of the Nonhuman World », art. cit., p. 130-131.

ne possède pas de droits – parce que c'est une totalité unifiée que nous valorisons de façon diversifiée. Entre les différents centres d'intérêt du triangle (l'homme, l'animal, l'environnement) des conflits ne vont pas manquer de surgir – tel l'exemple que cite Warren de chèvres sauvages qui menacent des espèces de plantes autochtones de Nouvelle-Zélande –, mais avec un peu de bonne volonté, il est toujours possible de se tailler un chemin à travers la jungle des difficultés morales, de trouver un équilibre ou un compromis entre les intérêts concurrents et les valeurs incommensurables. En général, conclut Warren, « ce n'est qu'à la condition de *combiner* les perspectives des environnementalistes et celles des partisans des droits des animaux que nous pourrons prendre en compte l'ensemble des considérations morales en fonction desquelles nous devons régler nos interactions avec le monde non humain »[1].

Pour raisonnable qu'il soit, il y a quelque chose de philosophiquement peu satisfaisant dans l'éclectisme moral de Mary Anne Warren. De tout temps, la philosophie morale s'est efforcée à l'unité et à la clôture théoriques – souvent au prix du bon sens moral lui-même. Que l'on songe par exemple à la morale déontologique de Kant et à son refus de reconnaître la moindre valeur morale aux actions contaminées par une « inclination », même lorsque l'inclination en question est entièrement altruiste. Que l'on songe encore aux scandaleuses conséquences morales que certains utilitaristes ont été conduits à accepter à seule fin de ne pas déroger aux principes fondateurs de la doctrine utilitariste.

Dans son effort pour atteindre l'unité théorique et la cohérence, la philosophie morale n'est pas si différente que cela de la philosophie naturelle. Lorsqu'un grand nombre de phéno-

1. M.A. Warren, *ibid.*, p. 131.

mènes de prime abord disparates (par exemple, la chute des corps, le mouvement des planètes, le flux et le reflux des marées) peuvent être réunis autour d'un seul et même principe (la gravité universelle), le philosophe a le sentiment d'avoir mis au jour une vérité profonde (peut-être pas ultime, cependant) sur le monde naturel. De la même manière, en philosophie morale, nous nous efforçons de comprendre la multiplicité disparate des préceptes pratiques et des intuitions morales qui ont généralement cours en les ramenant à l'unité (ou, au mieux, à un petit faisceau interconnecté) d'une ou de quelques règle(s), de principe(s), de maxime(s), de Règle(s) d'or. En cas de succès, nous avons le sentiment d'avoir mis au jour quelque chose de profond et de vrai au sujet de la vie morale.

L'attachement de ceux qui, en philosophie morale, s'efforcent à l'unité, à la cohérence et à l'absence de contradiction interne, n'est pas seulement une question de goût intellectuel. Il existe une raison pratique de préférer l'unité théorique en philosophie morale, de la même façon qu'en philosophie naturelle. Plus que tout autre chose, c'est probablement parce que le système astronomique de Ptolémée, avec son salmigondis de dispositif ad hoc, était incapable de prévoir avec exactitude les positions des planètes que Copernic a été conduit à unifier les phénomènes célestes au moyen d'une hypothèse unique et radicale qui plaçait le soleil, et non la terre, au centre du système. En philosophie morale, il est impossible de trancher de manière décisive un conflit entre diverses revendications morales concurrentes lorsqu'elles ne peuvent pas être formulées dans les mêmes termes et rendues commensurables les unes aux autres. Il semble inévitable que l'éclectisme moral débouche, dans les cas les plus difficiles, sur l'incommensurabilité des valeurs. Nous autres théoriciens, nous voilà forcés de nous remettre au travail.

Pour parvenir à autre chose qu'un simple accord opportuniste, pour conclure une alliance durable entre l'éthique du bien-être animal et l'éthique environnementale, il importe de mettre sur pied une théorie morale qui, *à la fois*, unifie les deux programmes, et fournisse un cadre permettant de trancher les conflits d'intérêts très réels entre le bien-être humain, le bien-être animal et l'intégrité des systèmes écologiques. Notre ambition dans cet article est de suggérer une unification théorique sur des bases qui, dirons-nous, seront tout aussi favorables à l'éthique environnementale écocentrique, que la proposition avancée par Tom Regan l'était à une éthique du bien-être animal.

Tom Regan propose une « éthique environnementale fondée sur les droits » qui, selon lui, est cohérente avec sa version orientée sur les droits de l'éthique du bien-être animal : elle en serait même le prolongement. Sans doute n'a-t-il pas lui-même jeté les bases des droits des arbres, comme individus, ou d'autres entités qui ne peuvent pas être définis comme les « sujets d'une vie » Mais il presse ceux qui s'occupent d'éthique environnementale de relever le défi. Selon Regan,

> La réussite de l'entreprise visant à développer une éthique environnementale fondée sur les droits, qui soit telle qu'elle puisse justifier l'attribution d'une valeur inhérente et d'un droit moral fondamental à un traitement qui soit respectueux de la valeur des objets inanimés individuels (par exemple, de *ce* séquoia), comporte un certain nombre d'implications dont devraient se réjouir les environnementalistes. [...] Une éthique environnementale fondée sur les droits reste une possibilité qui, loin d'avoir été mise en œuvre, attend encore d'être réellement prise en compte. [...] Si nous nous efforcions de traiter de façon respectueuse les droits des

> individus qui composent la communauté biotique, la préservation de ladite *communauté* ne serait-elle pas par là même assurée [1] ?

À cette question (qui, de fait, est rhétorique), Mark Sagoff répond que « je crois qu'il s'agit là d'une question empirique, et la réponse est "non". [En effet], l'affaire de l'environnementaliste est de maintenir les processus évolutifs, tels que la sélection naturelle, que ces processus soient suffisamment respectueux des droits des individus » ou pas[2]. Comme le dit encore Sagoff, la nature n'est pas équitable, elle n'est pas respectueuse des droits des individus. Entreprendre de protéger les droits de tous les membres, pris un à un, d'un écosystème reviendrait, en conséquence, à vouloir interrompre tous les processus trophiques au-delà de la photosynthèse – et même dans ce dernier cas, il nous faudrait encore nous prononcer moralement sur les menaces que fait peser sur la vie (et donc sur les droits) la compétition entre les plantes pour capter la lumière du soleil. Une éthique pour la protection de la nature aurait bien du mal à démarrer du bon pied si, dès le départ, elle condamne comme injustes et immorales les asymétries trophiques qui sont au cœur des processus évolutifs et écologiques. Par conséquent, aucune extension ultérieure des droits (dans le cadre d'une théorie encore inexistante, mais qui resterait à élaborer) aux « objets individuels inanimés » ne peut déboucher, par la grâce d'on ne sait quelle main invisible, sur une éthique environnementale.

1. T. Regan, *The Case for Animal Rights*, Berkeley, University of California Press, 1983, p. 362-363. Voir le compte rendu que j'ai proposé de ce livre dans *Environmental Ethics*, 1985, n° 7, p. 365-372.

2. M. Sagoff, « Animal Liberation and Environmental Ethics : Bad Marriage, Quick Divorce », *Osgoode Hall Law Review*, 1984, n° 22, p. 306.

J'ai une autre proposition, que je juge meilleure. Elle m'a été suggérée par le travail de Mary Midgley.

Cette dernière, dans son livre intitulé *Animals and Why They Matter*, fonde l'importance morale des animaux, ou, pour utiliser un terme de la langue philosophique contemporaine qui nous est plus familier, la « considérabilité morale » des animaux, sur ce qu'elle appelle la « communauté mixte » :

> Toutes les communautés humaines ont inclus des animaux. Les animaux [...] ont été apprivoisés, non pas par peur de la violence, mais parce qu'ils ont montré qu'ils étaient capables de nouer des relations individuelles avec ceux qui les ont apprivoisés, en comprenant les signaux sociaux qui leur étaient adressés. [...] Et si les animaux ont été capables de le faire, ce n'est pas seulement parce que les personnes qui les ont apprivoisés sont des êtres sociaux, c'est parce qu'eux aussi le sont [1].

De cette remarquable observation, à la fois profonde et pleine de sens, Mary Midgley tire toute une série de conséquences. Étant donné que nous formons avec les animaux domestiques une communauté mixte d'être sociaux ayant coévolué et vivant au sein d'une seule et même société, il est naturel que nous éprouvions les uns pour les autres certains sentiments, lesquels favorisent en retour et conditionnent la sociabilité – tels la sympathie, la compassion, la confiance, l'amour, etc. Il est donc absurde de croire, comme le font ceux que Midgley appelle les « béhavioristes », que les animaux qui sont membres de nos communautés mixtes sont de purs automates dénués de toute vie subjective. Elle s'efforce de faire valoir, au contraire, que dans le domaine des interactions sociales entre les êtres humains et les animaux, la

1. M. Midgley, *Animals and Why They Matter*, Athens, University of Georgia Press, 1983, p. 112 [trad. fr. H.-S. Afeissa dans ce volume, p. 281-282].

barrière des espèces est à la fois artificielle et sans signification historique. Nous trouvons plaisir depuis des siècles à nouer des relations sociales interspécifiques, à vivre avec les animaux dans un climat d'intimité, et il n'y a aucune bonne raison philosophique de vouloir que cela cesse. « Ce qui fait problème ici », écrit Midgley, « ce n'est pas l'anthropomorphisme, c'est bien plutôt le béhaviourisme, et on le rencontre déjà dans la sphère des relations interhumaines. La barrière [entre les sujets] ne tombe pas seulement pour séparer les êtres humains des chiens. Elle tombe aussi bien entre vous et moi. [...] La sympathie naturelle, comme l'a justement souligné Hume, est fondée dans la nature humaine. S'ensuit-il qu'elle ne peut pas franchir la barrière d'espèces ? »[1].

Curieusement, Midgley n'en profite pas pour développer une théorie morale positive qui pourrait intégrer tous les éléments de ce qu'elle a pourtant su mettre en évidence de manière si convaincante et si systématique : à savoir qu'il existe une multiplicité de degrés de conscience animale (allant des chiens aux éléphants), lesquels varient en fonction des particularités propres à chaque espèce, mais qui sont tous fondés, de manière générale, dans ce que l'on pourrait appeler une bio-socialité commune. Certes, elle se garde bien de prétendre, à la façon de Peter Singer, que le fait d'être doués de sensibilité confère la considérabilité morale aux membres de la communauté mixte (dont elle a défendu l'existence de façon si complète et si insistante), pas plus qu'elle ne considère, comme le fait Tom Regan, que le fait de posséder une vie subjective d'une certaine richesse donne aux animaux domestiques des *droits* moraux égaux. La mention favorable qu'elle fait du nom de Hume et l'importance qu'elle attribue aux affections et

1. M. Midgley, *Animals and Why They Matter*, *op. cit.*, p. 130 et 131.

à la sympathie sociales, me conduisent à penser qu'il ne faudrait pas pousser bien loin Mary Midgley pour qu'elle reconnaisse que le meilleur moyen de justifier l'idée d'une subjectivité animale et la possibilité corrélative d'une interaction intersubjective entre les espèces, est d'élaborer une théorie éthique d'inspiration humienne.

La théorie morale de Hume se distingue fondamentalement des théories modernes dominantes – de type utilitariste ou déontologique – en ce que, premièrement, elle fonde la moralité sur les sentiments, et non pas sur la raison, en niant que le rôle de la raison dans la vie morale puisse être celui d'une instance ultime de décision; et, deuxièmement, elle définit l'altruisme comme un sentiment tout aussi fondamental que l'est l'égoïsme, en niant que ce sentiment soit réductible à l'intérêt personnel éclairé ou au devoir.

La théorie de Peter Singer offre un contraste intéressant avec la façon dont Hume définit les tâches d'une éthique. Dans son livre intitulé *Animal Liberation*, il accable de son mépris les « appels sentimentaux à la sympathie » pour les animaux, et il déclare ouvertement que son éthique du bien-être animal se fonde exclusivement sur « des principes moraux fondamentaux que nous acceptons tous; et l'application de ces principes aux victimes [...] est une exigence non de l'émotion, mais de la raison »[1]. Singer reprend à son compte l'approche théorique standard de la philo-

1. P. Singer, *Animal Liberation : A New Ethics for Our Treatment of Animals*, New York, Avon Books, 1977, p. XI-XII [trad. fr. L. Rousselle revue par D. Olivier, Paris, Grasset, 1993, p. 11 et 12]. John A. Fischer s'est récemment efforcé de défendre la thèse selon laquelle la sympathie peut constituer le fondement approprié d'une éthique du bien-être animal: « Taking Sympathy Seriously », *Environmental Ethics*, 1987, n° 9, p. 197-215.

sophie morale moderne – si bien décrit par Kenneth Goodpaster –, laquelle a consisté à généraliser l'égoïsme [1].

Dans ses grandes lignes, cette approche peut être présentée de la manière suivante. J'exige d'obtenir de la part des autres une certaine considération morale, ou encore j'exige d'obtenir d'eux la reconnaissance de mes droits moraux. Cette prétention peut être justifiée par le recours à certaines caractéristiques ou aptitudes psychologiques que je possède et qui peuvent faire l'objet d'un traitement moral. Mais dans ce cas-là, les « autres » sont fondés à réclamer pour leur compte la même considération morale que celle dont je bénéficie, dans la mesure où ils partagent avec moi des caractéristiques psychologiques identiques. Il se peut que je n'aime pas les autres (aussi Singer tient-il à nous faire savoir que lui-même ne possède pas d'animaux de compagnie), ou que je n'aie aucune sympathie pour eux ; il se peut même que je sois complètement indifférent à leur sort ou que je ne les supporte pas. Quoi qu'il en soit, je suis contraint par la logique même de la revendication morale que j'élève en direction des autres, d'honorer en retour, que cela me plaise ou non, les revendications que les autres élèvent à mon endroit.

La position de Hume est tout autre. Selon lui, nos jugements moraux et nos actions sont fondés sur des sentiments altruistes qui, très souvent, sont opposés à l'« amour de soi » :

> Je suis très éloigné de penser, écrit-il, que les hommes n'aient d'affection pour personne d'autre qu'eux-mêmes et je suis d'opinion que, bien qu'il soit rare de rencontrer un homme qui aime une seule personne mieux que lui-même, pourtant il est aussi

1. K. Goodpaster, « From Egoism to Environmentalism », dans K. Goodpaster et K. Sayre (eds.), *Ethics and Problems of the 21st Century*, Notre Dame, Notre Dame UP, 1979, p. 21-35.

> rare d'en rencontrer un en qui toutes les affections tendres réunies ne contrebalancent pas l'ensemble des passions égoïstes [1].

Selon Hume, ces affections tendres sont le sol où s'enracinent et où viennent s'alimenter nos jugements et nos actions morales.

Aldo Leopold, dans la section finale de l'*Almanach d'un comté des sables* intitulée « *The Land Ethic* », a à l'évidence trouvé le modèle de sa propre « séquence éthique » dans les pages que Charles Darwin consacre, dans *La filiation de l'homme*, à l'évolution de la morale. Quant à Charles Darwin, il cite à la fois le *Traité* de Hume et la *Théorie des sentiments moraux* d'Adam Smith comme les antécédents philosophiques de sa propre « histoire naturelle » de la morale. Je me suis maintes fois attaché à montrer, avec force détails, qu'en raison même de cette filiation la théorie morale de Hume pouvait bien être tenue pour l'ancêtre historique de la *land ethic* d'Aldo Leopold – c'est-à-dire l'ancêtre historique de l'éthique moderne par excellence du mouvement environnemental et de nombreux philosophes contemporains de l'environnement [2]. Qui plus est, le concept central de l'éthique leopoldienne de la *land ethic* n'est autre que le concept écologique de « communauté biotique ».

L'éthique du bien-être animal que suggère la lecture de Mary Midgley et l'éthique environnementale inaugurale d'Aldo

1. D. Hume, *A Treatise of Human Nature*, Oxford, The Clarendon Press, 1969, p. 487 [trad. fr. A. Leroy, *Traité de la nature humaine*, Paris, Aubier-Montaigne, 1946, t. 2, p. 604].

2. Sur ce point, voir la présentation la plus complète que j'ai donnée à ce jour dans « The Conceptual Foundations of Land Ethic », dans J. Baird Callicott (ed.), *Companion to a Sand County Almanac : Interpretive and Critical Essays*, Madison, University of Wisconsin Press, 1987, p. 186-217 [trad. fr. Ch. Masutti, « Les racines conceptuelles de la *land ethic* », *Cahiers philosophiques de Strasbourg*, 2000, n° 10, p. 165-201].

Leopold ont donc en commun une manière, essentiellement humienne, de comprendre les phénomènes de la vie morale, fondée sur des sentiments altruistes. Toutes deux entreprennent de jeter un pont entre le monde des humains et celui des non humains au moyen du concept de communauté – la « communauté mixte » selon la terminologie de Midgley, et la « communauté biotique » selon celle de Leopold. En combinant ces deux conceptions d'une communauté morale élargie au-delà des relations interhumaines, nous disposons du même coup des premiers éléments d'une théorie morale (animale et environnementale) unifiée.

Hume voyait dans les sentiments sociaux sur lesquels tout l'édifice de la morale était construit un fait brut de la nature humaine. Darwin s'est efforcé de faire la genèse de ces sentiments et d'en rendre compte en recourant au même principe que celui qui lui a permis d'élucider tant d'autres faits naturels insolites : à savoir, le principe évolutif de la sélection naturelle. La réduction biosociale darwinienne de la théorie morale de Hume est d'autant plus ingénieuse que, de prime abord, l'altruisme semble constituer, d'un point de vue évolutif, une anomalie et un paradoxe.

En effet, dans la mesure où la pierre angulaire de la conception darwinienne de la nature n'est autre que l'idée d'une lutte sans fin pour des moyens de subsistance en nombre limité, on pourrait s'attendre à ce que le souci des autres et l'attention accordée à leur existence soient autant de tendances inadaptées vouées comme telles à être rapidement éliminées du pool génétique – en admettant d'ailleurs que de telles tendances aient pu avoir la moindre chance d'y faire leur apparition. C'est ce qui pourrait sembler, tant que l'on n'a pas pris en considération les avantages en termes de survie et de reproduction d'une commune appartenance sociale. Comme le montre Darwin, le souci des autres et l'autolimitation sont les conditions nécessaires de l'assimilation et de l'intégration sociales. En ce sens, adopter un comportement « moral » revient pour un individu à s'acquitter des droits d'admission au sein d'un groupe social; et les avantages en termes de survie que les individus tirent de leur appartenance au groupe font plus que compenser les sacrifices personnels consentis au nom de la moralité. La plupart des animaux, y compris la plupart des êtres humains, n'étant pas suffisamment intelligents pour faire une analyse coûts/bénéfices de leurs actions sociales, seuls des « instincts sociaux » pouvaient les conduire à adopter le comportement moral requis par la vie en société, et c'est pourquoi, selon la théorie darwinienne, nous en sommes tous pourvus.

Ce qui est bien et ce qui est mal, comme le suggère Darwin, reflète plus ou moins la structure organisationnelle propre à une société, étant donné que l'évolution morale tend vers une plus grande cohésion sociale. C'est ainsi par exemple que l'« éthiquc » d'une meute de loups structurée de manière hiérarchique exige le célibat pour la plupart de ses membres. C'est ainsi encore que l'éthique des sociétés tribales apolitiques et égalitaires exige de la part de leurs membres que les richesses soient périodiquement redistribuées. La discrimination entre ceux qui ont un titre à bénéficier des sympathies morales et ceux qui n'en ont pas découle de la manière dont sont *perçues* les frontières de l'appartenance sociale Selon que les individus avec lesquels nous sommes amenés à entretenir des relations sont perçus comme se situant à l'intérieur ou à l'extérieur de ces frontières, les règles morales s'appliquent ou sont suspendues.

La perspicacité de Mary Midgley consiste à faire observer que, aussi infranchissables qu'aient pu être dans l'histoire des sociétés humaines les frontières visibles par lesquelles celles-ci se définissaient en se refermant sur elles-mêmes, il n'en est aucune, toutefois qui n'ait inclus des animaux – à commencer par l'immémorial partenaire de chasse qu'est le chien, sans oublier, après la révolution du Néolithique, la nombreuse compagnie des animaux de pâturage, de ferme et de travail – tout et n'importe quoi, depuis la vache ou le cochon, jusqu'à l'éléphant d'Asie et au buffle d'eau. De façon convergente avec la ligne d'analyse que j'avais esquissée dans « Une affaire triangulaire », Midgley considère que l'immoralité du traitement des animaux dans l'élevage industriel actuel tient, dans une large mesure, à ce que nous avons rompu tout lien de confiance avec les compagnons de nos communautés mixtes d'antan. La dépersonnalisation des animaux et leur réduction à l'état de machines suffisent à rendre compte de la révulsion morale que nous inspirent l'élevage industriel et l'expérimentation animale.

La façon dont nous devons, ou dont nous ne devons pas, nous traiter les uns les autres (y compris les animaux) dépend donc, conformément à la logique de la théorie morale biosociale, de la nature et de l'organisation des communautés. Permet-elle de régler les rapports que soutiennent les membres d'une même communauté (en y incluant les animaux) ? Il est clair qu'il ne peut pas y avoir de réponse générale à cette question, mais que la réponse dépend de la nature et de l'organisation des communautés concernées. Même ceux à qui le sort fait aux animaux tient profondément à cœur se montrent volontiers sceptiques à l'idée d'attribuer des droits moraux égaux ou une même importance morale aux êtres humains et aux animaux – selon la logique de l'extension du paradigme moral dominant –, de la même manière qu'on le serait s'il s'agissait d'accorder à tous les êtres humains la même considération, abstraction faite du réseau de relations sociales dans lequel ils se trouvent.

Le cas de Peter Singer, derechef, est intéressant en ce qu'il fournit un exemple de la façon dont un auteur peut commettre l'une et l'autre erreurs. Singer considère qu'il a manqué à son devoir en ne versant pas la plus grande partie de ses modestes revenus afin de contribuer à soulager la faim dans le monde, même si cela doit non seulement l'appauvrir lui, mais ses enfants également[1]. La souffrance est la souffrance, qui que ce soit qui souffre, et il est du devoir de tout agent moral de se montrer impartial dans la pesée comparative de la souffrance des uns et des autres. Étant donné que ceux qui ont faim souffriront beaucoup plus du manque de dons que n'auraient souffert ses propres enfants en conséquence de ces dons (sans aller cependant jusqu'à les exposer à la famine), Singer tire la conclusion qu'il est de son devoir de verser la plus grande partie de ses revenus pour venir en aide à ceux qui ont faim.

Comment les choses se présentent-elles à présent du point de vue de la théorie biosociale de Midgley ? Chacun d'entre nous est membre de plusieurs communautés, lesquelles sont emboîtées les unes dans les autres et possèdent une structure différente les unes des autres et, par voie de conséquence, des exigences morales différentes. En leur centre se trouve la famille immédiate. Les devoirs qui sont les miens à l'endroit de mes enfants ne consistent pas seulement à les nourrir, à les vêtir et à les héberger, mais aussi à leur donner de l'affection. En revanche, si d'aventure je m'enhardissais à couvrir de la même affection les enfants de mes voisins, une telle attitude ne répondrait à aucun devoir et serait même jugée pour le moins étrange, pour ne pas dire franchement coupable. De la même manière, les obligations qui sont les miennes à l'endroit de mes voisins ne sont pas celles qui m'incombent à l'endroit de celles et ceux qui, parmi mes conci-

1. P. Singer, *The Expanding Circle : Ethics and Sociobiology*, New York, Farra, Straus & Giroux, 1982.

toyens, me sont moins proches – par exemple, l'obligation de surveiller leurs maisons lorsqu'ils sont en voyage, ou de faire les courses à l'épicerie pour eux lorsqu'ils sont malades ou handicapés. Enfin, j'ai des obligations à l'endroit de mes concitoyens que je n'ai pas à l'endroit des êtres humains en général, *et* j'ai des obligations à l'endroit des êtres humains en général que je n'ai pas à l'endroit des animaux en général.

Toutes ces relations socio-morales sont complexes, subtilement nuancées, et elles se recoupent partiellement. Les animaux de compagnie, par exemple, jouent à juste titre, selon Midgley, le rôle de substitut de membres de la famille, et méritent comme tels qu'on leur réserve un traitement qui n'est dû ni aux animaux – tels les animaux de la ferme –, *ni*, pour la même raison, aux êtres humains avec lesquels nous ne partageons pas la même intimité.

Depuis des centaines de générations, les animaux d'élevage ont été génétiquement modifiés par le biais de très anciennes méthodes de sélection reproductive, afin de leur faire remplir certains rôles dans la communauté mixte. Juger ce procédé moralement condamnable, comme peut l'être le procédé qui réduit des êtres humains à l'esclavage et à la misère, revient purement et simplement à mettre en question l'être même de ces créatures. C'est pourquoi l'éthique du bien-être animal de la communauté mixte n'aura rien à objecter contre le principe de l'utilisation des animaux dans le cadre des activités de travail, ni même contre le principe de l'abattage des animaux à des fins alimentaires, pour autant que ce principe n'entre pas en contradiction avec cette sorte de contrat social implicite noué entre l'homme et l'animal qui est le fruit d'une longue évolution, contrat que viole l'élevage industriel.

Il n'entre pas dans mes intentions ici de préciser quels sont nos devoirs à l'endroit des diverses espèces d'animaux qui sont membres des communautés mixtes. Je souhaiterais plutôt dans ce qui suit me concentrer sur un point, et montrer que, quels que puissent être, du point de vue de la théorie biosociale, nos diverses obligations à l'endroit des animaux domestiques, ces obligations différent, généralement et profondément, de celles qui nous incombent à l'endroit des animaux sauvages membres de la communauté biotique.

Je dois avouer que l'absence de toute distinction sérieusement fondée entre les relations morales que nous entretenons avec les animaux domestiques et celles que nous entretenons avec les animaux sauvages constitue l'une des principales raisons de l'insatisfaction que m'inspirent, en tant que spécialiste d'éthique de l'environnement, la plupart des approches utilitaristes et déontologiques que défendent de nos jours les partisans de la libération animale. À en croire ces derniers, il n'y aurait nulle distinction à faire entre les chats et les antilopes, les cochons et les porcs-épics, les ours et les poulets de batterie : tous ont droit à la même considération morale, ou encore tous sont investis des mêmes droits moraux.

Par opposition à une telle façon de voir, la théorie biosociale de Midgley et de Leopold fournit les distinctions manquantes. Les animaux domestiques sont membres de la communauté mixte et doivent par là même bénéficier de tous les droits et de tous les privilèges afférents à cette condition, quels que puissent être ces derniers. Mais les animaux sauvages n'étant pas, par définition, membres de la communauté mixte, la place qui leur revient à l'intérieur de la variété des relations socio-morales ne peut pas être la même, et leur statut moral devra donc différer de celui des membres immédiats de la famille, de celui des voisins, des concitoyens, des êtres humains, des animaux de compagnie et des autres animaux domestiques.

Les animaux sauvages sont membres de la communauté biotique. La structure de la communauté biotique est décrite par l'écologie. Les devoirs et les obligations de l'éthique de la communauté biotique (à savoir la *land ethic*, comme Leopold l'appelait) peuvent être tirés d'une description de la nature – exactement de la façon dont nos devoirs et nos obligations envers les membres de la communauté mixte se tirent d'une description de la communauté mixte.

Pour le dire de manière très générale et très abstraite, l'écosystème est, pour citer Leopold, « une fontaine d'énergie qui coule dans un circuit de sols, de plantes et d'animaux »[1]. Autrement dit, dans l'économie de la nature, l'étalon monétaire c'est l'énergie solaire telle qu'elle est d'abord capturée par les rayons qui tombent sur les plantes vertes, puis transférée d'organisme animal en organisme animal – non pas de main en main, comme une monnaie dûment estampée, mais plutôt d'estomac en estomac. Dans l'histoire de la vie de la communauté biotique, il n'est aucun fait plus fondamental que celui qui consiste à manger… *et à être mangé*. Chaque espèce est adaptée à une niche trophique; chacune est un maillon dans une chaîne alimentaire, et un nœud dans un réseau trophique. Quelles que puissent être les prétentions morales d'un être ou d'une entité en tant que membre de la communauté biotique, le droit de vivre *ne* fait *pas* partie de celles-ci. Il importe bien plutôt de laisser chaque être vaquer à ses activités en respectant le mode de vie qui est le sien – même si ce dernier nuit à l'existence d'autres êtres, doués ou non de sensibilité. L'intégrité, la stabilité et la beauté de la communauté biotique dépendent de *tous* les membres de ladite communauté, du nombre des individus composant chaque espèce et de la façon

1. A. Leopold, *A Sand County Almanac*, New York, Oxford UP, 1949, p. 216 [trad. fr. A. Gibson, *Almanach d'un comté des sables suivi de quelques croquis*, Paris, GF-Flammarion, 2000, p. 273].

dont les différentes espèces en sont venues à coexister les unes avec les autres.

Parmi les conséquences les plus troublantes tirées de la théorie conventionnelle, non discriminante, des droits des animaux ou de la libération animale, il y a celle-ci : nous devrions, autant que faire se peut, nous efforcer de soustraire les animaux végétariens innocents aux griffes de leurs prédateurs carnivores[1]. On ne peut imaginer suggestion plus contraire à l'éthique de la communauté biotique que celle-ci, car il faut bien voir que l'éradication des prédateurs, motivée par de bons sentiments, aurait pour effet non seulement de détruire la communauté, mais encore de détruire les espèces mêmes auxquelles est censée profiter cette mesure de protection que seule une morale qui se trompe d'affaire peut exiger. En vérité, de nombreuses espèces de proies dépendent des prédateurs pour optimiser leurs propres populations. Nous savons également que, à un niveau plus profond, la vivacité, la rapidité, la grâce et les autres qualités que nous admirons le plus chez les

1. Peter Singer joue avec cette idée dans *Animal Liberation* : « Il faut admettre pourtant que l'existence d'animaux carnivores pose un problème à l'éthique de la libération animale : devons-nous nous en préoccuper? À supposer que les êtres humains puissent faire disparaître les espèces carnivores de la planète, et que la quantité totale de souffrance dans le monde s'en trouverait diminuée, devrions-nous le faire? » (p. 339 de la trad. fr.). Steve Sapontzis dans « Predation », *Ethics and Animals*, 1984, n° 5, tire la conclusion que « partout où il nous est possible d'empêcher la prédation sans être la cause d'une souffrance supérieure ou égale à celle que la prédation occasionnerait, nous sommes tenus de le faire en vertu du principe selon lequel nous avons le devoir de soulager la souffrance des animaux lorsque celle-ci peut être évitée » (p. 36). De mon point de vue, ainsi que je l'ai dit dans « The Search for an Environmental Ethic » (dans T. Regan (ed.), *Matters of Life and Death*, 2e éd. New York, Random House, 1986, p. 381-423), la théorie de la libération des animaux que défend Singer et celle des droits des animaux de Regan débouchent l'une et l'autre sur ce véritable cauchemar écologique qu'est l'extermination réglée des prédateurs.

animaux herbivores – celles-là mêmes qui font d'eux des « sujets d'une vie » et qui les rendent dignes de considération morale et/ou de droits moraux – sont le fruit d'une étroite coévolution avec leurs symbiotes carnivores [1].

À la différence des approches qui ont cours de nos jours et qui consistent, pour la plupart, à généraliser l'égoïsme, la théorie morale humienne biosociale appliquée à des communautés plus larges que les communautés humaines, selon la version de Midgley ou de Leopold, a pu, selon les époques, être orientée dans une perspective individualiste aussi bien que holiste. Les communautés dans lesquelles nous vivons, le pays qui est le nôtre, l'humanité à laquelle nous appartenons, peuvent devenir des objets de préoccupation morale *pour eux-mêmes*. Comme le dit Midgley, *tout cela* « compte » pour nous d'une manière ou d'une autre. C'est pourquoi, selon Hume, « nous devons renoncer à la théorie qui explique tout sentiment moral par le principe de l'amour de soi. Il nous faut reconnaître l'existence d'une inclination plus sociale, et admettre que les intérêts de la société ne nous sont pas, *même simplement en tant que tels*, entièrement indifférents » [2].

Le holisme de Darwin est encore plus marqué :

> Nous avons vu maintenant que les actions sont jugées par les sauvages, et le furent probablement par l'homme des premiers

1. Voir H. Rolston III, « Beauty and the Beast: Aesthetic Experience of Wildlife », dans D.J. Decker et G.R. Goff (eds.), *Valuing Wildlife : Economic and Social Perspectives*, Boulder, Westview Press, 1987, p. 187-196.

2. D. Hume, *An Inquiry Concerning the Principles of Morals*, Oxford, The Clarendon Press, 1977, p. 219 [trad. fr. Ph. Baranger et Ph. Saltel, *Enquêtes sur les principes de la morale*, Paris, GF-Flammarion, 1991, p. 128. Voir également trad. fr. M. Malherbe, *Essais et traités sur plusieurs sujets*, t. 4, Paris, Vrin, 2001]. C'est moi qui souligne.

> âges, comme étant bonnes ou mauvaises, en raison uniquement de leurs effets évidents sur le bien-être de la tribu – et non sur celui de l'espèce, ou d'un membre individuel de la tribu. Cette conclusion est en accord avec la croyance selon laquelle ce qu'on désigne du nom de sens moral provient depuis l'origine des instincts sociaux, car ces deux choses se rapportent au départ exclusivement à la communauté[1].

Quant à la *land ethic* d'Aldo Leopold, la forme de holisme qu'elle promeut ne laisse pour ainsi dire pas de place à l'individualisme. Aux membres individuels de la communauté biotique, la *land ethic* n'accorde que du respect, tandis qu'elle attribue des « droits biotiques » aux espèces, en élevant « l'intégrité, la beauté et la stabilité de la communauté biotique » au rang de mesure ultime de ce qui est bien et de ce qui est mal dans les interventions humaines au sein de l'environnement.

L'hyperholisme de la *land ethic* est lui-même fonction d'une certaine description écologique de la communauté biotique. Mais étant donné que le modèle moral biosocial est compatible avec toute une série de morales différentes, lesquelles peuvent soutenir entre elles des relations de coexistence, de complémentarité ou de compétition – chacune correspondant à la nature et à l'organisation de l'une de nos communautés enchevêtrées et emboîtées les unes dans les autres –, il n'y a aucune raison d'accorder une quelconque priorité à nos obligations environnementales les plus englobantes. Nous ne cessons pas d'avoir des obligations à l'endroit de tous les membres individuels des nombreuses communautés, plus circonscrites et plus intimes, au sein

1. Ch. Darwin, *The Descent of Man and Selection in Relation to Sex*, New York, J.A. Hill & Compagny, 1904, p. 120 [trad. fr. M. Prum (dir.), *La filiation de l'homme et la sélection liée au sexe*, Paris, Syllepse, 2000, p. 206-207].

desquelles nous évoluons. Celles-ci étant plus proches du cercle de la famille immédiate, elles viennent en premier. De manière générale, les obligations à l'égard des nôtres passent devant celles que nous avons à l'égard de compagnons humains plus éloignés.

Par conséquent, n'en déplaise à Singer, j'estime que nul n'a le devoir d'appauvrir ses enfants presque jusqu'à les affamer dans le but de venir en aide à ceux qui ont faim sur un autre continent. Inversement, toutefois, à l'encontre de certains militants environnementaux un peu trop zélés, j'estime que la réalisation d'objectifs environnementaux, quels qu'ils puissent être, ne peut pas justifier que l'on aggrave ou même simplement que l'on accepte la situation de ceux qui ont faim dans le monde. Pour le même genre de raison, j'estime qu'on ne devrait pas permettre à un prédateur sauvage de se servir de poulets élevés en plein air, qui, eux, sont membres d'une communauté mixte proche. *Mutatis mutandis*, nul ne devrait se sentir autorisé à interférer dans les relations qu'ont entre eux les animaux sauvages qui sont membres de la communauté biotique.

Ainsi le programme d'une éthique environnementale holiste n'implique pas d'abroger les obligations qui nous sont familières à l'endroit des membres de notre famille, de nos concitoyens, de l'humanité, *pas plus* qu'à l'endroit des membres, pris individuellement, de la communauté mixte, c'est-à-dire des animaux domestiques. Cependant, les orbites situées le plus à l'extérieur des diverses sphères de moralité exercent une sorte de traction gravitationnelle sur celles qui sont situées le plus à l'intérieur. L'on peut bien ainsi priver légitimement son enfant d'un voyage à Disneyland ou lui offrir moins de jouets à Noël en vue de venir en aide à ceux qui ont faim sur un autre continent. De la même manière, il est tout à fait légitime de consentir certains sacrifices ou d'imposer un certain nombre de restrictions aux animaux qui sont membres de notre communauté mixte au nom de l'intégrité écologique. Par exemple, il me semble tout à fait justifié de protéger certaines communautés de plantes contre les vaches laitières qui s'en nourrissent lorsqu'une autre pâture ou un autre fourrage est disponible, quels que puissent être les préférences des vaches et les intérêts économiques des fermiers.

Rien n'empêche donc les partisans de la libération animale et ceux d'une éthique environnementale d'unir leurs efforts théoriques, même si, à l'occasion, il se peut que les uns et les autres entrent en conflit – de la même manière que les couches superposées de nos accrétions socio-morales exercent des pressions les unes contre les autres. Mais étant donné que rien ne s'oppose à l'intégration des uns et des autres au sein d'une structure théorique commune, nous disposons par là même en principe d'un moyen d'ordonner les obligations qui nous incombent en déterminant des priorités et en évaluant le poids relatif des diverses revendications, et ainsi de résoudre systématiquement les conflits.

CLARE PALMER

LE CONTRAT DOMESTIQUE*

Au cours des dernières décennies, l'étude des relations entre les êtres humains et les animaux, ainsi que l'examen de la question de savoir comment ces relations devraient être pensées, ont suscité un intérêt croissant, tant de la part des chercheurs que du grand public. Une attention particulière s'est portée sur les relations morales entre les êtres humains et les animaux, l'enjeu majeur étant alors de déterminer si les êtres humains ont des devoirs moraux directs à l'endroit des animaux[1]. Plus récemment, il a été suggéré que la théorie du contrat pourrait être une manière appropriée de conceptualiser certaines formes de relations entre les êtres humains et les animaux. En un sens, ce

* Clare Palmer. Texte inédit, version développée d'un article publié sous le titre de « The Idea of the Domesticated Animal Contract », *Environmental Values*, 1997, n° 6, p. 411-425. La présente traduction a été établie par Hicham-Stéphane Afeissa avec l'aimable autorisation de l'auteure.

1. Voir par exemple P. Carruthers, *The Animals Issue*, Cambridge, Cambridge UP, 1992; R.G. Frey, *Rights, Killing, and Suffering*, Oxford, Blackwell, 1983; M. Leahy, *Against Liberation : Putting Animals in Perspective*, London, Routledge, 1991; T. Regan, *The Case for Animal Rights*, Berkeley, University of California Press, 1983; P. Singer, *Animal Liberation*, Wellingborough, Thorsons, 1983.

tournant en direction de la théorie du contrat n'a rien d'étonnant. Depuis quelque temps déjà, les théories du contrat social sont revenues sur le devant de la scène philosophique comme modèles de compréhension des relations sociales humaines dans le contexte des sociétés civiles modernes[1]. Pour cette raison, l'on comprend aisément que ceux qui s'efforcent de penser à nouveaux frais les relations entre les êtres humains et les animaux – et en particulier les relations socialement complexes, hautement interactives, que nouent les êtres humains avec les animaux domestiques – aient pu être tentés de mobiliser l'un des modèles existants du contrat social.

Mais d'un autre point de vue, l'application de tels modèles du contrat aux relations entre les êtres humains et les animaux a de quoi surprendre. En effet, presque aucun des grands théoriciens du contrat social des trois cent cinquante dernières années n'a tout simplement envisagé la possibilité qu'un contrat puisse être passé entre les êtres humains et les animaux, et ceux qui l'ont fait se sont empressés d'en repousser l'idée. Pour n'en citer que quelques-uns, Pufendorf déclare expressément que, dans la mesure où les êtres humains et les animaux sont dans un état de guerre perpétuelle, ils ne peuvent avoir la moindre obligation à leur endroit[2]; quant à Hobbes, il soutient sans ambiguïté que des êtres dépourvus de langage ne peuvent pas soutenir des relations contractuelles et que, par conséquent, aucun contrat impliquant des animaux n'est possible[3]. Un regard jeté sur les théories

1. Voir C. Pateman, *The Sexual Contract*, Cambridge, Polity Press, 1988, p. 4.

2. Voir A.-H. Maehle, « Cruelty and Kindness to the Brute Creation », dans A. Manning et J. Serpell (eds.), *Animals and Human Society*, London, Routledge, 1994, p. 90.

3. Th. Hobbes, *Léviathan*, première partie, chap. XIV [trad. fr. F. Tricaud, *Léviathan*, Paris, Sirey, 1983, p. 137].

contractualistes politiques et morales plus récentes révèlera que les animaux ne jouent, pour ainsi dire, aucun rôle. S'il est vrai que ni John Rawls ni Michael Scanlon par exemple ne refusent tout statut moral aux animaux, il est remarquable qu'aucun des deux ne les place au centre de l'attention des « principes de la justice » ou de « ce que nous nous devons les uns aux autres ». Parmi les théories contractualistes morales modernes, il y en a certaines, telles que celles que proposent Peter Carruthers[1] et David Gauthier[2], qui refusent même explicitement de reconnaître aux animaux tout statut moral direct. Au final, il apparaît donc que le contractualisme n'a offert qu'à de rares occasions un cadre théorique favorable au développement d'une éthique animale.

LA THÉORIE DU CONTRAT : QUELQUES CLARIFICATIONS LIMINAIRES

Les théories du contrat sont très diverses. Elles comportent des formes, des fonctions et des applications très différentes. Aussi vais-je me contenter dans ce qui suit de faire quelques distinctions très élémentaires à seule fin de clarifier le problème.

Les théories du contrat se distinguent fondamentalement les unes des autres selon qu'elles fondent dans un contrat l'*autorité politique* ou bien les *normes morales* (ou les deux à la fois). Une théorie politique contractualiste peut se prolonger ou non en une théorie contractualiste morale[3]. Il arrive, en ce sens, que l'on

1. P. Carruthers, *The Animals Issue*, *op. cit.*

2. D. Gauthier, *Morals by Agreement*, Oxford, Oxford UP, 1986 [trad. fr. S. Champeau, *Morale et contrat. Recherche sur les fondements de la morale*, Liège, Pierre Mardaga, 2000].

3. Voir A. Cudd, « Contractarianism », *Stanford Encyclopedia of Philosophy*, 2002, disponible en ligne : http://plato.stanford.edu/entries/contractarianism/

distingue entre une théorie *néo-contractualiste* (*contractarian*) et une théorie *contractualiste* (*contractualist*). Les théories néo-contractualistes ressortissent à la tradition du contrat hobbesien *largo sensu*, où les contractants sont censés être mus par leurs propres intérêts rationnels. Quant aux théories contractualistes, l'on estime généralement qu'elles dérivent de la tradition kantienne *largo sensu*, où les contractants tirent leur motivation, non pas de la considération de leurs propres intérêts, mais plutôt de l'idée selon laquelle le respect des personnes exige que les principes moraux puissent être publiquement justifiés. Comme je le montrerai plus bas, toutes les versions actuellement disponibles du contrat domestique revêtent une forme qui les apparente plutôt aux théories néo-contractualistes.

Il faut encore mentionner une autre distinction capitale qui concerne cette fois-ci la question de savoir si le contrat est appelé à jouer un rôle explicatif quelconque dans le cadre d'une histoire hypothétique, ou bien s'il est une pure fiction. Dans le premier cas, l'on s'efforcera de rendre compte de l'état du monde correspondant en faisant l'hypothèse qu'un contrat a été passé à un certain moment de l'histoire, qu'il s'agisse d'un contrat en bonne et due forme ou bien d'un accord implicite ou tacite. Dans le second cas, l'on renoncera à toute prétention historique, et le contrat sera tenu pour une fiction, un instrument de l'imagination permettant d'élaborer un modèle des structures sociales et morales que les êtres humains devraient adopter. Les différentes versions existantes du contrat domestique, ainsi qu'il apparaîtra, recourent tantôt à l'une et tantôt à l'autre hypothèse, dans le cadre d'une démarche visant, selon les cas, à expliquer un état de fait ou à fournir une justification.

L'IDÉE D'UN CONTRAT DOMESTIQUE

Que peut bien alors signifier un contrat domestique? Je n'examinerai pas ici les diverses tentatives visant à trouver une place aux animaux à l'intérieur d'hypothétiques contrats *inter-humains*, même si un certain nombre de tentatives de ce genre existe[1]. Mon intérêt se portera plutôt sur l'idée d'une relation contractuelle *spécifique* entre les êtres humains et les animaux, et plus particulièrement, les animaux domestiques. Ce que je voudrais examiner, c'est l'idée d'un contrat passé *entre les êtres humains et les animaux*, plutôt qu'un contrat passé entre les êtres humains prenant en compte d'une manière ou d'une autre les animaux (par exemple en garantissant à ces derniers des formes de représentation).

L'idée selon laquelle la domestication constituerait une forme de contrat a une longue histoire derrière elle, et elle a connu de nombreuses formulations plus ou moins élaborées. Des versions

1. Ce point est discuté de manière détaillée par B. Singer, « An Extension of Rawls' Theory of Justice to Environmental Ethics », *Environmental Ethics*, 1988, n° 10, p. 217-231. Voir aussi R. Elliot, « Rawlsian Justice and Non-Human Animals », *Journal of Applied Philosophy*, 1984, n° 1, p. 95-106; A. Fuchs, « Duties to Animals : Rawls' Alleged Dilemma », *Ethics and Animals*, 1981, n° 2, p. 83-87; R. Manning, « Environmental Ethics and Rawls' Theory of Justice », *Environmental Ethics*, 1981, n° 3, p. 155-166; M. Prichard et W. Robinson, « Justice and the Treatment of Animals : A Critique of Rawls », *Environmental Ethics*, 1981, n° 3, p. 95-106; et D. VandeVeer, « Interspecific Justice », dans D. VandeVeer et Ch. Pierce (eds.), *The Environmental Ethics and Policy Books*, Belmont, Wadsworth, 1979, p. 150-163. On trouvera un résumé des débats dans l'article de D. Thero, « Rawls and Environmental Ethics : A Critical Examination of the Literature », *Environmental Ethics*, 1995, n° 17, p. 93-107; et dernièrement dans l'article de K. Smith, « Animals and the Social Contract », *Environmental Ethics*, 2008, n° 30, p. 193-207.

primitives d'un contrat domestique ont ainsi pu être attribuées à Lucrèce, à Montaigne et à Dupont de Nemours [1]. Henry Salt dans les années 1890 met en discussion une version du contrat domestique qui semble avoir été assez répandue à l'époque, non pas toutefois pour la reprendre à son compte, mais pour exprimer les réserves qu'elle lui inspire, du moins sous cette forme [2]. Plus récemment, Desmond Morris l'a remis au goût du jour dans un livre de vulgarisation scientifique intitulé *The Animal Contract* [3], tandis que Stephen Budiansky faisait de même dans *The Covenant of the Wild* [4]. J. Baird Callicott a avancé la même idée dans un article datant de 1988 intitulé « Animal Liberation and Environmental Ethics : Back Together Again », et il s'y est depuis régulièrement référé dans ses travaux ultérieurs [5]. Les époux Larrère ont à leur tour proposé leur propre version dans « Animal Rearing as Contract ? » [6]. L'idée est suggérée, si ce n'est expressément développée, par bien d'autres encore [7].

1. Les références sont données dans l'article de C. et R. Larrère, « Animal Rearing as Contract ? », *Journal of Agricultural and Environmental Ethics*, 2000, n° 12, p. 51-58.

2. Voir H. Salt, *Animal Rights* [1895], London, Centaur Press, 1980, chap. II. En fait, les réserves qu'il exprime sont assez proches des miennes.

3. D. Morris, *The Animal Contract*, London, Morris Books, 1990.

4. S. Budiansky, *The Covenant of the Wild: Why Animals Chose Domestication*, New York, Wiedenfeld & Nicholson, 1992.

5. J. Baird Callicott, « Animal Liberation and Environmental Ethics : Back Together Again », *Environmental Ethics* (1988), repris dans E. Hargrove (ed.), *The Animal Liberation/Environmental Ethics Debate : The Environmental Perspective*, Albany, SUNY Press, 1992, p. 249-262 [trad. fr. H.-S. Afeissa et C. Larrère dans ce volume, p. 309-331].

6. C. et R. Larrère, « Animal Rearing as Contract ? », art. cit.

7. Voir E. Telfer, « Using and Benefitting Animals », dans G.H. Becker (ed.), *The Moral Status of Persons : Perspectives on Bioethics*, p. 219-232, Amsterdam, Rodopi, 2000.

Pour des raisons de clarté, je vais d'abord présenter brièvement ce que ces différents auteurs ont entendu par l'idée d'un contrat domestique – tâche qui s'impose étant donné que cette idée ne va certainement pas de soi.

Desmond Morris utilise l'expression de « contrat domestique » sans grande rigueur dans différents contextes et en lui donnant différents sens. Il propose de décrire les relations entre les êtres humains et les animaux (par exemple, les animaux de compagnie ou de ferme) en termes contractualistes, en précisant que ces contrats diffèrent en fonction du type d'animal domestique auquel on a affaire. Il est ainsi conduit à envisager une *multiplicité* de contrats domestiques, sans jamais rendre explicite la nature exacte de ces divers contrats – sans jamais expliquer, par exemple, de quelle manière ils sont conclus, quelles obligations ils entraînent pour les parties contractantes, etc. Il indique toutefois que de tels contrats peuvent être rompus par les êtres humains, à leur grand déshonneur [1].

Stephen Budiansky, John Baird Callicott et les époux Larrère donnent, quant à eux, une signification plus précise à l'idée d'un contrat domestique en rapport avec le processus de domestication et avec les relations que les êtres humains ont actuellement avec les animaux domestiques. Ce sont leurs propositions que je vais à présent examiner de plus près.

L'on trouve sous la plume de Budiansky et de Callicott des modèles intéressants, quoique divergents, pour donner un sens à l'idée d'un contrat domestique. Selon Budiansky, le contrat domestique a été créé par le processus historique de domestication. Ce processus lui-même, dit-il, résulte de l'association volontaire des animaux sauvages et des êtres humains : autrement

1. D. Morris, *The Animal Contract, op. cit.*, p. 111 et 169.

dit, la domestication a été un « produit de la nature » et non pas un « crime contre la nature ». Les animaux ont choisi de s'associer aux êtres humains et d'inhiber certains de leurs mécanismes de défense en raison des bénéfices en termes de nourriture et de protection que leur apportait une telle association. Par conséquent, les animaux ont au minimum été des collaborateurs dans le processus de leur propre domestication. En fait, au regard du taux d'extinction des espèces d'animaux sauvages, l'on peut même aller jusqu'à dire, comme n'hésite pas à le faire Budiansky, que la domestication s'est révélée être pour eux une stratégie évolutive gagnante. Ce contrat de domestication, précise l'auteur, peut être rompu par les êtres humains s'il apparaît que les animaux domestiques sont moins bien lotis, sous le rapport du gîte et de la protection, qu'ils auraient pu l'être s'ils avaient vécu dans la nature sauvage. En revanche, si le contrat est maintenu, c'est donc qu'il s'agit d'un contrat qui profite aux animaux.

Callicott[1] suggère que les relations humaines avec les animaux domestiques peuvent être caractérisées comme reposant sur une « sorte de contrat social implicite noué entre l'homme et l'animal qui est le fruit d'une longue évolution » – contrat qui est fondé sur les relations sociales entre les êtres humains et les autres animaux au sein de communautés mixtes. Un tel contrat, dit-il, ne devrait pas être considéré comme moralement répréhensible, sauf à « mettre en question l'être même de ces créatures » (*sc.* les animaux domestiques). Dans la mesure où le contrat repose tout entier sur l'existence même d'une relation entre les êtres humains et les animaux, Callicott conclut qu'un tel contrat est rompu dès lors que la relation est détruite. C'est précisément ce qui se passe

1. J. Baird Callicott, « Animal Liberation and Environmental Ethics : Back Together Again », art. cit., p. 256 [trad. fr. dans ce volume, p. 324].

de nos jours, dit-il, avec la dépersonnalisation des animaux et leur réduction à l'état de machines dans l'élevage industriel.

L'approche des époux Larrère passe par une « éthique de l'élevage animal ». Les animaux sauvages, disent-ils, sont justiciables d'une éthique environnementale holistique : ils ne devraient pas être pris en compte moralement en tant qu'individus, mais seulement en tant qu'ils jouent un rôle au sein des écosystèmes, des populations ou des espèces[1]. Les animaux élevés par les hommes, quant à eux, font partie intégrante des communautés humaines (même s'ils y ont été introduits et même s'ils y occupent une place inférieure à celle des êtres humains dans la hiérarchie de la communauté). Comme tels, ils devraient être pris en compte en tant qu'individus. De ce point de vue, la relation profite aussi bien aux animaux domestiques qu'aux êtres humains, et cette situation peut être comprise comme un « contrat tacite de domestication »[2].

Que peut bien signifier alors un tel contrat domestique pour les animaux sauvages ? Comment les devoirs des êtres humains à l'endroit des animaux que les termes du contrat situent à l'intérieur ou à l'extérieur de la communauté contractuelle diffèrent-ils ?

Pour Budiansky, les obligations contractuelles des êtres humains à l'endroit des animaux domestiques engendrent un certain nombre d'exigences positives qui ne s'imposent pas à l'endroit des animaux sauvages. Quant à Callicott, le modèle de contrat domestique qu'il suggère repose sur l'existence préalable d'une relation, l'idée étant que c'est dans la mesure où

1. C. et R. Larrère, « Animal Rearing as Contract ? », art. cit., p. 54 – vue semblable à celle initialement défendue par Callicott.

2. C. et R. Larrère, *ibid.*, p. 56.

une relation a été établie avec les animaux domestiques que des obligations à leur endroit ont été engendrées. Aucune relation n'ayant été établie avec les animaux sauvages, il s'ensuit que nous n'avons pas d'obligations positives à leur endroit. Toutefois, Callicott soutient explicitement que le contrat domestique n'embrasse pas la totalité de la sphère morale, et que nous avons des devoirs négatifs à l'endroit des animaux sauvages individuels – ces derniers devraient être « respectés et laissés tranquilles ». Les époux Larrère, enfin, avancent l'idée que le contrat domestique impose un certain nombre d'obligations aux éleveurs d'animaux : une obligation négative (celle « de ne pas les maltraiter »), et des obligations positives (comme celles de les protéger contre les prédateurs, de les soigner, de les nourrir, de leur prêter assistance pour la reproduction, etc.). Ils soutiennent la thèse selon laquelle les animaux domestiques ont acquis de façon présomptive, du fait de leurs relations avec les êtres humains, des *droits* à la sécurité, à la santé, à la subsistance et à la reproduction, droits que n'ont évidemment pas les animaux sauvages[1]. De leur point de vue, le contrat domestique peut être rompu par les animaux aussi bien que par les êtres humains. C'est ce qui se produit à chaque fois qu'un animal domestique retourne à l'état sauvage, où il est alors justiciable, non plus d'une éthique animale individuelle, mais d'une éthique environnementale holistique. C'est ce qui se produit également lorsque les êtres humains choisissent de réintroduire certains animaux dans leur milieu de vie naturel, ou encore lorsqu'ils maltraitent les animaux dans l'élevage

1. L'on entend rarement dire que les animaux devraient se voir reconnaître le droit de se reproduire ; je ne suis pas sûre, par conséquent, que cela signifie que la stérilisation massive des animaux agricoles et des animaux de compagnie constitue une rupture du contrat domestique.

industriel, ou lorsqu'ils manquent de les protéger contre des prédateurs.

De façon analogue, Callicott et les époux Larrère lient explicitement cette idée de contrat domestique à l'idée de contrat social; et au moins de manière superficielle, il y a de fortes ressemblances dans les formulations de Budiansky, de Callicott et des époux Larrère, avec certaines versions de la théorie du contrat social. Il serait par conséquent éclairant d'examiner de plus près la tradition du contrat social pour voir jusqu'à quel point elle peut fournir un cadre théorique approprié au sein duquel explorer l'idée d'un contrat domestique.

La tradition du contrat social

Comme je l'ai déjà dit, il existe une multiplicité de théories du contrat, que les commentateurs classent dans différentes catégories en utilisant divers critères de discrimination [1]. Les versions du contrat domestique considérées ici ont pour point commun de reprendre à leur compte l'idée clé de la théorie néo-contractualiste du contrat social, à savoir l'idée selon laquelle l'adoption du contrat est fondée sur le fait que *le contrat bénéficie à toutes les parties contractantes.*

Bien qu'elles s'entendent toutes sur ce point, les théories néo-contractualistes divergent grandement sous d'autres rapports. Toutefois, il est possible d'identifier certaines caractéristiques

1. Voir par exemple J. Hampton, *Hobbes and the Social Contract Tradition*, Cambridge, Cambridge UP, 1986; M. Forsyth, « Hobbes' Contractarianism : A Comparative Analysis », dans D. Boucher et P. Kelly (eds.), *The Social Contract from Hobbes to Rawls*, London, Routledge, 1994, p. 35-50, et les autres articles du même volume collectif.

que partagent presque toutes les théories néo-contractualistes, en mettant ainsi au jour un cadre théorique utile pour penser le contrat domestique[1] :

1) Le contrat social marque une transition d'un état à un autre (le plus souvent d'un état de « nature » à un état de « culture »).

2) Le contrat social implique la limitation de certaines libertés (le plus souvent, la perte de certaines libertés en échange de certaines mesures de protection).

3) Les parties contractantes sont des individus libres et égaux, capables de comprendre les termes du contrat et d'y consentir.

4) Le contrat bénéficie à toutes les parties contractantes (gagnant-gagnant).

Ces caractéristiques fondamentales sont manifestement présentes de diverses manières dans les différentes versions de la théorie du contrat social. Un regard plus attentif porté sur une version classique – la théorie du contrat social de Hobbes – permettra de montrer de quelle manière ces caractéristiques peuvent se combiner les unes aux autres. Par la même occasion, la voie d'un examen de l'idée de contrat domestique sera ouverte, car, comme je le montrerai, c'est au contrat hobbesien que les différents modèles de contrat domestique ressemblent le plus.

Dans le *Léviathan*, Hobbes présente l'élaboration du contrat social comme marquant la transition entre deux états : l'état de nature et l'état civil. L'état de nature est un état de rareté, où les êtres humains sont en compétition les uns avec les autres pour la possession de moyens de subsistance en nombre limité. En vue de garantir l'accès à ces moyens de subsistance et d'assurer leur

1. Ce point reste discutable. Peut-être est-il même impossible de tenter une telle généralisation.

propre sécurité tout en mettant à l'abri leur réputation, les êtres humains vont chercher à se dominer les uns les autres, donnant ainsi libre cours à « un désir perpétuel et sans trêve d'acquérir pouvoir après pouvoir »[1]. Cette compétition « dans la poursuite des richesses, des honneurs, des commandements et des autres pouvoirs »[2] incline à l'hostilité et conduit à un état de guerre permanente, où nul ne peut se fier à personne et où chacun est menacé de toutes parts, et auquel pourtant, comme le dit David Gauthier, « personne ne peut se permettre de renoncer »[3]. De là la fameuse déclaration de Hobbes selon laquelle la vie des êtres humains dans l'état de nature est « solitaire, besogneuse, pénible, quasi-animale et brève »[4].

L'état de nature étant incapable, selon Hobbes, d'apporter une quelconque sécurité, les êtres humains rationnels vont se rassembler, en tant qu'individus libres et égaux, pour conclure un pacte social. Cet acte, par lequel ils déclarent accepter de se soumettre à certaines règles, procède d'une décision volontaire prise par des individus mus par leurs propres intérêts en vue d'assurer leur propre protection. La sortie hors de l'état de nature implique l'établissement d'une autorité absolue – d'un souverain – capable de garantir la paix et de protéger la vie des parties contractantes contre toutes les agressions. Le souverain dispose d'un pouvoir de coercition, c'est-à-dire qu'il est en mesure d'obtenir par la force l'obéissance aux règles qu'il édicte, et si nécessaire par la menace du glaive : pour citer la formule célèbre de Hobbes, « les conventions, sans le glaive, ne sont que des

1. Th. Hobbes, *Léviathan*, *op. cit.*, première partie, chap. XI [trad. fr. p. 96].
2. Th. Hobbes, *ibid.*
3. D. Gauthier, *Morals by Agreement*, *op. cit.*, p. 115 [trad. fr. p. 159].
4. Th. Hobbes, *Léviathan*, *op. cit.*, première partie, chap. XIII [trad. fr. p. 125].

mots »[1]. En établissant une telle autorité, les parties contractantes acceptent de s'autolimiter et d'abandonner certaines libertés – à commencer par l'exercice du droit naturel que chacun a d'assurer sa propre défense, et la liberté de tuer ceux qui paraissent mettre en danger nos ressources, notre vie ou notre réputation. Les contractants acceptent de s'assujettir au pouvoir absolu du souverain, lequel mettra en œuvre les moyens nécessaires à la protection de la vie de tous dans l'état civil. Les bénéfices d'une telle opération, conclut Hobbes, sont tels qu'ils compensent les pertes :

> Et, encore qu'on puisse imaginer maintes conséquences mauvaises d'un pouvoir à ce point illimité, néanmoins, bien pires sont les conséquences de son absence, laquelle s'identifie à la guerre perpétuelle de chacun contre son voisin[2].

En une seule circonstance, la rébellion d'un individu contre le souverain semble pouvoir se justifier, à savoir lorsque l'obéissance conduit à mettre en danger sa propre vie – c'est-à-dire lorsque le souverain est dans l'incapacité de garantir la protection qui constitue la raison d'être du pacte :

> Si le souverain ordonne à un homme [...] de se tuer, de se blesser, ou de se mutiler; ou bien de ne pas résister à ceux qui l'attaquent, [...] cet homme a néanmoins la liberté de désobéir. [...] L'obligation qu'ont les sujets envers le souverain est réputée durer aussi longtemps, et pas plus, que le pouvoir de celui-ci est apte à les protéger[3].

1. Th. Hobbes, *Léviathan*, *op. cit.*, deuxième partie, chap. XVII [trad. fr. p. 173].
2. Th. Hobbes, *ibid.*, deuxième partie, chap. XX [trad. fr. légèrement modifiée p. 219].
3. Th. Hobbes, *ibid.*, deuxième partie, chap. XXI [trad. fr. p. 230].

La théorie hobbesienne du contrat social, telle que nous venons brièvement de la résumer, comporte donc quatre caractéristiques fondamentales, susceptibles d'être retrouvées dans toutes les théories néo-contractualistes :

1) Le contrat social, tel que le comprend Hobbes, marque une transition d'un état à l'autre (d'un état de nature à l'état civil).

2) Le contrat social, tel que le comprend Hobbes, implique une limitation de certaines libertés (en particulier, celle d'assurer sa propre défense, la protection des contractants étant garantie par le souverain pour prix de leur consentement à obéir).

3) Les parties contractantes sont, selon Hobbes, des individus libres et égaux, capables de comprendre les termes du contrat et d'y consentir.

4) Le contrat social, tel que le comprend Hobbes, bénéficie à toutes les parties contractantes (gagnant-gagnant); le contrat est conclu sur la base d'une décision volontaire des contractants au nom de leurs intérêts bien compris, et il a pour but d'assurer la protection de la vie des individus, et de déterminer les termes généraux en fonction desquels tous les autres contrats pourront être conclus (par exemple sur la propriété).

Sans doute cette théorie présente-t-elle toutes sortes de difficultés. L'on pourrait ainsi s'interroger sur le rapport qu'elle entretient avec l'histoire sociale empirique, ou encore sur la façon dont est comprise la nature humaine. Mais le but de ce résumé est simplement de fournir une illustration de la manière dont certaines caractéristiques fondamentales de la théorie néo-contractualiste peuvent se combiner les unes aux autres, de sorte à nous aider à penser le contrat domestique.

LE CONTRAT DOMESTIQUE ET LE CONTRAT SOCIAL NÉO-CONTRACTUALISTE

Il s'agit à présent de voir si la théorie du contrat domestique – telle qu'elle a été de fait développée par certains auteurs, et telle qu'elle peut l'être – présente effectivement les quatre caractéristiques fondamentales identifiées précédemment. Si tel est le cas, alors l'hypothèse selon laquelle la relation entre les êtres humains et les animaux domestiques est susceptible de se laisser décrire dans les termes du néo-contractualisme aura été grandement corroborée.

L'idée d'une transition d'un état à l'autre

L'idée que le contrat social marque une transition d'un état à l'autre (de la *nature* à la *culture*, ou de la *nature* à la *société*), semble tout à fait convenir aux fins d'élaboration d'une théorie du contrat domestique. Ainsi, l'on pourrait dire que l'état qui précède la domestication correspond pour les animaux à un état de nature (et n'est-ce pas effectivement ce que l'on veut dire lorsque l'on parle d'un état non-domestique ?). À bien y regarder, une autre similitude, plus frappante encore, peut être relevée avec l'état de nature tel que le pense Hobbes : l'état « naturel » ou « sauvage » dans lequel vivent les animaux avant toute domestication pourrait raisonnablement être tenu pour un milieu dangereux, où ils doivent lutter pour obtenir l'accès à des ressources vitales en nombre limité, et pour protéger leur vie contre toutes sortes de menaces – telles que la faim, les intempéries, la maladie, les prédateurs. La vie des animaux à l'état sauvage pourrait elle aussi être caractérisée comme « pénible, quasi-animale et brève » : en tout cas, nul doute que certaines d'entre elles le sont en effet. N'est-ce pas d'ailleurs exactement en ces termes que Martha

Nussbaum caractérise la vie des animaux à l'état sauvage – la brutalité de ces conditions de vie justifiant, selon elle, que la *nature* cède la place à la *justice*[1] ?

Il serait donc possible de présenter l'élaboration d'un contrat domestique comme marquant une transition ou une rupture entre la nature sauvage et la société humaine. De la même manière que le contrat de modèle hobbesien, le contrat domestique assurerait la protection contre les éventuels prédateurs, et il fournirait également la garantie – allant cette fois-ci au-delà de ce à quoi engage en toute rigueur le contrat de modèle hobbesien – d'une disponibilité permanente des ressources pour la subsistance, ainsi que le gîte et le soin de la santé.

Une telle façon de voir prête bien sûr le flanc à toutes sortes de critiques. Comme le fait remarquer David Gauthier[2], le rôle de la raison, dans le cas des êtres humains, est central en ceci qu'il « augmente le coût de l'interaction naturelle ». En effet, l'état de rareté est rendu d'autant plus insupportable du fait de la conscience que les êtres humains en ont dans leurs interactions; en revanche, les animaux « n'ont pas conscience de ce que peut coûter aux autres le projet de faire au mieux pour soi-même ». En un sens, l'état de nature est d'autant plus désagréable pour les êtres humains qu'ils ont conscience d'y vivre. Mais bien qu'une telle conscience ne puisse pas être attribuée aux animaux, la comparaison ne me semble pas pour autant être purement et simplement invalidée au motif que cet élément manque.

1. Voir M.C. Nussbaum « Beyond "Compassion" and "Humanity" : Justice for Nonhuman Animals », dans C. Sunstein et M.C. Nussbaum (eds.), *Animal Rights : Current Debates and New Directions*, New York-Oxford, Oxford UP, 2004, p. 299-320 [trad. fr. H.-S. Afeissa dans ce volume, p. 223-268], et *Frontiers of Justice*, Cambridge, Harvard UP, 2006.

2. D. Gauthier, *Morals by Agreement*, *op. cit.*, p. 115 [trad. fr. p. 159].

L'on pourrait peut-être adresser encore une autre objection à la comparaison de l'état de nature avec la vie des animaux à l'état sauvage en soulignant que les animaux sauvages – ou du moins, certains d'entre eux – ne sont pas eux-mêmes étrangers à toute culture[1]. Mais dans la mesure où la domestication effectue de toute évidence une transition d'un certain genre – de la « nature sauvage » en direction de la « culture humaine », ou encore d'une culture indépendante des êtres humains en direction d'une culture dominée par les êtres humains –, cette caractéristique fondamentale du contrat *social* se retrouve bel et bien, sous une forme ou sous une autre, au sein du contrat *domestique*.

En outre, étant donné que l'on peut difficilement nier qu'une telle transition se soit produite historiquement et qu'elle se prolonge de nos jours, il semble même que l'idée d'un contrat domestique puisse bien mieux prétendre jouer un rôle historique explicatif que ne le peuvent les différentes versions du contrat social. À ce stade de la réflexion, donc, il semble bien que le contrat domestique partage quelques-unes des caractéristiques de la théorie néo-contractualiste.

L'idée d'une limitation des libertés

La seconde caractéristique fondamentale – la limitation de certaines libertés – entre elle aussi en consonance avec quelques-unes des théories les plus plausibles de la domestication. L'on se souvient que, selon Hobbes, le contrat social implique, pour que le pouvoir du souverain puisse s'exercer, que chacun renonce à son droit à l'autodéfense. Dans le même sens, Stephen Budiansky

1. Voir J. Cluttton-Brock, « The Unnatural World », dans A. Manning et J. Serpell (eds.), *Human and Animal Society : Changing Perspectives*, London, Routledge, 1994, p. 22-35.

souligne que l'un des effets de la domestication est « d'inhiber les mécanismes de défense qui permettent à une espèce de survivre par ses propres moyens, et qui lui font craindre de s'associer avec d'autres »[1]. L'exactitude de cette description pourrait être mise en doute dans certains cas; l'on sait par exemple qu'il existe des animaux sauvages, auxquels les êtres humains (ou les prédateurs de manière générale) ne sont pas familiers, qui ne semblent pas être effrayés par eux (d'où, semble-t-il, la disparition du dodo)[2]. En revanche, on admettra peut-être plus volontiers que toute domestication implique, en tant que telle, une restriction des libertés dont les animaux jouissent à l'état sauvage. En général, les animaux domestiques perdent leur liberté physique, étant contraints extérieurement par des murs, des palissades, des chaînes, des étables, etc. De manière plus radicale, l'élevage sélectif transforme aussi les animaux, pour ainsi dire, de l'intérieur, en modifiant les aptitudes qui sont les leurs, de telle sorte par exemple à ce qu'ils perdent certaines de celles que possédaient leurs ancêtres sauvages, telles que l'aptitude à survivre, ou au moins à s'épanouir, dans leur milieu naturel. L'on pourrait estimer raisonnablement que cette opération se traduit pour les animaux par une perte de liberté, au sens d'une liberté intérieure.

Toutefois, la comparaison entre les deux situations a des limites, et il importe de bien voir qu'il existe des différences très importantes. Dans un contrat social de type hobbesien, les limitations auxquelles chacun consent sont les mêmes pour tous. Comme l'écrit David Gauthier :

1. S. Budiansky, *The Covenant of the Wild: Why Animals Chose Domestication*, *op. cit.*, p. 16.

2. Voir ce que dit sur ce point R. Bulliett, *Hunters, Herders, and Hamburgers : The Past and Future of Human-Animal Relationships*, New York, Columbia UP, 2005.

> Hobbes a transformé les lois naturelles [...] en préceptes de la raison qui exigent de chaque individu agissant dans son propre intérêt qu'il abandonne, *à condition que les autres en fassent autant*, une part de sa liberté par laquelle il assure sa propre survie et son bien-être [1].

En revanche, dans le contrat domestique, l'on peut bien admettre à la rigueur que certaines des libertés des animaux sont restreintes, mais il n'apparaît pas que celles dont jouissent les *êtres humains* le soient aussi – en tout cas, certainement pas dans le même sens. Il est vrai que, généralement parlant, rien n'oblige les parties contractantes à se lier les unes aux autres de la même manière (je peux contracter l'obligation de fournir un certain type de prestation, et vous de me rémunérer pour cette prestation). Mais la comparaison avec la théorie du contrat social demande de manière générale des « concessions réciproques égales » de la part de toutes les parties contractantes. Sans doute le fait d'élever et de prendre soin des animaux domestiques constitue-t-il en un certain sens une limitation de la liberté humaine, mais il ne s'agit assurément pas d'une limitation du même genre que celle qui est imposée aux animaux par le biais de la domestication. En outre, même en admettant que la domestication des animaux ait opéré toutes sortes de modifications chez les êtres humains, aucun contrat social humain ne produit chez les êtres humains des changements internes comparables à ceux que la domestication produit chez les animaux.

Ces dernières remarques suffisent déjà à elles seules à faire douter de la pertinence du parallèle établi entre le contrat social et le contrat domestique, et ces doutes s'aggravent

1. D. Gauthier, *Morals by Agreement*, *op. cit.*, p. 10 [trad. fr. p. 42]. C'est moi qui souligne.

encore plus lorsque l'on se tourne vers l'examen des deux autres caractéristiques fondamentales du contrat social.

Un contrat passé entre individus libres et égaux, capables d'en comprendre les termes et d'y consentir

Dès son énoncé, il est clair que cette caractéristique pose des problèmes particulièrement délicats. Les théories néo-contractualistes (et cela est vrai aussi des théories contractualistes) renvoient toutes à un modèle de contrat dont les parties prenantes sont des *agents rationnels* capables d'en comprendre les termes et d'y consentir en connaissance de cause. En outre, les agents rationnels sont supposés être égaux en pouvoir (au sens où tous sont supposés occuper une position de pouvoir équivalente au moment de prendre part au contrat) ; chacun doit pouvoir décider librement de conclure un tel contrat, ou de ne pas le faire ; aucune contrainte ne doit les pousser à le faire ou, inversement, ne doit les empêcher de le faire.

Or, sur ce point, il semble bien – de prime abord du moins – que la théorie du contrat social et celle du contrat domestique doivent se séparer radicalement. En effet, dans le cadre d'un contrat domestique, l'égalité initiale des parties contractantes, la compréhension des termes du contrat et la capacité à donner son consentement, sont également problématiques.

Si l'on attribue à la théorie du contrat domestique un rôle historique explicatif, alors il n'est pas du tout sûr que les animaux aient jamais occupé par le passé une position de pouvoir équivalente à celle des êtres humains, quand bien même l'on admettrait que certains d'entre eux ont activement collaboré à leur propre domestication, ou ont su opposer une résistance et tenir en échec les êtres humains, jusqu'à se montrer capables de les blesser. La prétention du contrat domestique à jouer un rôle explicatif dans le cadre d'une histoire hypothétique apparaît du même coup plutôt mal assurée.

Qui plus est, les animaux ne peuvent pas comprendre les termes d'un contrat, qu'il s'agisse d'un contrat domestique ou de tout autre genre de contrat. Dans la mesure où ils ne peuvent pas les comprendre, ils ne peuvent pas non plus y consentir – ils ne peuvent pas, comme le dit Carole Pateman[1], refuser de le conclure. Il semble qu'il y ait ici un profond hiatus entre les deux types de contrat[2].

Ne pourrait-on pas tenter alors de donner une autre signification à cette caractéristique fondamentale du contrat? Le « consentement » ne pourrait-il pas opérer différemment dans le contexte de la relation entre les êtres humains et les animaux domestiques? Après tout, il n'y a rien d'insensé à parler du « consentement » accordé par l'animal si l'on donne à ce mot une signification toute pratique (comme lorsqu'on dit que le chat a « consenti » à ce que l'on brosse ses poils). Là où un animal n'exprime aucune objection, par le biais de son comportement, à être l'objet d'une pratique humaine particulière, alors qu'il a la liberté de le faire (en regimbant, en griffant, etc.), il n'y a rien d'aberrant à considérer qu'il y consent : nous pourrions parler ici d'un « consentement tacite » – en reconduisant ainsi un concept dont on sait qu'il a joué un rôle important dans certains modèles du contrat social. Ne pourrait-on suggérer que les animaux

1. C. Pateman, « The Sexual Contract and the Animals », *Journal of Social Philosophy*, 1996, n° 27, p. 72.

2. K. Smith, « Animals and the Social Contract », art. cit., p. 198, avance l'idée que, dans le cadre d'un contrat domestique plus général, ni le pouvoir ni le consentement ne constituent des objections dirimantes contre l'inclusion de tous les animaux à l'intérieur du contrat social. J'avoue que ses arguments ne me convainquent pas.

consentent tacitement au contrat domestique ? Et, plutôt que de faire l'hypothèse d'un contrat de domestication auquel les animaux domestiques auraient donné leur accord à un moment quelconque du passé, ne pourrait-on pas envisager le cas d'un contrat purement *fictif* auquel les animaux *pourraient* donner leur consentement, s'ils en étaient capables ?

Avant d'examiner de plus près ces possibilités, une brève digression s'impose. Jean Hampton (à la suite de David Gauthier) estime que l'existence de l'État est susceptible d'être justifiée de quatre manières différentes par les théories du contrat social, selon la façon dont le consentement des parties contractantes est compris.

La première avance l'idée que les théories du contrat social rendent compte de la façon dont les gouvernements ont été formés historiquement – c'est-à-dire par l'accord contractuel conclu entre des individus d'un groupe particulier à un moment donné de l'histoire. Le problème avec cette interprétation du contrat social, comme le fait remarquer Jean Hampton, c'est qu'aucune preuve historique ne vient à leur appui. Et quand bien même de telles preuves seraient à découvrir dans un avenir proche ou lointain, elles ne pourraient de toute façon pas expliquer pourquoi de tels accords historiques devraient se voir reconnaître une quelconque force contraignante aujourd'hui.

La seconde avance l'idée que les contrats sociaux dépendent, pour être valides, de l'obtention d'une promesse contractuelle explicite devant être faite par chaque personne à chaque génération. Mais, comme le demande Jean Hampton, lequel d'entre nous se souvient d'avoir jamais fait pareille promesse ?

La troisième avance l'idée d'un consentement tacite – c'est-à-dire l'idée selon laquelle les contrats sociaux n'ont pas besoin, pour être valides, d'être fondés sur un accord explicite : un accord tacite peut suffire. Au fond, comme le dit Jean Hampton, dans le cadre d'un contrat de ce type, le raisonnement est toujours à peu près le suivant : « si un individu tire parti de sa participation à une communauté politique, l'hypothèse est qu'il y a par là même consenti »[1]. C'est cette interprétation du contrat social qui prévaut par exemple chez Locke, lequel considère que le contrat social a évolué sous la forme d'« une série d'événements dont chacun peut être compris dans les termes d'un consentement ou d'un accord tacite de la part de ceux qui y sont impliqués »[2]. Bien que l'idée de consentement tacite n'aille nullement de soi et qu'elle ait donné lieu à de nombreux débats, même parmi les théoriciens du contrat social[3], elle a au moins le mérite de résoudre en partie les problèmes soulevés par le fait qu'il n'y a pas de preuves qu'un quelconque contrat explicite ait jamais été conclu par le passé.

La quatrième et dernière manière de justifier l'existence de l'État consiste à donner au contrat social le sens d'une *fiction* ou d'une *hypothèse* en l'interprétant « dans les termes de ce à quoi des personnes rationnelles, à l'état de nature, *consentiraient* » – et non pas dans les termes de ce à quoi elles *ont consenti* ou de ce à quoi elles *consentent*, que ce soit de manière explicite ou tacite. Cette manière d'interpréter le contrat a pour effet décisif de rompre tout lien entre la description historique et la théorie proprement

1. J. Hampton, *Hobbes and the Social Contract Tradition*, *op. cit.*, p. 266-267.

2. J. Waldron, « John Locke : Social Contract *vs* Political Philosophy », dans D. Boucher et P. Kelly (eds.), *The Social Contract from Hobbes to Rawls*, *op. cit.*, p. 66.

3. Voir R. Nozick, *Anarchy, State and Utopia*, New York, Basic Books, 1974, p. 287 [trad. fr. E. d'Auzac de Lamartine revue par P.-E. Dauzat, *Anarchie, État et utopie*, Paris, PUF, 1988] ; J. Narveson, « Animal Rights Revisited », dans H. Miller et W. Williams (eds.), *Ethics and Animals*, Clifton, Humana Press, 1983, p. 45-59, p. 50 ; J. Hampton, *Hobbes and the Social Contract Tradition*, *op. cit.*, p. 267.

dite du contrat social, faisant de ce dernier une construction hypothétique plutôt qu'un fait historique ou actuel.

Il est loisible à présent de reprendre la réflexion au point où elle a été interrompue, en faisant remarquer que ces multiples interprétations du contrat social ouvrent plusieurs pistes intéressantes pour comprendre le consentement dans le cadre d'un contrat domestique.

De toute évidence, il est clair les deux premières interprétations ne peuvent trouver d'application dans un tel cadre, dans la mesure où elles reposent sur un consentement *explicite* donné à un moment quelconque du passé ou du présent. Mais qu'en est-il de l'idée d'un accord *tacite* ? Qu'en est-il de l'idée selon laquelle le contrat domestique pourrait impliquer une série d'événements pouvant être compris dans les termes d'un consentement ou d'un accord tacite ? Cette interprétation pourrait tout à fait convenir à la théorie du contrat domestique qu'élabore Stephen Budiansky, laquelle est étroitement liée à une certaine vision de l'histoire où « les animaux nous ont choisis autant que nous les avons choisis nous-mêmes »[1]. En effet, les animaux ont choisi de s'associer aux êtres humains, d'abord en tant que charognards, et à cette fin ils ont inhibé certains de leurs mécanismes de défense, rendant par là même possible le processus de domestication. S'il y a un sens à dire d'un chat qu'il *consent* à ce que l'on brosse ses poils (comme l'atteste peut-être le fait qu'il se roule en ronronnant pendant sa toilette), ne pourrait-on pas tenir l'association volontaire de certains animaux pour une forme de *consentement* à la domestication qui s'est ensuivie ?

1. S. Budiansky, *The Covenant of the Wild: Why Animals Chose Domestication*, *op. cit.*, p. 24.

Le problème avec cette théorie est que, à l'instar des théories du contrat social qui prennent appui sur une certaine lecture de l'histoire, elle est sujette à controverse. Les explications historiques de la façon dont la domestication s'est produite sont diverses et variées, certaines mettant l'accent sur les multiples manières dont les êtres humains ont cherché à répondre aux changements affectant leur environnement naturel, d'autres sur la volonté de mettre à l'abri les récoltes, d'autres encore sur le désir de préparer des aliments adaptés aux festins, d'autres sur la propension à s'entourer d'animaux de compagnie, d'autres enfin sur la nécrophagie animale[1]. En fait, il est probable que les différents exemples historiques de domestication corroborent l'une ou l'autre version, et que le processus global de domestication des espèces se soit produit de multiples manières – par exemple, il est probable qu'il y a dû avoir des différences entre la domestication des charognards et celle des ruminants[2]. La version que propose Budiansky n'est qu'une version parmi d'autres, comme l'a clairement montré Rebecca Cassidy[3], et dans ce domaine il est douteux que l'on puisse jamais fournir une preuve réellement irréfutable. Par conséquent, l'idée de Budiansky selon laquelle la collabora-

1. Voir par exemple M. Cohen, *The Food Crisis in Prehistory: Overpopulation and the Origins of Agriculture*, New Haven, Yale UP, 1997; J. Clutton-Brock, « The Unnatural World », art. cit.; S. Bökönyi, « Definitions of Animal Domestication », dans J. Clutton-Brock (ed.), *The Walking Larder: Patterns of Domestication, Pastoralism and Predation*, London, Unwin Hyman, 1989, p. 22-27; B. Hayden, « Models of Domestication », dans A.B. Gebauer et T.D. Price (eds.), *Transitions to Agriculture in Prehistory*, Madison, Prehistory Press, 1992, p. 11-19.

2. Voir R. Bulliett, *Hunters, Herders, and Hamburgers: The Past and Future of Human-Animal Relationships*, *op. cit.*, pour plus de détails sur ce point.

3. R. Cassidy, « Introduction », dans R. Cassidy et M. Mullen (eds.), *Where the Wild Things Are Now: Domestication Reconsidered*, Oxford-New York, Berg, 2007, p. 1-26.

tion historique des animaux au processus de leur propre domestication constituerait de leur part l'expression d'une forme de consentement tacite, paraît être un socle bien fragile sur lequel installer un contrat domestique. En outre, quel qu'ait pu être par le passé le comportement des animaux, et quel qu'ait pu être l'objet précis de leur « consentement » (nous tenir compagnie, être nourris, etc.), ils ne pourraient pas raisonnablement être supposés consentir tacitement à faire plus et autre chose que ce à quoi ils se prêtaient jusqu'alors. Il se peut que le chat consente tacitement à ce que l'on brosse ses poils, mais cela ne signifie pas pour autant qu'il consente à être exhibé dans un concours de beauté.

L'idée de contrat domestique, considéré cette fois comme purement *hypothétique* et non plus comme ayant une validité *historique*, serait-elle plus sûre ? Budiansky le suggère de temps à autre. Jan Narveson[1] estime lui aussi qu'il est vraisemblable que les animaux domestiques consentent de manière hypothétique à vivre la vie qui est la leur. L'argument est ici le suivant : si les animaux étaient capables d'apprécier l'offre d'un contrat de domestication, ils ne manqueraient pas de l'accepter.

Comme on le voit, l'argument repose lui-même sur ce que nous avons identifié précédemment comme étant la quatrième caractéristique des théories néo-contractualistes, à savoir l'idée selon laquelle le contrat est censé bénéficier à toutes les parties contractantes (gagnant/gagnant). Les animaux, en toute vraisemblance, ne pourraient pas être supposés consentir de manière hypothétique à conclure un contrat où ils seraient perdants. Ceci nous renvoie directement à la question du consentement, car dans les théories néo-contractualistes le consentement au contrat suppose que les bénéfices d'une telle opération soient tels qu'ils

1. J. Narveson, « Animal Rights Revisited », art. cit., p. 49.

compensent la perte des libertés. Deux questions se posent ici. Premièrement : l'idée d'un consentement hypothétique au contrat domestique est-elle comparable aux idées de consentement hypothétique présentes sous diverses formes dans les théories du contrat social? Et deuxièmement : le contrat domestique constitue-t-il un accord gagnant-gagnant auquel les animaux consentiraient s'ils étaient capables de prendre une telle décision ?

La domestication peut-elle être présentée comme un contrat gagnant-gagnant ?

J'examinerai d'abord la seconde question. Pour commencer, je supposerai acquise l'idée selon laquelle la domestication des animaux a bénéficié aux êtres humains (bien que ce point soit discutable, du moins en ce qui concerne certaines sociétés humaines[1]). En domestiquant les animaux, les êtres humains se sont assuré une subsistance plus sûre et une aide pour le transport, le travail, etc. Mais la domestication a-t-elle bénéficié aux animaux ? Les animaux sont-ils mieux lotis une fois domestiqués plutôt qu'à l'état sauvage ? Les historiens et les anthropologues qui ont débattu de ces questions ne sont parvenus à aucun accord. Frederick Zeuner[2] et David Harris[3] décrivent la domestication comme constituant un processus symbiotique – Zeuner va même jusqu'à dire que les deux partenaires « gagnent sans souffrance ».

1. Voir P. Shepard, *The Tender Carnivore and the Sacred Game*, Athens, University of Georgia Press, 1998.

2. F.E. Zeuner, *A History of Domesticated Animals*, London, Hutchinson, 1963.

3. D. Harris, « An Evolutionary Continuum of People-Plant Interaction », dans D.R. Harris et G. Hillman (eds.), *Foraging and Farming : The Evolution of Plant Exploitation*, London, Unwin Hyman, 1989, p. 11-24.

À l'inverse, Juliet Clutton-Brock[1] soutient que seuls les êtres humains bénéficient de cette association. Afin d'y voir plus clair, je propose de classer les différentes interprétations possibles du contrat domestique dans deux catégories.

Primo : certains théoriciens du contrat domestique défendent l'idée qu'il ne s'agit pas d'un contrat conclu entre individus, mais plutôt d'une sorte de contrat *collectif*. Les époux Larrère, par exemple, disent que le contrat domestique « n'est pas un pacte entre individus, mais un contrat collectif exprimant les normes qui règlent la communauté mixte des êtres humains et de leurs animaux domestiques »[2].

Quant à Budiansky, il examine la domestication en prenant sur elle la « perspective de l'espèce » : tandis qu'il y a de plus en plus d'animaux qui appartiennent à une espèce domestique, il y en a de moins de moins qui appartiennent à une espèce sauvage. Ce fait constitue pour Budiansky une raison suffisante pour dire que, au regard de l'espèce, la domestication a représenté un bénéfice.

Mais aucune de ces deux positions n'est très claire. Les époux Larrère n'expliquent pas ce que signifie un « contrat collectif », et de quelle manière ce dernier se rapporte au contrat social. La position de Budiansky, bien que plus claire, n'est pas moins problématique, car il n'est pas du tout sûr qu'une espèce comme totalité puisse être décrite comme se portant mieux ou moins bien[3]. Et même en admettant que, à un certain point de vue, l'on puisse donner un sens à cette idée, comment pourrait-il être

1. J. Clutton-Brock, « The Unnatural World », art. cit., p. 27.

2. C. et R. Larrère, « Animal Rearing as Contract ? », art. cit., p. 56.

3. Voir ce que dit Bryan Norton sur ce point dans *Why Preserve Natural Variety ?*, Princeton, Princeton UP, 1987, p. 171.

possible de savoir quel type d'appartenance convient le mieux à une espèce ? Une espèce se porterait-elle mieux ou moins bien si elle se composait d'un petit ensemble de populations d'animaux sauvages vivant de manière indépendante, plutôt que d'un grand ensemble de populations d'animaux domestiques dépendants des êtres humains ? La théorie du contrat domestique de Budiansky implique que la réponse à cette question nous est connue, mais il n'apporte aucun argument pour nous en convaincre.

Peut-être est-il possible, toutefois, d'esquiver cette dernière difficulté. Au cœur de la tradition néo-contractualiste se trouve l'idée selon laquelle les *individus* (et non pas les groupes) concluent des contrats en étant mus par leurs propres intérêts (c'est bien pourquoi, d'ailleurs, la position des époux Larrère, qui inscrivent délibérément leur théorie du contrat domestique dans le prolongement des théories du contrat social, semble si étrange). Pour que la comparaison entre ces deux types de contrat soit recevable, il semble donc qu'il faille se concentrer sur la question de savoir si les animaux individuels, et non pas les espèces, se portent mieux ou moins bien du fait d'avoir été soumis à une domestication (mais cette idée est en elle-même très problématique, ainsi que je le redirai plus bas) [1].

Secundo : la classe des « animaux domestiques » est-elle trop large pour pouvoir être considérée ici ? Les animaux domestiques sont élevés et nourris à différentes fins, et il se pourrait que les différences constatées à ce niveau en entraînent d'autres relatives à la nature même du contrat domestique. L'on pourrait ainsi envi-

1. La base individualiste de la théorie du contrat social est au centre des objections que Carole Pateman lui adresse dans *The Sexual Contract*, *op. cit.*

sager le cas d'un « contrat » impliquant de la part des membres individuels d'un groupe donné (mettons, les animaux de ferme) la limitation de leur liberté physique (selon des degrés variables), l'inhibition de leurs mécanismes de défense et le renoncement à la possibilité de se procurer de manière indépendante leurs propres moyens de subsistance, en échange de quoi les êtres humains s'engageraient, de leur côté, à leur garantir la nourriture et une protection temporaire avant l'abattage. L'on pourrait aussi envisager le cas d'un autre « contrat » impliquant de la part des membres individuels d'un groupe donné (mettons, les animaux de compagnie) la limitation de leur liberté physique (selon des degrés variables) et le renoncement à toutes sortes de caractéristiques propres à la vie à l'état sauvage, en échange de quoi les êtres humains s'engageraient à leur garantir la nourriture et une protection pour toute la durée de leur vie. Ces deux contrats semblent être assez différents l'un de l'autre (et de ce point de vue au moins, l'idée de Desmond Morris, selon laquelle il existerait une multiplicité de contrats domestiques, paraît avoir une certaine vraisemblance [1]). Cette différence bien présente à l'esprit, il reste à se demander de quelle manière l'on pourrait mesurer le « bénéfice » que les animaux individuels sont censés tirer de leur participation à un contrat domestique.

Ne pourrait-on par exemple tenter de le faire au moyen d'une série de jugements de valeur portant sur le caractère plus ou moins désirable des différentes qualités de vie ? Il faudrait ainsi pouvoir mettre en balance, pour tous les animaux domestiques, d'un côté,

1. E. Telfer, « Using and Benefitting Animals », art. cit., p. 221, examine elle aussi la possibilité de différents « marchés avantageux » pour les animaux de compagnie et pour les animaux de boucherie.

la perte d'indépendance et de liberté (en prenant en compte le degré auquel les animaux individuels sont soumis à de telles conditions), et, de l'autre, le gain en termes de sécurité et de protection (là où celles-ci leur sont réellement offertes). Cette voie a été diversement explorée par certains auteurs qui ont cherché à évaluer de telles pertes et de tels gains. Mais autant l'on sera disposé à admettre que le contrat domestique d'un animal de compagnie puisse être un contrat gagnant-gagnant, autant la question se pose au sujet des animaux d'élevage. La vie d'un animal nourri en vue de l'abattage doit-elle être préférée à la vie imprévisible, peut-être même misérable et brève, d'un animal sauvage ? La vie des animaux d'élevage industriel pourrait être décrite dans les termes de Hobbes comme « pauvre, pénible, quasi-animale et brève » (même si elle est loin d'être solitaire !), c'est-à-dire dans les mêmes termes que la vie des animaux à l'état sauvage. Mais alors, si la domestication n'a pas amélioré les conditions de vie des animaux, s'il apparaît même que ces conditions sont aussi mauvaises – voire pires encore – qu'elles ne le sont dans la nature sauvage, ne pourrait-on pas en conclure, comme le font Budiansky et Callicott, que le contrat a été rompu ? Dans ce dernier cas, le problème ne tiendrait pas à ce que le contrat puisse être tenu pour un mauvais contrat, mais plutôt au fait que les êtres humains n'en respecteraient pas les termes.

À n'en pas douter, il serait possible de débattre longtemps de toutes ces questions. Mais, aussi bien, il me semble qu'elles passent à côté de problèmes plus profonds que pose l'idée de contrat domestique – problèmes qui, une fois encore, semblent distinguer radicalement le contrat domestique de tout contrat social interhumain.

LES PROBLÈMES PLUS PROFONDS POSÉS PAR L'IDÉE D'UN CONTRAT DOMESTIQUE

Le problème de l'irréversibilité et des existences alternatives

Le processus de domestication façonne le corps de l'animal, son tempérament et ses capacités. En ce sens, la domestication diffère en profondeur de tout contrat social humain, où les individus qui consentent au contrat demeurent essentiellement les mêmes (que le contrat soit compris comme jouant un rôle historique explicatif ou comme purement hypothétique). Un contrat domestique change la nature même des animaux. Si la domestication constitue une forme de contrat, alors il s'agit d'un contrat qui, pour ainsi dire, fait naître une bonne partie de ceux qui vont être conduits à y prendre part, à savoir les animaux. Le contrat ne se contente pas de déterminer quels sont les animaux individuels qui vont être portés à l'existence (même s'il le fait aussi dans une large mesure), mais aussi ce que sont de tels animaux individuels.

Cet état de fait comporte plusieurs implications importantes. Il s'ensuit tout d'abord que le contrat domestique est irréversible. Supposons que nous admettions, à la suite de la plupart des théoriciens, que le contrat domestique peut jouer un rôle historique explicatif. Et supposons que nous reprenions à notre compte l'hypothèse de Budiansky selon laquelle certaines prémices de l'histoire de la domestication remonteraient à l'apparition des charognards rôdant autour des campements des êtres humains – d'où se laisserait déduire l'idée que certains animaux auraient d'une certaine manière collaboré activement au processus de leur propre domestication.

Même en admettant cette interprétation, il reste que la conduite que l'on suppose avoir été celle des animaux à l'origine ne s'applique qu'aux toutes premières générations, car la domestication a généralement pour effet de modifier les capacités de réaction des animaux, en entraînant la perte de certaines capacités à résister (en se battant ou en s'enfuyant) aussi bien que la perte (à des degrés divers) de la capacité à s'épanouir (en fourrageant, en chassant, en dépeçant des cadavres, en résistant à des maladies, etc.) indépendamment des êtres humains. Une fois que les animaux ont pris part au contrat domestique, il n'y a plus aucun moyen de le rompre pour la plupart d'entre eux – quand bien même, par la suite, les termes du contrat seraient systématiquement violés par les êtres humains. Les moutons qui paissent dans les montagnes auront toujours la possibilité d'aller voir ailleurs et de s'éloigner des êtres humains si d'aventure ces derniers se montraient hostiles à leur égard – mais cette possibilité n'est pas ouverte pour le mouton Dolly[1].

En outre, un contrat de domestication est un contrat dont la rupture (ou le non-respect de certaines clauses) peut se révéler par la suite avantageuse pour les êtres humains, car seuls ceux qui sont en mesure de punir les contrevenants (c'est-à-dire les êtres humains) ont quelque chose à gagner ce que le contrat soit rompu. Les animaux eux-mêmes, une fois domestiqués, ne sont plus capables, généralement parlant, de résister ou de rompre le contrat. Par contraste avec le contrat social, il n'y a là nul souverain veillant à l'application du contrat. De la même manière, il y a peu de chance pour qu'un être humain qui a rompu un tel contrat domestique soit regardé par les autres êtres humains comme un individu peu fiable, enclin à rompre le contrat qui le lie aux autres

1. [N.d.T.] Dolly (5 juillet 1996-14 février 2003) est une brebis célèbre pour avoir été le premier mammifère cloné de l'histoire à partir d'un noyau de cellule somatique adulte par l'équipe de Keith Campbell et Ian Wilmut au Roslin Institute à Edimbourg en Ecosse.

êtres humains (comme cela pourrait être le cas dans le cadre de la théorie hobbesienne du contrat social[1]).

Le fait d'interpréter le contrat domestique en lui conférant une signification purement hypothétique ne change rien à l'affaire : le contrat domestique, même entendu de cette manière, implique encore que les animaux aient conclu un contrat dont il n'y a pas d'issue possible. La domestication exclut en effet la possibilité de modes de vie alternatifs, et c'est sur ce point précisément que le contrat domestique se distingue de toutes les formes de théories néo-contractualistes. Alors que le contrat hobbesien, par exemple, envisage la possibilité d'une rupture de contrat et d'un retour à l'« état de nature » lorsque l'autorité souveraine est dans l'incapacité de garantir la protection qui justifie l'entrée en société, la chose ne semble pas même être possible dans le cas du contrat domestique. L'on peut bien discuter avec Hobbes, comme le font les théoriciens du contrat social, de la question de savoir s'il y a ou non des circonstances qui *justifient* la rupture du contrat social, il reste que tout le monde s'accorde à reconnaître que les parties contractantes ont toujours la *possibilité* de le faire.

L'idée d'un contrat domestique pose un problème encore plus profond, dont la difficulté se laisse pressentir dans ce qui vient d'être dit. Si la domestication constitue une forme de contrat, alors les animaux domestiques en sont les produits. Dans le cadre d'une interprétation historique du contrat domestique, l'on doit même aller jusqu'à dire que ce sont non seulement les animaux individuels existant actuellement, mais encore leurs caractéristiques essentielles, qui sont le résultat du processus de domestication.

Tous les éléments du problème de la non-identité semblent être ici réunis. Le problème désormais classique de la non-

1. Voir D. Gauthier, *Morals by Agreement*, *op. cit.*, p. 162 [trad. fr. p. 210].

identité a été posé par Derek Parfit[1] en liaison avec les générations futures. Supposons, dit-il, que notre génération adopte des mesures politiques en matière de consommation énergétique ayant pour effet d'épuiser les ressources; dans de telles conditions, les générations futures seront bien moins loties qu'elles n'auraient pu l'être si nous avions adopté d'autres types de mesures. Mais les générations futures auront-elles pour autant une quelconque raison de se plaindre de notre gaspillage? Comme le souligne Parfit, les mesures politiques que nous adoptons déterminent dans une large mesure les individus particuliers qui viendront à l'existence. Si nous avions adopté d'autres mesures politiques en matière de consommation énergétique, d'autres individus seraient venus à l'existence. Les individus particuliers qui viennent au monde sont donc les produits de nos folies en matière de consommation énergétique. En tant que tels, il semble qu'il ne leur soit pas possible de faire entendre la moindre plainte à ce sujet, car si nous nous étions montrés plus raisonnables, ils n'existeraient pas. Par conséquent, aucun individu *particulier* ne peut se dire plus mal loti du fait de nos folies en matière de consommation énergétique.

Le même argument semble pouvoir opérer en liaison avec le contrat domestique. En effet, dans le cadre d'une interprétation historique du contrat, aucun animal domestique existant actuellement n'aurait pu exister sans le contrat. Il existerait à leur place une population probablement complètement différente d'animaux sauvages. Par conséquent, aucun animal domestique *particulier* existant actuellement ne peut être dit être plus mal loti du fait du contrat, puisqu'en l'absence de tout contrat il n'aurait pas existé du tout. Nul ne peut demander, même à titre d'hypo-

1. D. Parfit, *Reasons and Persons*, Oxford, Oxford UP, 1984, p. 363.

thèse, si la domestication a réellement bénéficié à un quelconque animal domestique particulier – mettons, le mouton Dolly –, car il est impossible de concevoir Dolly en dehors d'un contexte de domestication (ou, pour être plus précis, en dehors d'un contexte de modification génétique) : en l'absence d'un tel contexte, Dolly ne serait pas ce qu'elle est. Une Dolly « sauvage » ou « non domestique » n'est pas possible ; et la même chose vaut de tous les animaux domestiques. Dire des animaux domestiques existants qu'ils ont consenti tacitement ou hypothétiquement au contrat, a autant de sens que si l'on disait que, du fait même d'être née, j'ai consenti tacitement à être un être humain. Il est bien évident que *je* n'aurai pas pu exister sous une autre forme.

En conclusion de ce point, il faut donc dire que les changements internes profonds induits par le processus de domestication, associés à l'incapacité dans laquelle sont les animaux de réfléchir ou de comprendre les modifications dont ils sont le produit, distinguent radicalement le contrat domestique de tout contrat social.

Le contrat domestique comme légitimation de la domination ?

Il reste à présent à examiner un dernier problème posé par l'idée d'un contrat domestique. Il est assez unanimement reconnu que la domestication a eu pour effet d'intensifier les relations de pouvoir et de multiplier les modalités selon lesquelles les êtres humains peuvent exercer leur pouvoir sur les animaux. Les contraintes externes (auxquelles les animaux sauvages peuvent aussi être soumis bien entendu), l'élevage sélectif et la modification génétique ont permis de créer des animaux répondant mieux aux désirs des êtres humains et aux divers usages qu'ils peuvent en avoir. Certains animaux domestiques peuvent sans nul doute manifester des formes de résistance, mais cette résistance se produit dans un contexte d'ensemble marqué par la domination humaine (en entendant par « domination », de manière fort simple, une relation stable, hiérarchique où la résistance est inopérante et l'interversion des rôles impossible[1]). Le fait que les animaux ne puissent pas mettre un terme à la relation de domestication augmente d'autant plus les effets de domination[2]. Il n'en faudrait guère plus à un esprit suspicieux pour qu'il dénonce ici le tour de passe-passe habituel des discours de légitimation : au lieu de présenter la relation entre les êtres humains et les animaux domestiques pour ce qu'elle est, à savoir pour une relation de domination des uns sur les autres, la théorie du contrat la donne pour une relation à laquelle les animaux ont d'une certaine manière eux-mêmes consenti et dont ils sont censés bénéficier.

La mise en cause de la fonction de légitimation des théories du contrat a trouvé récemment une expression dans le contexte de ce qu'Ann Cudd a appelé les « théories néo-contractualistes subversives », et en tout premier lieu dans *Le contrat social* de Charles Mills et dans *Le contrat sexuel* de Carole Pateman[3]. Cette dernière déclare que « l'astuce des théoriciens du contrat a été de présenter à la fois les contrats originaires et les contrats actuels comme garantissant la liberté originaire. Au contraire, dans la théorie du contrat la liberté universelle est toujours une hypothèse, une histoire, une fiction politique. Le contrat engendre toujours le droit politique sous la forme de relations de domina-

1. C'est *grosso modo* la définition que Michel Foucault en proposait à la fin de sa vie.

2. À moins de considérer la bestialité (lorsqu'elle ne résulte pas du fait que les animaux aient été abandonnés) comme une forme de résistance effective à la domination humaine. Voir T. Ingold, « The Animal in the Study of Humanity », dans T. Ingold (ed.), *What is an Animal ?*, London, Routledge, 1994, p. 84-97.

3. Voir A. Cudd, « Contractarianism », art. cit.

tion et de subordination »[1]. Cette description vaut aussi pour le contrat domestique : la théorie du libre consentement peut servir à légitimer des relations de subordination. Pateman défend en particulier l'idée selon laquelle les théoriciens classiques du contrat social ont fondé leur contrat *social* sur un contrat *sexuel*. Le contrat social, dit-elle, est conçu par les théoriciens du contrat comme un accord conclu entre hommes « rationnels » en vue de former une société civile (excluant les femmes). Un tel contrat est lui-même fondé sur un contrat sexuel, compris comme un accord conclu entre hommes et femmes, aux termes duquel les femmes acceptent d'obéir aux hommes, de prendre en charge les tâches domestiques et de les laisser faire usage de leur corps en échange de la nourriture, du gîte et de la protection.

Il se pourrait que le contrat domestique, plus encore que le contrat sexuel, gagne à être compris à la lumière d'un tel modèle – si tant est d'ailleurs que nous ne renoncions par purement et simplement à utiliser ce langage. En effet, il semble que le contrat *domestique* ressemble bien plus étroitement à un contrat *sexuel* qu'à toutes les autres formes de contrat social conclu entre individus libres, égaux et rationnels mus par leurs propres intérêts.

LE CONTRAT DOMESTIQUE : SES DIFFICULTÉS ET SES POSSIBILITÉS

Pour toutes sortes de raisons, l'idée d'un contrat domestique, conçu sur le modèle d'un contrat social, est problématique. Comme nous l'avons vu, les parties contractantes ne concluent pas le contrat en occupant une position de pouvoir équivalente.

1. C. Pateman, *The Sexual Contract*, *op. cit.*, p. 8.

Les termes du contrat diffèrent sensiblement pour les différentes parties. Certains contractants étant en outre dans l'incapacité de comprendre les termes du contrat, il semble nécessaire, pour réussir à fonder le contrat, de recourir à l'idée – fort discutable – d'un consentement tacite ou hypothétique. Parmi les théoriciens du contrat domestique, certains défendent l'idée selon laquelle ce type de contrat, par opposition avec le contrat social tel qu'il a toujours été compris, est un contrat collectif conclu entre groupes et non pas entre individus. Il est loin d'être sûr que le contrat domestique soit vraiment un contrat gagnant-gagnant. Entendu dans le cadre d'une interprétation qui lui attribue un rôle historique explicatif, le contrat conclu par les parties contractantes originelles n'est pas susceptible d'être révoqué ou rompu par les générations postérieures – même si les termes de ce soi-disant contrat sont bafoués par les êtres humains. En bref, l'idée même selon laquelle un parallèle pourrait être établi entre les diverses formes de contrat interhumain et le contrat domestique ne contient rien de très probant. En outre, il se pourrait que le recours à la terminologie du contrat, qui emporte avec elle l'idée de libre consentement et celle du bénéfice tiré par les animaux, serve à légitimer une intensification de la relation de domination et de contrôle, affectant non plus seulement le travail et la vie des animaux domestiques, mais aussi leur fabrique génétique.

Cela étant dit, une fois réfutée l'idée selon laquelle le contrat domestique peut être comparé au contrat social sous une certaine forme, il reste qu'il y a là une vue intéressante. L'approche contractualiste de la domestication tient pour fondamentale l'idée que le processus de domestication transforme les responsabilités des hommes à l'endroit des animaux. La domestication des animaux définit une condition qui engendre par elle-même des obligations morales humaines – obligations qui n'existent pas à l'égard des animaux qui sont restés étrangers à cette condition.

Cet argument a en lui-même un bon sens. Le problème est que les théoriciens néo-contractualistes lui donnent une portée qu'il ne peut avoir, en prétendant faussement pouvoir en déduire un certain nombre d'obligations. Les obligations spécifiques des êtres humains à l'endroit des animaux domestiques ne sont pas plus fondées sur le fait que, à un moment donné du passé, les êtres humains ont conclu un contrat gagnant-gagnant avec les animaux sauvages, que sur le fait qu'une telle association coopérative est, en toute hypothèse, celle qui satisfait le mieux les intérêts individuels des uns et des autres. La domestication gagnerait bien plutôt à être comprise comme un certain type de relations entre les êtres humains et les animaux (parmi d'autres types de relations possibles), lequel – en raison même des dépendances et des vulnérabilités qu'elle crée – peut aussi engendrer certaines obligations morales. Le langage de la *relation* plutôt que celui du *contrat* décrirait bien mieux, me semble-t-il, la façon dont ces obligations sont engendrées.

INDEX DES NOMS

TABLE DES MATIÈRES

LA COMMUNAUTÉ DES ANIMAUX ET DES ÊTRES HUMAINS

Achevé d'imprimer en mars 2025 sur les presses de
La Manufacture - *Imprimeur* – 52200 Langres – Tél. : (33) 325 845 892
Imprimé en France – N° : 250151 – Dépôt légal : mai 2010